सोचिए तो सही

सोचिए तो सही

डॉ. नरेंद्र दाभोलकर

प्रधान संपादक
डॉ. सुनीलकुमार लवटे

समन्वयक
डॉ. चंदा सोनकर

अनुवादक
डॉ. भाऊसाहेब नवले

अनुवाद संपादक
डॉ. गिरीश काशिद

सार्थक
राजकमल प्रकाशन का उपक्रम

मूल मराठी पुस्तक 'विचार तर कराल' का हिंदी अनुवाद

ISBN : 978-81-19835-00-3

मूल्य : ₹250

पहला संस्करण : 2023

सार्थक राजकमल प्रकाशन का उपक्रम

प्रकाशक
राजकमल प्रकाशन प्रा. लि.
1-बी, नेताजी सुभाष मार्ग, दरियागंज
नई दिल्ली-110 002

शाखाएँ
अशोक राजपथ, साइंस कॉलेज के सामने, पटना-800 006
पहली मंजिल, दरबारी बिल्डिंग, महात्मा गांधी मार्ग, प्रयागराज-211 001
1, अनमोल सोराबजी संतुक लेन, धोबी तलाव, मरीन लाइंस, मुम्बई-400 002

वेबसाइट : www.rajkamalprakashan.com
ई-मेल : info@rajkamalprakashan.com

मुद्रक
विकास कंप्यूटर एंड प्रिंटर्स
ट्रॉनिका सिटी-201 102

SOCHIYE TO SAHI
by Dr. Narendra Dabholkar

प्रिय मुक्ता एवं हमीद,
विवेकपूर्ण आचरण एवं व्रत के अनुकरण हेतु

तुम्हारा
बाबा

क्रम

मंतव्य

अन्धविश्वास उन्मूलन विषय पर यह मेरी चौथी किताब है।

भ्रम और निरसन पहली पुस्तक में, अन्धविश्वासों से सम्बन्धित विभिन्न विषयों का विवेचन था। दूसरी पुस्तक *अन्धविश्वास : प्रश्नचिह्न और पूर्णविराम* में लोगों के मन में इस विषय से सम्बन्धित निरन्तर झाँकते सवालों के जवाब थे। तीसरी पुस्तक, *अन्धश्रद्धा की गुत्थी* में प्रत्यक्ष आन्दोलन के अनुभव चित्रित हैं।

सोचिए तो सही इस चौथी पुस्तक में मेरा प्रयास कुछ हटकर है : विचार तो करेंगे। अन्धविश्वास से सम्बन्धित प्रत्यक्ष तथा अप्रत्यक्ष अनगिनत घटनाएँ हमारे आसपास घटती रहती हैं। उनकी ओर हम चमत्कार के दृष्टिकोण से देखते हैं। हम कभी-कभी उन पर रहस्य की मुहर लगाते हैं तो कभी-कभी विज्ञान से परे समझकर उनके प्रति नतमस्तक होते हैं। इसका कारण यह है कि हमें उस सन्दर्भ में सोचने तथा सत्य की तलाश करने की आदत नहीं होती। विचारों के बारे में हम आलसी, अज्ञानी, भयभीत तथा 'जरूरत ही क्या है' जैसी प्रवृत्ति अपनाते हैं। इन गलत मान्यताओं तथा संस्कारों के कारण अपने आसपास अनुचित घटनाओं के बावजूद हमें उनका पता नहीं चलता, फिर उनका प्रतिरोध तथा प्रतिकार तो दूर की बात है। ऐसी घटनाओं से सम्बन्धित मेरा नियमित स्तम्भ 'सोचो तो जानो?' *दैनिक पुढारी* एवं *दैनिक लोकमत* (मराठवाडा, नागपुर, जलगाँव) में एक साथ प्रकाशित होता था। अनुभव हुआ कि मेरे विचार लोगों तक पहुँच रहे हैं। बाद में आन्दोलनों की आपाधापी में यह लेखन बन्द हुआ। स्तम्भ के कुछ लेखों में सुधार कर उनका पुनर्लेखन किया और आन्दोलनों के प्रत्यक्ष अनुभवों के आधार पर अन्य लेख भी लिखे। प्रत्यक्ष घटित घटनाओं की आँखों-देखी समीक्षा का सूत्र बरकरार रखा। इस सन्दर्भ में आन्दोलन के कार्यकर्ताओं का महत्त्वपूर्ण सहयोग मिलता था।

परन्तु इस बात का एहसास होने लगा कि पाठकों की दृष्टि से यह काम अधूरा है। विचार करने की स्वीकृत पद्धति के बारे में मेरा और हमारे आन्दोलन का आग्रह था कि यह वैज्ञानिक दृष्टि से विगत चार सदियों में विकसित हुई वैश्विक विचार पद्धति है। पृथ्वी पर मनुष्य की उत्पत्ति के पश्चात कुछ लाख वर्षों के इतिहास में वह अभूतपूर्व है। इसलिए विचार करने की इस बुनियादी पद्धति का विवेचन किया है।

विशेषत: विश्वास-अन्धविश्वासों के सन्दर्भ में जैसे ही विचार करने लगते हैं, धर्म अपनी विशेषताओं तथा सीमाओं के साथ उपस्थित होता ही है। धर्म के बारे में अन्धश्रद्धा उन्मूलन समिति की विशेष भूमिका है। आन्दोलन में होने के कारण उसके बारे में टीका-टिप्पणी, एकांगी समझ व मान्यताएँ एवं गलतफहमियाँ होती हैं। अधिकतर आरोप यह होता है कि हम धर्म को डुबोने की सोच रहे हैं। कुछ लोगों को लगता है कि हम उसे पर्याप्त डुबोते भी नहीं है बल्कि छेड़खानी करते हैं। इसलिए इसकी पृष्ठभूमि प्रस्तुत करना आवश्यक था। इसी कारण धर्म-चिकित्सा एवं विवेकवाद का जिक्र आया है।

अलबत्ता इस प्रस्तुतिकरण में अनेक लोगों के लेखन तथा विमर्श के माध्यम से सहायता मिली। लेखन में स्वतंत्र रूप से सन्दर्भ उद्धृत नहीं किये हैं। परन्तु इस दृष्टि से बर्ट्रेंड रसेल, दि.के. बेडेकर, पु.ग. सहस्त्रबुद्धे, जयंत नारलीकर, प्रा. मे.पु. रेगे, गो.मा. पवार, प.रा. आर्डे, प्रकाश बुरूटे, प्रा. ना.वा. कोगेकर, शान्ताराम गरुड़, अरुण टिकेकर, डॉ. विद्याधर बोरकर, डॉ. श्रीकांत जोशी, डॉ. ना.य. डोले, श्री. वि.गो. कुलकर्णी, शरद अभ्यंकर, सुनीती सु.र. आदि के प्रति कृतज्ञता प्रकट करना मैं अपना कर्तव्य समझता हूँ।

राजहंस प्रकाशन ने निरन्तर बनी रही आत्मीयता से यह पुस्तक प्रकाशित की। धन्यवाद।

—नरेंद्र दाभोलकर

विचार हेतु

वैज्ञानिक दृष्टिकोण

विज्ञान गति के साथ विकसित हो रहा है। मनुष्य प्राकृतिक नियमों को समझ सकता है तथा उनका उपयोग स्वयं के लिए कर सकता है, यह विचार ऐतिहासिक दृष्टि से नया है। हम विचार-कल्पना रूपी मन को झकझोरने वाले तथा आँखों को चकाचौंध करनेवाले आविष्कार देखते हैं। हमें एक ओर विज्ञान के कारण अणु की गम्भीर संरचना और कार्य का पता चलता है तो दूसरी ओर आकाश के ग्रहमंडल तथा सुपरनोवा सम्बन्धी जानकारी मिल रही है। अत्यधिक तेज तथा विशाल हवाई जहाज, भूस्थित उपग्रह, इलेक्ट्रॉनिक तकनीकी के कारण सम्पूर्ण विश्व में सहज पहुँचे हुए संचार माध्यम आकाशवाणी तथा दूरदर्शन के पटल पर घर के कमरे में देख रहे हैं। इन सभी के कारण सम्पूर्ण विश्व एक छोटे गाँव के समान (ग्लोबल) प्रतीत होने लगा है, इसमें सन्देह नहीं। पेशीय जीवविज्ञान तथा प्रतिजैविकों के कारण चिकित्सा विज्ञान में उन्नति होने लगी है। अनाज का अत्यधिक उत्पाद देनेवाले बीज, खाद, कीटनाशक तथा अत्याधुनिक खेती पद्धति के कारण मानव इतिहास में पहली बार भूख पर जीत हासिल करना मनुष्य के लिए सम्भव हुआ है। संगणकशास्त्र तथा सूचना प्रौद्योगिकी जैसे क्षेत्रों में दिन-ब-दिन होते विकास के कारण हम दाँतों तले उँगली दबाना भी भूलते जा रहे हैं।

हमारे समाज के छात्रों को अच्छी वैज्ञानिक शिक्षा की आवश्यकता है, जिससे कल की पीढ़ी वैज्ञानिक, तकनीक-विशेषज्ञ तथा कुशल श्रमिक बनेगी। उसी प्रकार आम जनता के मन में विज्ञान के प्रति विश्वास का भाव बनने में सहायता मिलेगी। कुल मिलाकर हमारे समाज में अत्यधिक कुशल वैज्ञानिकों तथा तकनीक-विशेषज्ञों के कारण औद्योगिक, कृषि, चिकित्सा आदि के साथ आर्थिक विकास में सहायता मिलेगी। इस प्रगति के प्रभाव तथा आम आदमी की सक्रियता के कारण कई पारम्परिक तथा हानिकारक रूढ़ियाँ धीरे-धीरे खत्म हो जाएँगी। हमारी धारणा थी कि इसके लिए अन्धविश्वास के खिलाफ प्रचार की आवश्यकता नहीं है। वास्तव में चहुँ दिशाओं से विज्ञान के हमारे आँगन में प्रवेश करने के बावजूद, सदियों से विज्ञान से कोसों दूर रहकर तथा उसी में ही गौरव महसूस करनेवाला जनमानस विस्मयकारी ही है। आज भी लंगोट पहननेवाले आदिवासी, मुम्बई-जैसे महानगरों

की ऊँची इमारतों से अन्तरराष्ट्रीय व्यापार करनेवाले उद्यमी, 7 वर्ष के बच्चे जिसे अभी-अभी समझ आई है से लेकर 70 वर्ष के बुजुर्ग व्यक्ति तक हर कोई धर्म, जाति, लिंग, भाषा-प्रान्त का किसी भी प्रकार का भेदभाव न करते हुए अपने-अपने स्तर तथा आदत के अनुसार अन्धविश्वास को पालने-पोसने तथा उसका समर्थन करनेवाले लोगों में है जिनको देखने पर इस असीम उन्नति के मानदंड को लेकर आशंका उत्पन्न होती है।

मन्नत पूर्ति के लिए ऋण लेकर सार्वजनिक स्थलों पर पशु की बलि चढ़ाना, मरघट में घंटों प्रतीक्षारत और परेशान होकर घंटों समय की बरबादी करते हुए मृत व्यक्ति के पिंड को कौवे द्वारा छूने का आग्रह, सामान्य बरताव में फर्क पड़ने पर भूतबाधा होने की आशंका को लेकर मांत्रिकों के अधीन हो जाना, कपड़ों को अचानक आग लगने, घर पर पत्थरों का गिरने, शरीर पर भिलावें के निशान लगने पर उसे जादुई शक्ति समझना और भयभीत होना, मृतात्मा को प्लैंचेट की कटोरी में बुलाकर उससे सवालों के जवाब माँगना, जिन्दगी के महत्त्वपूर्ण निर्णयों में नकली जन्मपत्र तथा कुंडली के दमन तंत्र से नियतिवादी बनना, पुत्र प्राप्ति तथा विश्व कल्याण जैसे उद्देश्यों की पूर्ति के लिए दो हजार वर्ष पुराने योग व यज्ञ का प्रचार कर अनाज बरबाद करना, जाति-बिरादरी का वास्ता देकर विधवा विवाह का विरोध करना, स्त्री रोग विशेषज्ञ का शरीर-धर्म अर्थात मासिक धर्म के दौरान स्वयं को अपवित्र समझना, बारिश के अभाव में सूखा पड़ने पर राज्यपाल से ईश्वर की प्रार्थना करने का लिखित आदेश निकलवाना तथा हाथ से कोई वस्तु निकालने के मामूली चमत्कार तथा स्वयं के सहायक को हत्या से बचाने में असमर्थ किसी मांत्रिक के चरणों पर राष्ट्र को बचाने के लिए प्रधानमंत्री तथा राष्ट्रपति का माथा टेकना आदि सारे कर्म किस सदी की आहट हैं? किस बात के लक्षण हैं? विज्ञान युग का प्रत्यक्ष पराजित होना किस बात के संकेत हैं? पराजय क्यों हो गई? क्यों हो रही है?

यह सामाजिक यथार्थ है कि मनुष्य हर समय अन्धविश्वास का सहारा लेकर उसका शिकार होता है। स्वयं को अलग सिद्ध करना, शोषण तथा अस्थिरता से राहत प्राप्त करने के लिए वास्तव में भ्रामक परन्तु भरोसेमन्द लगनेवाला सहारा मानव समाज लेगा ही। परिस्थिति में परिवर्तन या सहारा ढूँढ़ने की आवश्यकता कम होने पर अन्धविश्वास भी कम होने-जैसी दलीलें भले ही तार्किक लगें मगर वास्तव में तसवीर अलग होती है। यह सच है कि मनुष्य का मन कठिन समय में अन्धविश्वास की ही शरण लेता है। साथ ही अपनी असीम आकांक्षाओं की तृप्ति के लिए भी अन्धविश्वास को बढ़ावा दिया जाता है। इसलिए यह न खत्म होनेवाला खेल प्रतीत होने लगता है। हमें जो चाहिए उसके मिलने की सम्भावनाओं, असम्भावनाओं तथा उचित-अनुचित का खुली आँखों से विचार भी नहीं किया जाता बल्कि उसके लिए मांत्रिक तथा पाखंडियों के आशीर्वाद, मांत्रिकों के मंत्र-तंत्र, शुभशगुन, जप,

अनुष्ठान, यज्ञ आदि के चलते कार्य-कारण सम्बन्ध का होना नष्ट हो जाने से उपायों का बोध नहीं होता। इसका कारण इन सबमें कोई तथ्य नहीं होने का स्पष्टवादी वैज्ञानिक बोध कभी बनता ही नहीं। इसके विपरीत 'कुछ तो होगा, जिसे हम नहीं समझ सकते', ऐसी सुस्त मानसिकता नजर आती है।

आदिम युग का मानव प्राकृतिक लीलाओं को आश्चर्यचकित होकर देखता था। बादलों की ऐसी गड़गड़ाहट और बिजलियों की कड़कड़ाहट कि कान के परदे फट जाएँ, और ऐसी चकाचौंध कि शरीर काँप जाएँ, धुआँधार बारिश, जंगल भस्म करनेवाली दावाग्नि, तहस-नहस करनेवाला तूफान आदि घटनाएँ मनुष्य के आकलन से परे थीं। इन सभी महान शक्तियों तथा उनकी कृपादृष्टि पर ही अपना जीवन आश्रित होने के एहसास का शिकार होकर मनुष्य ने इन शक्तियों को पंचभूत तथा पंचमहादेवों का स्थान दिया। इनसान इन सारी प्राकृतिक लीलाओं का प्रतिरोध करनेवाला सबसे दुर्बल जीव था। वह गुफाओं में रहकर मांस खाता था। वह चिड़ियों की तरह उड़ नहीं सकता था न मछलियों की तरह पानी में रह सकता था। उसके पैर हिरन की तरह मजबूत नहीं थे जिससे वह तेज भाग सके। उसके पास प्रतिकार करने के लिए बारहसिंगे के समान सींग नहीं थे, गैंडे-जैसी असीम ताकत तथा हाथी-जैसे नुकीले दाँत नहीं थे। उसके पास सुरक्षा के लिए शेर-जैसे पैने नाखून तथा दाँतों का अभाव था। उसके पास सर्दी से बचने के लिए भालू-जैसे घने बालों के फर कोट की सुविधा तथा बन्दरों-जैसे इस पेड़ से उस पेड़ पर कूदने की क्षमता, इनमें से कुछ भी नहीं था। फिर भी दुर्बल लगनेवाला यह मनुष्य, एक दृष्टि से जगदीश्वर बना, भला यह कौन-सा जादू है?

मनुष्य के लिए ज्ञान एक उपलब्धि है। अन्य सभी प्राणियों ने पर्यावरण के साथ समझौता किया और मनुष्य ने उस पर स्वामित्व प्राप्त किया। यह हजारों पीढ़ियों की उन्नति है। स्वयं के हाथों से निर्मित अलग-अलग हथियारों-औजारों से आसपास की प्रकृति पर उसका प्रयोग करते-करते विकसित हुए मनुष्य के दिमाग ने भाषा का निर्माण किया। उसे समृद्ध बनाकर बुद्धिगत किया। मनुष्य की खासियत उसका विकसित स्वरयंत्र तथा मुख है। मनुष्य की विशेषता यह है कि उसने मात्र ज्ञानार्जन नहीं किया, बल्कि भाषा के माध्यम से ज्ञान प्रसारित किया। मनुष्य ने अपने हाथ तथा औजारों के उपयोग, भाषा निर्माण तथा तर्क एवं बुद्धि के विकास आदि के सहारे गरुड़-जैसी उड़ान की पूर्वतैयारी की है।

विज्ञान मूलतः ज्ञान का अखंड सृजन है। अंग्रेजी के 'साइंस' के लिए वैकल्पिक शब्द 'विज्ञान' है। 'साइंस' शब्द लैटिन भाषा के 'सायेन्सिया' शब्द से बना है। 'सायेन्सिया' शब्द का अर्थ है 'ज्ञान'। शुद्ध प्रेम ही विज्ञान की प्रेरक शक्ति है। सृष्टि से सम्बन्धित असीम कौतूहल से ही विज्ञान का जन्म हुआ है। मनुष्य में जगत की अनेकविध क्रियाओं, घटनाओं, सृजन तथा प्रत्यक्ष दिखाई देनेवाली विविध वस्तुओं

आदि सभी के बारे में कौतूहल है। आकाश तथा समुद्र का रंग नीला ही क्यों है? तितलियों के शरीर पर इतने सारे रंग कहाँ से आते हैं? सागर में लहरें कैसे तैयार होती हैं तथा समन्दर में ज्वार-भाटा क्यों आता है? आकाश के कितने तारों की गिनती मात्र आँखों से की जा सकती है? सूरज उगने से पहले पौ फटना क्या होता है? सूर्योदय तथा सूर्यास्त के समय सूर्यबिम्ब बड़ा क्यों दिखता है? जुगनू रात्रि में ही क्यों चमकते हैं? मच्छर क्यों भिनभिनाते हैं? स्टेनलैस स्टील तथा प्लास्टिक का मतलब क्या है? मनुष्य के मन में कौतूहल तुष्टि के लिए तथा नए ज्ञान की तलाश में एक नहीं, दो नहीं बल्कि अनगिनत प्रश्न उठते रहते हैं। इस जिज्ञासा की तुष्टि होते ही उसका अन्तरमन आनन्दित एवं सन्तुष्ट हो जाता है। मनुष्य का आनन्द प्राप्ति हेतु किया जानेवाला यह प्रयास उसकी सहज प्रवृत्ति कहा जा सकता है।

ऐतिहासिक दृष्टि से मनुष्य को प्राप्त बौद्धिक उपहार तथा उसकी पारम्परिक कारीगरी और कौशल में ही विज्ञान की जड़ें समाहित हैं। व्यक्ति के व्यावहारिक अनुभव तथा उसकी प्राकृतिक कला-कौशल की विरासत एक पीढ़ी से दूसरी पीढ़ी को मिलती है और पीढ़ी-दर-पीढ़ी उसका विकास होता है। धरती पर मनुष्य अपने अस्तित्व के आरम्भ से लाखों वर्षों तक जंगली था। गुफाओं तथा खोह में छिपना, फल तथा नियमित शिकार करना, मृत जानवरों की खाल तथा पेड़ की छाल से स्वयं का शरीर ढकना, इस प्रकार उसका तत्कालीन जीवन था।

मनुष्य ने लगभग आठ हजार वर्ष पूर्व खेती की शुरुआत कर स्वयं के लिए अनाज पैदा करना एवं स्थायी जीवन जीना प्रारम्भ किया। वह कपास तथा ऊन से वस्त्र बुनकर स्वयं का शरीर ढकता था। पत्थरों का उपयोग कर ऊबड़-खाबड़ घर बनाने लगा। लोहा, लकड़ी तथा मिट्टी का उपयोग करने लगा। आग के उपयोग से अनाज पकाना, पानी की धारा में पेड़ के तने तथा ठूँठ से यातायात करना और हवा के सहारे मस्तूल की नाव से यात्रा करना धीरे-धीरे शुरू हुआ। कुछ विश्वविषयक प्राथमिक संकल्पनाएँ तथा विश्व में कार्य करनेवाली अज्ञात शक्तियों की कल्पनाएँ भी इसी अवधि में अस्तित्व में आईं। विद्वानों की ओर से तर्कपूर्ण विचारों का उपयोग कर प्राकृतिक घटनाओं के कारणों की खोजबीन मुख्यत: इसी समय हुई जबकि व्यावहारिक अनुभव तथा चीजों के आधारभूत गुण-धर्म की प्रवृत्ति कारीगरों में दिखाई देती थी। लेकिन इन दोनों का समन्वय स्थापित करने का आंशिक प्रयास भी होता रहता था।

मनुष्य के दिए तर्क कई बार गलत साबित हुए। यह जंगली मानव ग्रहण के समय जोर-जोर से ढोल पीटता था। उसे लगता था कि जिस प्रकार जंगली जानवर ढोल की आवाज से भाग जाते हैं, वैसे ही सूर्य को ग्रहण करने के लिए मौजूद दुष्ट शक्तियाँ भी भाग जाएँगी। वह तर्क करता था कि घर में चक्की से अनाज पीसते समय होनेवाली आवाज की तुलना में आकाश में बादलों से होनेवाली आवाज अधिक तीव्र है; ऐसा प्रतीत होने लगता है जैसे आकाश में कोई बड़ी चक्की से अनाज पीस रहा

है। उसे सहज ही लगता था कि जिस प्रकार रथ के सारथी का कोड़ा कुछ पलों के लिए चमकता है, ठीक उसी प्रकार आकाश में क्षणों में चमकनेवाली बिजली भी इन्द्रदेवता के सारथी के कोड़ों की फटकार ही है। कल तक जो मनुष्य समझदार था, वह अचानक सुधबुध खोकर विक्षिप्त आचरण करने लगा तो यह तर्क उसे उचित लगने लगता है कि किसी अदृश्य पिशाच की बाधा हुई है। किसी भी प्रकार की ज्ञानसाधना करते समय आरम्भिक काल में जो स्पष्ट गलतियाँ होती हैं, वैसे ही यहाँ भी हो गईं। कल के अन्वयार्थ के लिए यह अटल था। अत्यधिक सीमित ज्ञान की परिधि में इससे अलग दिखाई देना भी कठिन ही था।

कौतूहल तथा आवश्यकता के कारण ज्ञान में वृद्धि हुई। खेती के उपयुक्त पंचांग बनाने के लिए आकाशीय ग्रहों का अध्ययन शुरू हुआ। इजिप्ट में नील नदी में बाढ़ के कारण मिट्टी सभी ओर जम जाती थी और बुआई के लिए अनुकूलता प्राप्त होती थी। खगोल निरीक्षकों को पता चला कि आकाश में विशिष्ट तारों के विशिष्ट स्थान पर चमकने के समय और नील नदी में आनेवाली बाढ़ में निश्चित सम्बन्ध है और उन्होंने इसी आधार पर इजिप्ट के किसानों को खेती से सम्बन्धित सभी प्रकार की तैयारी और पूर्वसूचना देना शुरू किया। वनस्पति विज्ञान के अध्ययन का उद्देश्य औषध निर्माण था। रसायन विज्ञान का अध्ययन कर मनुष्य को अमरत्व दिलानेवाले अमृत और हीन धातुओं को सोने में परिवर्तित करने का जादू पाने की लालसा थी।

भारत के सन्दर्भ में विचार करने पर मालूम होगा कि ईसवी सन की तीसरी तथा चौथी शती में नागार्जुन नामक ख्यातकीर्त रसायनविद के *रसरत्नाकर* एवं *काल्कपुटतन्नम्* ग्रन्थ प्रसिद्ध थे। इस ग्रन्थ में गंधक, पारद, ताँबा, चाँदी तथा सोने के रासायनिक संयोग की जानकारी तथा उपयोग का वर्णन है। साथ ही इस ग्रन्थ में गुह्यमंत्र, जादू क्रिया तथा चमत्कार आदि का भी उल्लेख मिलता है। इसी युग में प्रसिद्ध भारतीय ज्योतिर्विद वराहमिहिर भी हुए थे। उनके *बृहत् संहिता* ग्रन्थ में सूर्य एवं अन्य ग्रहों की जानकारी प्राप्त होती है। इसी दरमियान अमरसिंग नामक कोशकार ने पेड़-पौधों, प्राणी आदि सजीवों की आदतों, लक्षणों, जनन प्रकार आदि का सूक्ष्म निरीक्षण कर उनका वर्गीकरण करने का प्रयास किया है। शून्य का आविष्कार भी भारत में हुआ। आर्यभट्ट तथा भास्कराचार्य के ग्रन्थों में गणित तथा खगोलशास्त्र के महत्त्वपूर्ण सिद्धान्त मिलते हैं। लेकिन आठवीं शती के आरम्भ से भारत में 'बाबा वाक्यं प्रमाणम्' की प्रवृत्ति बढ़ गई और ज्ञानप्राप्ति की प्रवृत्ति कम हो गई।

यह सारी उपलब्धि आधुनिक विज्ञान के उदय से पूर्व की है। आधुनिक वैज्ञानिक दृष्टिकोण हेतु निरीक्षण, तर्कशुद्ध सोच एवं प्रयोग में प्रमुखतः दो अड़चनें थीं। पहली दिक्कत थी कि कुशल कारीगरों, व्यवहार में कार्यशील व्यक्तियों में तर्कशुद्ध विचार एवं उसके लिए आवश्यक सम्यक दृष्टि का अभाव होता था। दूसरी दिक्कत यह थी कि प्राकृतिक घटनाओं को लेकर मनुष्य की धारणाएँ अस्पष्ट एवं डावाँडोल तथा

पूर्वग्रह-दूषित थीं। विज्ञान की संरचना बोधगम्य होती है। इसके केन्द्र में इन्द्रियों के माध्यम से प्राप्त प्रत्यक्ष अनुभव ही होता है। ईसा की पन्द्रहवीं शती में तथा उससे पूर्व के यूरोप में राजा एवं धर्ममत की मान्यताओं पर विज्ञान निर्भर था। इसी कारण वैज्ञानिक उन्नति रुक गई और प्रकृति से सम्बन्धित गलत विचार-कल्पनाएँ समाज में रूढ़ हुईं। मसलन, विश्व के केन्द्र में पृथ्वी है, मनुष्य की उत्पत्ति देवताओं से हुई, मनुष्य को दिन में प्रकाश मिले एवं रात्रि में शीतल चाँदनी की रोशनी मिले इसलिए सूर्य तथा चन्द्रमा-रूपी झूमर आकाश में लगे हुए हैं, आदि। तत्कालीन विज्ञान श्रद्धाधिष्ठित था। एक ओर विज्ञान का समन्वय चर्च के द्वारा बताए गए धर्मग्रन्थ के ज्ञान के आधार पर था तो दूसरी ओर चर्च से मान्यता प्राप्त, सर्वश्रेष्ठ ज्ञानी के रूप में गौरवान्वित अरस्तू के मत से इसे मिलाने का आग्रह होता था। इसी कारण विज्ञान को बौद्धिक कवायदों का स्वरूप प्राप्त हुआ। उदाहरणत: अरस्तू के मतानुसार एकाध प्राकृतिक परिघटना के पीछे चार कारण होते थे। उसमें वह अन्तिम कारण (फाइनल कॉज) व कार्यक्षम कारण (एफिशियंट कॉज) इन दोनों को सम्मिलित करता है। कार्यक्षम कारण मतलब, जिसे हम कारण कहते हैं और अन्तिम कारण मतलब, उसका हेतु। कई बार इसकी सावधानी बरती जाती थी कि यह हेतु धर्मग्रन्थों की रचना के साथ संगत हो।

ऐसा माना जाता है कि इस युग के पश्चात यूरोप में सोलहवीं सदी में वैज्ञानिक दृष्टिकोण का प्रारम्भ हुआ। लेकिन जाँच-पड़ताल की उचित एवं निश्चित पद्धति उसका मात्र एक रूप है; उसका केन्द्र है स्थापित मतों को स्वयं की बुद्धि से निडरता से चुनौती देते हुए और उसके लिए मृत्युदंड तक की यातनाओं को सहन करते हुए सभी परिस्थितियों को हँसते-हँसते स्वीकार करना। इसकी शुरुआत ईसा पूर्व 399 में एथेन्स नगरी की लोकसभा में सुकरात पर चले अभियोग से होती है। "सम्पूर्ण विश्व को मान्य देवता को वह मानता नहीं, रूढ़ नीतियों से युवाओं को अलग करता है" ऐसे आरोप सुकरात पर लगाए गए। वास्तव में सुकरात ईश्वर को मानता था, लेकिन उसका कहना था कि हर कोई अपने विवेक तथा बुद्धि की कसौटी पर कोई भी तत्त्व या ईश्वर के अस्तित्व की परख करे। वह अपने शिष्यों से कहता था कि ज्ञान बहुत बड़ा सद्गुण है और अज्ञान अत्यधिक बड़ा दुर्गुण है। नीति निर्धारण के लिए गूढ़ दैवी शक्तियों का तथा ईश्वर के वचनों का आधार जरूरी नहीं है। उसका आग्रह था कि नीति-नियमों का निर्धारण ऐतिहासिक तथा सामाजिक अनुभव के आधार पर हो। बुद्धि की कसौटी पर कसने पर तत्कालीन स्थापित ज्ञान तथा नीति तत्त्वों की श्रद्धा का समाप्त होना अटल था। सनातनियों तथा समाजसंचालकों के मत से यह एक प्रकार से पाखंड फैलाना ही था। सुकरात को न्यायालय के सामने खड़ा किया गया और जहर का प्याला पीने की सजा दी गई। जिस समाज में और जितनी मात्रा में अपनी विवेक-बुद्धि की आवाज और आग्रह

पर अड़े रहकर सम्पूर्ण स्वजनों तथा समाज के खिलाफ खड़े होने का धैर्य प्रकट हुआ उसी मात्रा में अन्धविश्वास की बेड़ियों को नकारना तथा विज्ञान के दरवाजों को खोलना तत्कालीन जनजीवन में सम्भव हुआ। विश्व में पहली बार सुकरात ने अपने मताग्रह के लिए मृत्यु स्वीकार करने की संस्कृति स्थापित की। सुकरात की यह परम्परा कुछ सदियों तक गायब हुई थी और साथ ही यूरोप की उन्नति भी रुक गई थी। वैश्विक इतिहास यही दर्शाता है कि स्वतंत्र चिन्तन, अवलोकन, अनुभूति व उसके आधार पर ज्ञान को जिस क्षेत्र में और जिस मात्रा में अवसर मिलता है उस क्षेत्र में उसी मात्रा में सम्बन्धित समाज का उत्कर्ष होता है।

यूरोप में सात सौ वर्ष पूर्व वैज्ञानिक दृष्टिकोण की बौद्धिक खुराक के साथ स्वयं के प्राणों को त्यागकर समाज को मानसिक रूप से तैयार करने का काम शुरू हुआ। उससे ही वे जाग्रति (रेनेसाँ) को मुँह-अँधेरे देख सके। लेकिन वह संघर्ष भी घातक और दीर्घकालिक था। रॉजर बेकन (1214-1294) ने छात्रावस्था में ही दिखा दिया कि मैं अरस्तू की उक्ति तथा सिद्धान्त को प्रयोग के बिना स्वीकार नहीं करूँगा। उसने कहा, "सत्य-ज्ञान, धर्मग्रन्थ तथा अन्धविश्वास से प्राप्त नहीं होता; वह सिर्फ बुद्धि तथा स्वानुभव, चिन्तन और प्रयोग से ही प्राप्त होता है।" उसके फ्रांसिस्कन पन्थ का होने के कारण ही उसके पन्थ के धर्माचार्यों ने उसे देहदंड के बजाय आजीवन तहखाने की सजा से पुरस्कृत किया। विश्व को ज्ञानप्रकाश से प्रज्ज्वलित करने की इच्छा रखनेवाले इस ज्ञानी पुरुष को मृत्यु तक मतलब चौबीस साल तहखाने में बिताने पड़े। हमारे यहाँ चार्वाक तथा बुद्ध के बाद, पाश्चात्य सिद्धान्तों का प्रभाव निर्मित होने तक, दो हजार वर्ष अपने बलिदान से 'विचार तो करेंगे' इस प्रकार का नारा देकर जनमानस को जाग्रत करने के प्रयत्न नहीं हुए। कारीगरी तथा परम्परागत ज्ञान के स्रोत बन्द हुए और उसके लिए खेद भी नहीं है। 'किसकी पंक्ति में बैठा जाए, किसकी पाँत में नहीं बैठना है, चातुर्मास में प्याज खाएँ या नहीं, तिलक सीधा लगाएँ या तिरछा, जनेऊ की कितनी परतें हों, गाय की पूँछ मुँह पर घुमाने से पुण्य प्राप्त होता है या गोमूत्र प्राशन करने से आत्मा का उद्धार होता है', यही वाद-विवाद के विषय रहे हैं। जनमानस एवं शोषण-प्रधान धर्म इन व्यर्थ बहसों, निरर्थक कर्मकांडों तथा विवेकशून्य रूढ़ियों आदि में चुप्पी साधे फँसा रहा। इस काल में कुछ अलौकिक राजा और तत्त्वज्ञान विषयक ग्रन्थ ही हमारी उपलब्धि रही है। इसी समय गैलिलियो की खोज तथा अनुसन्धान से और उसका तथ्यात्मक आधार रहे दूरदर्शी यंत्र के आविष्कार से यूरोप का विचार-विश्व क्रान्तिग्रसित हुआ था।

गैलिलियो ने कोपर्निकस की राय की पुष्टि की थी। वह धर्मग्रन्थों की प्रामाणिकता के लिए प्रश्न करता था। साथ ही अरस्तू के विचारों को प्रायोगिक कसौटी पर कसता था। दूरबीन के आविष्कार ने मानो उत्पात ही मचाया था। कोपर्निकस को मालूम

था कि यह बात अपने सिद्धान्तों की प्रामाणिकता के लिए आवश्यक है कि शुक्र की भी चन्द्रमा जैसी कलाएँ हैं। इसे सिद्ध न करने के कारण बहस उसके खिलाफ जाती थी। गैलिलियो ने दूरबीन के माध्यम से दिखाया कि चाँद पर पर्वत तथा सूरज पर भी धब्बा है। लोगों के लिए यह एक आश्चर्य था। इससे धर्मावलम्बियों के दिल की धड़कनें बढ़ गई थीं। इस बात को मान्य करने से ऐसा लगने लगा था कि जगत के निर्माता का कार्य सदोष है। कैथोलिक विश्वविद्यालय में अध्यापकों पर सूरज के धब्बों पर बात करने को लेकर पाबन्दी लगाई गई। कुछ विश्वविद्यालयों में यह पाबन्दी कई सदियों तक रही। 'भूमिति शैतान का शास्त्र है तथा गणित-शास्त्रज्ञ सभी प्रकार के पाखंडी मतों के पुरोधा हैं इसलिए उन्हें सीमा पार भेज दिया जाना चाहिए' ऐसा कहने पर धर्मोपदेशक की पदोन्नति हुई थी। अन्त में ईसाई धर्म की न्यायसभा ने खगोलशास्त्र को बहस के लिए लिया और बाइबिल के कुछ वचनों के सहारे, तर्क पद्धति से स्वयं दो महत्त्वपूर्ण निष्कर्ष दिए :

> 'सूर्य बिलकुल मध्य में होकर पृथ्वी के आसपास घूमता नहीं है।' यह वैज्ञानिकों का पहला दावा अविचारी एवं पाखंड को दर्शाता है, क्योंकि वह पवित्र धर्मशास्त्र के पूर्णत: विरोध में है। 'तत्त्वज्ञान की दृष्टि से पृथ्वी मध्य में न होकर सूर्य के इर्द-गिर्द घूमती है', यह दूसरा सिद्धान्त धर्म-श्रद्धा के विरुद्ध गढ़ा एक झूठ है।

इसके बाद पोप ने गैलिलियो को धार्मिक न्यायसभा के सामने उपस्थित रहने की आज्ञा दी। न्यायसभा ने उसे अपनी गलती को त्यागने का आदेश दिया। 26 फरवरी, 1616 को गैलिलियो ने आदेशानुरूप कोपर्निकस के मतों को स्वीकार न करने की, उसका लिखित तथा मौखिक प्रचार न करने की प्रतिज्ञा ली और निजात पा ली। यह घटना ब्रूनों को जीवित जलाने के मात्र सोलह वर्षों बाद घटित हुई।

तदुपरान्त पोप के आदेश से 'पृथ्वी चक्कर काटती है' कहनेवाली सभी पुस्तकें निषिद्ध ग्रन्थों की सूची में जोड़ दी गईं।

बहरहाल, गैलिलियो आशावादी था। 1623 में उसका मित्र कार्डिनल बेबेरिनी 'अर्बन अष्टम' नामक विरुदावली धारण कर पोप पद पर नियुक्त हुआ। गैलिलियो को थोड़ी-सी राहत मिली और उसने *विश्व के दो महान सिद्धान्तों पर चर्चा* पुस्तक लिखनी शुरू की। इस पुस्तक में 'टॉलेमी' तथा 'कोपर्निकस' इन दोनों वैज्ञानिकों के सिद्धान्तों में ग्रहगोलों के भ्रमण का प्रश्न मोटे तौर पर अनिर्णित रखने पर भी उसने कोपर्निकस के सिद्धान्तों की पुरजोर हिमायत की थी। यूरोप में इस उत्कृष्ट ग्रन्थ को बड़े उत्साह से पढ़ा गया।

धर्मपरायण व्यक्ति पुन: क्रोधित हुए। गैलिलियो के लिए मौन अनिवार्य कर दिया गया। "सभी प्रकार के पाखंडी मतों के अनुसार पृथ्वी चक्कर काटती है। यह

अत्यन्त तिरस्कृत, दृष्प्रवृत्त और गर्हणीय मत है। पृथ्वी के अचलत्व की कल्पना तीन गुना पवित्र है। आत्मा के अमरत्व, ईश्वर के अस्तित्व एवं मनुष्य के अवतारी होने के खिलाफ की गई बहस को क्षमा दी जा सकती है लेकिन 'पृथ्वी चक्कर काटती है' यह सिद्ध करनेवाली बहस अक्षम्य है।" गैलिलियो के प्रतिपादन के विरुद्ध इस प्रकार की बड़ी मुहिम शुरू की गई।

पुनः एक बार गैलिलियो को रोम की न्यायसभा के सामने उपस्थित होने का हुक्म दिया गया। बीमारी के कारण फ्लोरेंस से रोम तक की यात्रा करने में असमर्थ होने की गैलिलियो की विनती को स्वीकार नहीं किया गया। मित्र पोप ने अपराधी की स्थिति की जाँच के लिए स्वयं वैद्य भेजने और उसकी बीमारी सिद्ध न होने पर उसे जंजीरों से जकड़कर लाने की धमकी दी। गैलिलियो स्वयं रोम पहुँचा। वहाँ उसे न्यायसभा की बन्दीशाला में भेज दिया गया। वास्तव में देहदंड मिलना ही था परन्तु दयाभाव से कहा गया, "तुम्हारे गलतियों को मान्य करने पर और उनका पछतावा होने पर तुम्हें हमारी मर्जी तक पवित्र न्यायसभा की जेल में दिन काटने की साधारण सजा दी जाएगी। एक हितकारी देहदंड के रूप में अगले तीन सालों के हर सप्ताह में तुम्हारे खेद को निर्देशित करनेवाली धर्मग्रन्थ की सात प्रार्थनाओं का पाठ करने का आदेश दिया जाएगा।"

गलतियों को मान्य करने पर ही साधारण सजा के प्रबन्ध का आग्रह होने के कारण गैलिलियो ने खुलेआम जमीन पर घुटने टेककर न्यायसभा की बनाई लम्बी-चौड़ी फेहरिस्त का पाठ किया, "मैं इन गलतियों और पाखंडी मतों का त्याग करता हूँ। उन्हें तिरस्कृत मानता हूँ और प्रतिज्ञा करता हूँ कि मैं इसके विपरीत ऐसा कुछ जिससे अपने बारे में सन्देहजनक स्थिति निर्मित होगी, लिखित या मौखिक नहीं बोलूँगा अथवा ठोस रूप से नहीं कहूँगा। 'पृथ्वी चक्कर काटती है' इस मत को समर्थन देनेवाला कोई पाखंडी मिलने पर हम न्यायसभा के सामने उसका निषेध करेंगे।" उसने बाइबिल पर हाथ रखकर स्वयं के विचारों को त्यागने की शपथ ली। तत्पश्चात न्यायसभा की उदारता ने उसे शेष जीवन जेल में काटने की बजाय एकान्त तथा मौनव्रत में काटने की आज्ञा दी। गैलिलियो की सभी हलचलों पर पाबन्दियाँ लगाई गईं। उसे अपने परिवार के सदस्यों तथा मित्रों को मिलने की अनुमति भी नहीं दी गईं। वह 1617 में अन्धा हुआ और 1642 में उसकी मृत्यु हुई।

लेकिन अन्त में विज्ञान की सुबह हुई। वैज्ञानिक दृष्टिकोण विश्वभर में एक समर्थ तथा ज्ञान प्राप्ति के मार्ग के रूप में अग्रसर हुआ। इसके कारण कोई ऐसा दावा नहीं करता कि सभी प्रश्नों के उत्तर तुरन्त मिल जाते हैं। लेकिन वैज्ञानिक पथ पर चलकर उचित कार्य-कारण सम्बन्ध का पता चलता है, प्रश्नों का आकलन होता है, उपाय ढूँढ़ने की दिशा निश्चित रहती है और आज जो प्राप्त नहीं हुआ है, कल इसी पथ से प्राप्त होने की अत्यधिक सम्भावना रहती है।

आज की वास्तविकता यह है कि विज्ञान की शिक्षा देना, विज्ञान तकनीकी का उपयोग करना और वैज्ञानिक दृष्टि को समझना तथा वैज्ञानिक रुझान होना परस्पर सम्बन्धित घटनाएँ नहीं हैं। विज्ञान शाखा के स्नातक स्त्री-पुरुषों के बरताव से भी यह दिखाई देता है और कुछ लोग अपने वैज्ञानिक ज्ञान का उपयोग अवैज्ञानिक दृष्टिकोण के प्रसार के लिए करते हैं।

16वीं शती में प्राकृतिक घटनाओं पर तर्कसंगत विचार तथा उन्हें अनुभव और प्रयोग से जोड़ देना आरम्भ हुआ। वैज्ञानिक इसके लिए सम्भवत: घटनाओं को नियंत्रित करने का प्रयास करते हैं। अनुभव तथा तर्क के सहारे सुनिश्चित प्रायोगिक राह से विज्ञान का निर्माण होता है। कुछ लोग विज्ञान को विशेष ज्ञान के रूप में परिभाषित करते हैं परन्तु ज्ञान की ऐसी संकल्पना में मात्र तर्कसंगत विचारों के सहारे प्राप्त जानकारी और निष्कर्ष का ही अन्तर्भाव होता है। इसके विपरीत, विज्ञान में तर्कसंगत एवं वस्तुनिष्ठ विचारों के साथ-साथ उनके प्रत्यक्ष व्यवहार एवं प्रायोगिक जाँच कर उचित निष्कर्ष निकालने, नियम प्रस्तुत करने आदि का समावेश होता है। इससे विश्व, वैश्विक रचना, व्युत्पत्ति तथा विकास प्रक्रिया में मनुष्य का स्थान और उसकी ओर देखने का दृष्टिकोण स्पष्ट होता है।

ये दृष्टिकोण प्रमुखत: ज्ञेयवादी एवं अज्ञेयवादी गुटों में विभाजित हैं। वैज्ञानिक दृष्टिकोण ज्ञेयवादी है; भौतिकवाद तथा इहवाद के आधार पर प्रतिपादित तत्त्वज्ञान है। इसके विपरीत अध्यात्मवाद और दैववाद ये अज्ञेय वर्ग का तत्त्वज्ञान है। आज समाज का मानस एवं शिक्षा पद्धति भी इसी तत्त्वज्ञान से प्रभावित है।

वैज्ञानिक दृष्टिकोण का विकास और अन्धविश्वास उन्मूलन से तात्पर्य अनुभव का अर्थ लगाने की क्षमता का निर्माण करना है। अनुभव का अर्थ लगाना मतलब उसका सारांश या संक्षेप, अन्यथा प्राकृतिक दृष्टि से उसमें जो अत्यधिक जटिलता होती है, प्रतिभा के सहारे उसे हल कर शुद्ध रूप में अनुभव प्राप्त करना। जैसे पत्थर एवं पंख दोनों को एक ही ऊँचाई से छोड़ देने से पत्थर तुरन्त एवं पंख धीरे-धीरे लहराते हुए नीचे आते हैं। हवा की गति जानने पर दोनों एक साथ जमीन पर पहुँचते हैं; इसे समझने की अपवादात्मक प्रतिभा किसी-किसी के पास ही होती है। परन्तु आज मात्र प्रतिभासम्पन्न व्यक्तियों तक सीमित ज्ञान कल का सामान्य विज्ञान बन जाता है। यही वैज्ञानिक दृष्टि की पहचान है।

सिर्फ मनुष्य की खासियत रही है कि वह सम्भवत: ढेरों अनुभवों से गणितीय सूत्रमय भाषा में सार निकालता है तथा उसे संस्कारित कर नया ज्ञान प्राप्त करता है। इसके सहारे ज्ञान को दूर तक पहुँचाता है। मनुष्य की अभूतपूर्व विशेषता है कि उसका ज्ञानार्जन तथा उससे कहीं अधिक महत्त्वपूर्ण है ज्ञान का प्रसार। वैज्ञानिक दृष्टिकोण की नींव ज्ञान प्राप्ति एवं ज्ञान के प्रसार के मद्देनजर महत्त्वपूर्ण है।

भारत सरकार ने 4 मार्च, 1958 को तत्कालीन प्रधानमंत्री पंडित जवाहलाल नेहरू की प्रेरणा से शास्त्रीय नीति विषयक संकल्प लिया। उसका महत्त्वपूर्ण अंग है :

> वैज्ञानिक दृष्टिकोण तथा शास्त्रीय ज्ञान के सहारे समाज के हर सदस्य को भौतिक सुविधाएँ देना सम्भव होगा। सभ्यता-संस्कृति की वृद्धि तथा प्रसार में विज्ञान का अभूतपूर्व योगदान रहा है। विज्ञान की प्रेरणा से ही पहले जो असम्भव लगता था, वह आज सम्भव हुआ है। विज्ञान ने मानव बुद्धि की दृष्टि-सीमा के अधिक मात्रा में व्यापक बनने और विचार करने के लिए नए साधन उपलब्ध कराए हैं। विज्ञान का बुनियादी जीवनमूल्यों पर प्रभाव रहा है और उसने सभ्यता-संस्कृति में नई ऊर्जा तथा गतिशीलता भर दी है।

सन् 1975 में इन्दिरा गांधी ने संविधान में सुधार कर उसमें लोगों के बुनियादी कर्तव्यों को शामिल किया। (विभाग 4अ कॉलम 51अ)। लोगों के लिए इन कर्तव्यों की सूची में वैज्ञानिक दृष्टिकोण, मानवतावादी विचारों का विकास करना, चौकन्नी बुद्धि की वृद्धि के लिए सचेत मनोवृत्ति रखना आदि को प्रमुख कर्तव्य माना है। 1987 में राजीव गांधी की शैक्षिक नीति निर्धारण में वैज्ञानिक दृष्टिकोण शब्द को प्रमुखता से अपनाया गया।

इसके साथ ही एक बात विशेष रूप से समझनी होगी कि विज्ञान मतलब जादू नहीं है। विज्ञान से सभी प्रश्नों का हल होगा, ऐसा कहना मानो ईश्वर के स्थान पर विज्ञान शब्द रखने-जैसा ही है। समाज के व्यक्तियों को ही प्रश्नों को हल करना है। उसके लिए वैज्ञानिक दृष्टिकोण पथप्रदर्शक है। इसके साथ ही, विज्ञान को लोकप्रियता दिलाना और वैज्ञानिक दृष्टिकोण प्रस्तुत करना ये दोनों अलग बातें हैं। मसलन, दैनिक जीवन में सौर ऊर्जा का उपयोग बढ़ाना हितकारी है मगर उसी परियोजना और तकनीक का नारियल चढ़ाकर या काली गुड़िया और नीबू लटकाकर उद्‌घाटन करना वैज्ञानिक दृष्टिकोण के खिलाफ है। इसलिए वैज्ञानिक लोकप्रियता के लिए वैज्ञानिक दृष्टिकोण का प्रभाव उसका एक अंग हो सकता है। इसलिए वैज्ञानिक दृष्टिकोण प्रस्तुत करने की दृष्टि से आसपास के परिवेश का अनुसन्धान के प्रभाव में होना जरूरी है।

वैज्ञानिक दृष्टिकोण से तात्पर्य ज्ञानार्जन की वैज्ञानिक पद्धति से है। ऐतिहासिक काल से ही वैज्ञानिक उन्नति के साथ ज्ञानार्जन की विशेष पद्धति निर्मित हुई है। इसमें कोई सन्देह नहीं कि मनुष्य में धार्मिक श्रद्धा एक बुनियादी और सशक्त प्रेरणा के रूप में है लेकिन उसी मनुष्य में ही समाधान का विचार करने की क्षमता भी है। मनुष्य व्यावहारिक निर्णय में इसी का उपयोग करता है। लेकिन उसका उचित-अनुचित दृष्टि से तथा निश्चित रूप से समग्र विचार एवं व्यवहार न करने पर वह

फँस जाता है। वैज्ञानिक विचार पद्धति से तात्पर्य उचित-अनुचित विचार पद्धति है। किन्तु व्यवहारिक निर्णय में इसकी उपयोगिता नहीं है। उसका उपयोगी सत्य क्या है? यह तरीका होता है इसे जानने के लिए कि प्राकृतिक वस्तुओं का स्वरूप कैसा है, घटनाएँ किन नियमों के अनुरूप घटित होती हैं। अर्थात वे नियम जिसके अनुरूप घटनाएँ घटती हैं। इन्हें पदार्थों तथा घटनाओं के दृश्य स्वरूप के आधार पर सहज ढूँढ़ना सम्भव नहीं होता। वे गहरे छुपे होते हैं। उनकी खोज के लिए स्तरीय कल्पना तथा तर्कशक्ति की आवश्यकता होती है। प्रतिभावान वैज्ञानिक जब इस प्रकार की खोज करता है तब वह सप्रमाण प्रस्तुतिकरण करता है; वह प्रमाण, तार्किक अनुभव से निकाले निष्कर्ष प्रस्तुत करता है। उस खोज को नकारने के लिए प्रमाणों को चुनौती देनी पड़ती है तथा सिद्ध करना पड़ता है कि दिए गए तर्क सदोष हैं; अन्यथा उस खोज को प्रमाण के रूप में स्वीकार करना पड़ता है। इसके लिए वैज्ञानिक विचार पद्धति का अनुकरण करके स्थापित वैज्ञानिक सिद्धान्तों के साथ धार्मिक विश्वास का मेल करना पड़ता है। जब यूरोपियन समाज में वैज्ञानिक विचार पद्धति पर आधारित ज्ञान स्थायी बना तब धार्मिक विश्वास अस्थिर हुए या कम हुए यह कहा नहीं जा सकता, लेकिन धार्मिक विश्वास और वैज्ञानिक विचार पद्धति के क्षेत्रों में आपसी सुसंगत योजना बन गई। मनुष्य जिन पदार्थों और घटनाओं का निरीक्षण करता है, उन दोनों के मेल से प्रकृति का निर्माण होता है। प्राकृतिक पदार्थों का स्वरूप और प्राकृतिक घटनाओं के नियमों की वैज्ञानिक पद्धति के अनुरूप खोज करना विज्ञान का कार्यक्षेत्र है। यहाँ धर्म-विश्वास के लिए कोई गुंजाइश नहीं है।

वैज्ञानिक दृष्टि के कुछ लक्षण हैं :

1. यह मानना गलत है कि किसी अधिकारी व्यक्ति ने कहा है या ग्रन्थ में लिखा है इसलिए सच है। सत्य की अन्तिम कसौटी प्रत्यक्ष प्रमाण तथा निरीक्षण है। यह स्वीकार्य नहीं है कि आदिशंकराचार्य ने कहा है या किसी भी महान व्यक्ति के किसी भी ग्रन्थ का प्रमाण देकर कहा जाए पर कि 'अग्नि शीतल है'। यूरोप में मध्ययुगीन सोच तथा आधुनिक वैज्ञानिक विचार प्रणाली में यह महत्त्वपूर्ण प्रमाणजन्य भेद दिखाई देता है। मध्ययुग के दार्शनिकों को बाइबिल तथा कैथोलिक पन्थ के तत्त्व एवं अरस्तू के वचन भी विवादित लगते थे। इन लोगों ने तथा ग्रन्थों ने गम्भीर तर्क-वितर्कों के बूते पर अनुलंघनीय वैचारिक सीमाएँ बनाई थीं। धर्म तथा विज्ञान में निहित वास्तविक विवाद शब्द-प्रमाण तथा ग्रन्थ-प्रमाण व प्रत्यक्ष परिनिरीक्षण को लेकर था। वैज्ञानिक मान्यता है कि मान्यवरों के वचनों को प्रमाण न मानते हुए उनकी अपनी इन्द्रियों से अनुकूलता या प्रतिकूलता का अन्दाज लगाया जा सकता है। ये तत्त्व वास्तविक आधार पर उचित परीक्षण करने के लिए तैयार किसी भी व्यक्ति के लिए बोधजन्य कहे जा

सकते हैं। इस नई पद्धति को असीम एवं व्यवहारिक सफलता प्राप्त हुई जिससे धर्मशास्त्र को भी विज्ञान से समझौता करना पड़ा था।

2. संसार विशिष्ट नियमों से आबद्ध है। इन नियमों का ज्ञान प्रायोगिक, तर्क तथा जाँच-पड़ताल पद्धति से मिलता है। वैज्ञानिक भौतिक विश्व का स्वतंत्र अस्तित्व मनुष्य के बोध के परे है, उसमें निश्चित नियमों से परिवर्तन होता है। विश्व का स्वतंत्र अस्तित्व नियमबद्धता तथा गतिशीलता के कारण है, न कि किसी ईश्वरीय शक्ति के कारण। इसकी खोज एवं व्याख्या वैश्विक वस्तुओं तथा घटनाओं के व्यापार से की जा सकती है। मानव विश्व का अविभाज्य अंग है। उसमें विश्वज्ञान के बोध की क्षमता है। यह क्षमता किसी ईश्वर की कृपादृष्टि नहीं है अपितु उसके व्यवहार के स्वरूप से उसे मालूम होती है। मनुष्य के ज्ञान की सत्यता की कसौटी उसकी व्यवहारिक पड़ताल ही है, दूसरी कोई कसौटी उस पर लागू नहीं होती। गैलिलियो ने प्रायोगिक पद्धति, गणितीय उपयोग, घटनाओं का कार्य-कारण सम्बन्ध ढूँढ़ना आदि आधुनिक लक्षण स्थापित किये। सूक्ष्मदर्शी तथा दूरदर्शी यंत्र का आविष्कार उसी का ही आलंबन बने हैं। इस परिवर्तन के कारण मात्र ज्ञानवृद्धि नहीं हुई, अपितु विश्व संरचना एवं संकल्पना में बदलाव आया है। इसी के साथ मनोवृत्तियों में भी बदलाव आया है। गैलिलियो के आगमन से ही विश्व को यंत्रवत माना जाने लगा। अधिक-से-अधिक विशेषीकरण एवं ज्ञानार्जन के लिए उसी संरचना को छोटे-छोटे भागों में विभाजित करने की प्रक्रिया शुरू हुई। वैज्ञानिक प्रक्रिया अन्तिम प्रश्न के समाधान का दावा नहीं करती बल्कि सीमित प्रश्नों का अत्यधिक ठोस ज्ञान ही विज्ञान-प्रक्रिया है। मनुष्य को काफी समय से लगता था कि सृष्टि के कुछ नियम होने चाहिए। गैलिलियो के अनुसन्धान एवं वैज्ञानिक दृष्टिकोण से पता चला कि ये नियम धार्मिक तथा नैतिक न होकर भौतिक हैं। यही से कार्य-कारण सम्बन्ध तेज गति से स्पष्ट होने लगे।

3. सृष्टि के केन्द्र में पृथ्वी नहीं है। इस सृष्टि का निर्माण मनुष्य के लिए नहीं हुआ है। विश्व के कार्य-कारण सम्बन्ध पर किसी भी प्रकार की अच्छी या बुरी शक्ति की प्रार्थना का प्रभाव नहीं पड़ता। विज्ञान को विश्व निर्माण के हेतु की कल्पना मान्य नहीं है : 'विश्व की सृजनशील वस्तुएँ तथा प्राणियों की निर्मिति की जाती हैं, न कि हुई है। इस निर्माण प्रक्रिया का कोई-न-कोई कर्ता है जो दूर से ही संचालन करवाता है। उसका नियंत्रण करता है, उसे बढ़ाना या रोकना मात्र उसके हाथ में तथा उसकी इच्छा पर निर्भर है। उस शक्ति के केन्द्र में कोई-न-कोई हेतु होता है।' वैज्ञानिक दृष्टि में इन कल्पनाओं का त्याग अपेक्षित है। यह सारी प्रक्रिया आन्तरिक

घटकों के संयोग व संघर्ष से निर्मित होती है। यही सूत्र वैज्ञानिक दृष्टिकोण का मुख्य आधार है।

4. वैज्ञानिक सोच ऐसे तत्त्वज्ञान, धार्मिक विश्वास एवं विचारों को नकारती है कि यह दृष्टि अन्तिमत: बुद्धि की नियमितता से प्राप्त नहीं होती, साक्षात्कार तथा अतींद्रिय अनुभव से प्राप्त होती है। साक्षात्कारी ज्ञान को श्रेष्ठ मानने का दुष्परिणाम यह है कि समाज के बुद्धिमान लोगों में वस्तुओं एवं घटनाओं के बारे में वैज्ञानिक तथा वस्तुनिष्ठ ज्ञान प्राप्त करने का आग्रह नहीं रहता। साथ ही, लोकतंत्र विघातक परिणाम होता है। साक्षात्कारी ज्ञान सभी को प्राप्त नहीं होता। ऐसा माना जाता है कि वह एक विशिष्ट सिद्धि है जिससे समाज में दो वर्ग बन जाते हैं : ज्ञानी अधिकारी पुरुष एवं सर्वसामान्य भक्त। सर्वसामान्य समाज के सामने व्यक्तिगत साक्षात्कार के अभाव में अधिकारी पुरुष द्वारा दिए गए पारम्परिक ज्ञान को स्वीकार करने के सिवा कोई विकल्प नहीं रहता। बौद्धिक ज्ञान को गौण कहे जाने पर भौतिक घटनाओं का अनुभवसिद्ध निरीक्षण तथा कार्यकारण सम्बन्धों की स्थापनाएँ उपेक्षित हो जाती हैं; वैज्ञानिक आकर्षण के अनुरूप मनोभूमि तैयार नहीं हो पाती।

5. वैज्ञानिक दृष्टिकोण की सिद्धता में प्रायोगिक परिस्थिति पर सम्पूर्ण नियंत्रण होता है। वैज्ञानिक दृष्टिकोण अज्ञेय शक्तियों से अपने-आप कुछ घटित होने पर विश्वास नहीं करता। वैज्ञानिक सत्यता के प्रामाणिक परीक्षण के बावजूद अपवाद की स्थिति में वैज्ञानिक शक्ति ताश के पत्तों के भवन के गिरने-जैसी हो जाती है। किसी सत्यसाईं बाबा के खाली हाथ में अपने-आप धूप तथा अंगूठी के निर्माण की घटना अवैज्ञानिक होगी। इसके अलावा सत्यसाईं बाबा तथा उनके जैसे चमत्कारी बाबाओं को सिद्ध करना पड़ेगा कि वैज्ञानिक नियमों को नकार देनेवाली अद्भुत शक्ति उनके पास है।

6. विज्ञान सार्वजनिक है। वैज्ञानिक सत्य सभी के लिए खुला है। हर कोई उत्सुक इसकी जाँच-पड़ताल कर सकता है। वैज्ञानिक दृष्टिकोण के विचार अनुमोदित नहीं होते क्योंकि मत-मतांतर का स्वरूप व्यक्तिनिष्ठ होता है और उसकी नींव पूर्वग्रह ही होती है। वैज्ञानिक दृष्टिकोण मानता है कि श्रद्धा पर टिका मत वैयक्तिक होता है। वैज्ञानिक दृष्टिकोण किसी आविष्कार का प्रकटीकरण और आकलन कर सकता है, परन्तु वह वस्तुनिष्ठ होता है, व्यक्तिनिष्ठ नहीं। वैज्ञानिक दृष्टिकोण कभी यह नहीं कहता कि लौ, चमक का एक रूप है इसलिए वह सूर्य के प्रकाश की दिशा में चली जाती है। इसके विपरीत विज्ञान कहता है कि आग, प्रकाश

और गर्मी से निकलनेवाली ऊर्जा है, और उसकी निर्मिति ऑक्सीजन और ज्वलनशील पदार्थों के संयोजन से होती है।

7. विज्ञान हमेशा नम्र होता है। विज्ञान कभी भी यह दावा नहीं करता कि मैंने जो कहा है वह अन्तिम है, मेरा निष्कर्ष अन्तिम है। धर्म कहता है कि मैंने सब कुछ समझा है, ब्रह्मांड की पहेली सुलझ गई है, सब ज्ञान प्राप्त हुआ है। जबकि विज्ञान के अनुसार यह वस्तु तथा घटनाओं की जाँच करना और जो नहीं समझा है उसकी खोज जारी रखना है। लेकिन व्यवहार मात्र सिद्ध सत्य के आधार पर ही किया जाता है जबकि विज्ञान-शास्त्रों का प्रत्येक तर्क स्वयं की जाँच करने और उसकी कसौटियों पर न कसने पर भी निडरता के साथ खड़ा रहता है। वैज्ञानिकों की प्रशंसा इसलिए नहीं की जाती है कि उनका तर्क ही सही है बल्कि यह किसी के लिए भी सम्भव नहीं है। कुछ बुनियादी प्रस्तुतिकरण के सर्जनात्मक और प्रतिभाशाली प्रयासों के कारण उनकी प्रशंसा की जा सकती है। मगर कई व्यक्तियों के मौलिक अवदान के पश्चात भी विज्ञान मात्र वस्तुनिष्ठ ही रहता है। न्यूटन की कमी आइंस्टाइन पूरी कर सकता है। इसमें न्यूटन पर दोषारोपण नहीं है। इन दोनों की सीमाओं को यदि कोई सिद्ध करता है तो इनकी अवमानना नहीं होती। सत्य की खोज के लिए उनके सिद्धान्तों की जाँच की अनुमति हर किसी को होती है। सभी वैज्ञानिक सिद्धान्त नियमित कसौटी के लिए खुले रहते हैं।

चाहे जितनी उन्नति होने के बावजूद, विज्ञान कभी भी सब कुछ समझने का दावा नहीं करता है। नित्य नए प्रश्न बने रहते हैं। नए क्षितिज संकेत करते हैं।

इस दृष्टि से न्यूटन के गति एवं गुरुत्वाकर्षण सिद्धान्त का इतिहास जानना जरूरी है :

न्यूटन के गुरुत्वाकर्षण सिद्धान्त के स्थापित होने के कई दशक पश्चात खगोल विज्ञानियों के सामने एक संकट खड़ा हुआ। यूरेनस ग्रह के भ्रमण की कक्षा न्यूटन के गुरुत्वाकर्षण सिद्धान्त के अनुरूप बन नहीं पाती थी। उसमें थोड़ा बदलाव हो जाता था। सिद्धान्त के भविष्य और प्रत्यक्ष निरीक्षण में निहित अन्तर से तीन विकल्प सामने थे :

1. सिद्धान्त गलत है।
2. निरीक्षण मिलावटी है।
3. सिद्धान्त तथा निरीक्षण दोनों सही हैं लेकिन उनमें तालमेल के लिए और कुछ नई चीजों का विचार करना चाहिए।

न्यूटन के सिद्धान्त को गलत कहना कठिन था। कई वर्षों और कई स्थानों के निरीक्षण के बावजूद दूसरा विकल्प नहीं था, तो तीसरे विकल्प के लिए आवश्यक

नई जानकारी कहाँ से मिलती? इंग्लैंड के जॉन एडम्स और फ्रांस के लेवेरिये इन दोनों ने टिप्पणी की कि यूरेनेस के पास एक नया ग्रह है जिसके गुरुत्वाकर्षण के कारण यूरेनस की कक्षा में बदलाव आता है। दोनों की कहीं अलग-अलग पद्धतियों और गणितीय प्रस्तुति के आधार पर यह निष्कर्ष सही रहा। बाद में वह नया ग्रह मिला, जिसे नेपच्यून नाम दिया गया।

नेपच्यून की खोज से न्यूटन के सिद्धान्त की निश्चित पुष्टि हुई लेकिन आगे फिर संकट खड़ा हुआ। कई दशकों बाद बुध की परिक्रमा-कक्षा में भी ऐसा ही अन्तर दिखाई देने लगा। लेवेरिये ने पुनः उपाय सुझाया। उसने दावा किया कि व्हत्कन नामक नया ग्रह बुध से भी अधिक सूर्य के निकट है और वह बुध की कक्षा बदलता है। लेकिन व्हत्कन का अस्तित्व नहीं मिला। विविध देशों में अनेक वैज्ञानिकों ने बुध की परिक्रमा से सम्बन्धित निरीक्षण किया था जो एक-दूसरे के साथ मेल खाता था। न्यूटन के सिद्धान्त को गलत साबित करना ही आशय रहा था। लेकिन प्रश्न उपस्थित हुआ कि यदि न्यूटन का सिद्धान्त गलत है, तो सही सिद्धान्त कौन-सा है?

1916 तक यह प्रश्न अनुत्तरित रहा। उसी वर्ष आइंस्टाइन के व्यापक सापेक्षता सिद्धान्त ने इस अन्तर की उचित समीक्षा की। न्यूटन के सारे सफल प्रयासों पर एक असफलता ने पानी फेर दिया। लेकिन किसी ने भी इसे न्यूटन का अपमान नहीं समझा। तदुपरान्त कई अलग-अलग निरीक्षणों से न्यूटन की अपेक्षा आइंस्टाइन के सिद्धान्तों को मान्यता दी गई। विज्ञान की कार्यप्रणाली के अनुरूप जब तक किसी सिद्धान्त को किसी नए रहस्य की उलझनें सुलझाने में असफलता नहीं मिलती तब तक वह मान्य बना रहेगा।

जगत हमारी इन्द्रियों के लिए बोधगम्य तथा निरीक्षण करने योग्य है, इसके अलावा 'आध्यात्मिक'-जैसा कुछ अस्तित्व नहीं है। प्राचीन समय से मानवी संस्कृति में यह भौतिकतावादी विचार रहा है। इन्द्रिय अनुभवों से हटकर अस्तित्व माननेवाली अध्यात्मवादी विचारधारा भी प्राचीन काल से अस्तित्व में है। वैज्ञानिक विचार पद्धति के आधार पर प्राप्त तथा तर्कपूर्ण दृष्टि से ठोस ज्ञान जब स्थायी बना तभी भौतिकतावाद पुष्ट हुआ। प्राकृतिक पदार्थों का निर्माण तथा घटनाएँ कुछ सामान्य नियमों के अनुरूप निश्चित होती हैं। इन नियमों का अपवाद नहीं होता। अनुभव, परिकल्पना तथा तर्क के सहारे हम उन्हें खोज सकते हैं। वैज्ञानिक ज्ञान के स्थापित होने पर ही प्रकृति के प्रति देखने की दृष्टि स्थिर हुई। प्रकृति के अलावा कोई अस्तित्व या शक्ति है, इसे स्वीकार करने के लिए प्रमाण न होने के कारण भौतिकतावादी मत की पुष्टि हुई। विज्ञान के स्थायी बनने पर धार्मिक विश्वास का क्षेत्र सीमित हुआ और धार्मिक विश्वास को अस्वीकार करनेवाला भौतिकतावादी तत्त्वज्ञान मानक सिद्ध हुआ। प्राकृतिक पदार्थों का स्वरूप, प्रकृति से अलग पदार्थों

का स्वरूप और प्रकृति से हटकर आध्यात्मिक अस्तित्व के स्वरूप का सत्य प्रकट करनेवाली संगठित धार्मिक विश्वास की प्रामाणिकता नष्ट हुई। यह एक सांस्कृतिक तथा वैचारिक क्रान्ति थी।

मानव के व्यवहारों पर भी इसका परिणाम हुआ। पन्द्रहवीं-सोलहवीं सदी तक यूरोप के गाँवों में डाइनों को आमतौर पर जलाया जाता था। मुर्गियों के मरने, गाय के दूध न देने, बच्चों के अचानक गुजर जाने पर गाँव की एकाध बुढ़िया की गरदन के हिलने तथा मुँह में अन्दर-ही-अन्दर उसके पुटपुटाने को मंत्र का उच्चारण समझकर उस पर जादू-टोने का आरोप लग जाता था। उसे न्यायाधीश के सामने सप्रमाण सिद्ध कर जलाया जाता था। 17 वीं सदी से यूरोप में यह सब बन्द हुआ। मुर्गियाँ क्यों मरती हैं, इसका कारण लोग समझने लगे थे किन्तु उन्होंने डाइन को जलाना बन्द नहीं किया था। 19 वीं सदी के अन्त में लुई पाश्चर के अनुसन्धान के पश्चात इन कारणों का पता चला। लेकिन प्रकृति में जो इष्ट-अनिष्ट घटित होता है वह सामान्य नियमों के अनुरूप घटित होता है, वहाँ चमत्कार तथा जादू-टोने का स्थान नहीं है; यह मत शिक्षित यूरोपियन न्यायाधीश एवं अन्य लोगों में दृढ़ हुआ कि हमें किसी चीज का पता न चलने का कोई प्राकृतिक कारण है।

वैज्ञानिक दृष्टिकोण कैसे विकसित होता है?

इसकी शुरुआत मन में आए प्रश्नों के अंकुरित होने से होती है। मनुष्य के मन में आसपास की प्रकृति, समाज, मनुष्य का व्यवहार आदि देखकर अनगिनत प्रश्न उठते हैं। यह विशेष रूप से इसलिए महत्त्वपूर्ण है कि इसे मनुष्य-प्राणी का लक्षण कहा जा सकता है। मनुष्य स्वयं से इन घटनाओं से सम्बन्धित सवाल, क्या? कैसे? क्यों? नियमित पूछता था और उनके उत्तर भी ढूँढ़ता था। एक उत्तर से कई प्रश्न निर्मित होते थे और इससे ही आज विज्ञान की अत्यधिक उन्नति हुई है।

वैज्ञानिक दृष्टिकोण की नींव है कि इसमें निरीक्षण से प्रश्न उठाए जाते हैं। उनके समाधान के लिए दुबारा निरीक्षण करना पड़ता है। उबलती चायदानी पर रखा ढक्कन बार-बार नीचे गिरता है, यह निरीक्षण। और उसे अन्दर से कौन धकेलता है, यह प्रश्न। जहाज के डेक पर खड़े होने पर सामने अथाह समुंदर है और ऊपर नीला आकाश। यह निरीक्षण कि दोनों का रंग नीला है और प्रश्न कि ऐसा क्यों? सी.वी. रमन के मन में उठे इस प्रश्न से तथा गैलिलियो के मन में चर्च में लटके तथा हिलते हुए दीपक से प्रश्न-तरंगों की शुरुआत होती है। निरीक्षणों के आधार पर प्राप्त जानकारी का वर्गीकरण कर सुसंगत प्रस्तुतिकरण करना पड़ता है। प्रश्न उठाए जाते हैं। पेड़ से गिरा हुआ फल नीचे क्यों गिरता है? अलग-अलग ऊँचाइयों से नीचे छोड़ी अलग-अलग आकार तथा वजन की वस्तुएँ नीचे कैसे पहुँचती हैं? इसका निरीक्षण दर्ज करने पर 'प्रमाण' सिद्ध होता है। लेकिन वह ज्यादा-से-ज्यादा

निर्दोष होना आवश्यक है। प्रमाण कभी भी ग्राह्य नहीं माना जाता। अरस्तू के शब्दों पर विश्वास कर ऐसा पढ़ाया जाता था कि एक ही समय नीचे फेंके पदार्थों में से जड़ पदार्थ जल्दी नीचे पहुँचता है तथा हल्का पदार्थ देरी से नीचे आता है। इसका प्रमाण क्या है? प्रत्यक्ष तुलना में जड़ तथा हल्की वस्तु एक साथ नीचे कैसे पहुँचती हैं, इसका निरीक्षण करने की आवश्यकता न अरस्तू को थी और न उसके शिष्यों को। अरस्तू ने निश्चित रूप में ऐसा भी विधान किया था (मनुष्य-प्रमाण ग्राह्य माना था) कि महिलाओं के पुरुषों की अपेक्षा कम दाँत होते हैं। यह विधान उसने न कभी अपनी स्वयं की पत्नी के दाँतों को प्रत्यक्ष गिनकर जाँचा, न उसे पढ़ानेवालों ने प्रमाण हेतु स्वतंत्र निरीक्षण कर उसकी सत्यता की जाँच-पड़ताल की। इसके साथ ही कई प्रमाण धर्मग्रन्थों तथा धर्माचार्यों के अनुसार ग्राह्य माने जाते हैं। उदाहरणत: स्वर्ग, नर्क, पाताल, पुनर्जन्म आदि चीजों की पड़ताल की व्यवस्था नहीं है और प्रमाण भी नहीं है। इसलिए इन पर विश्वास करना ठीक नहीं है। जिस प्रकार कल्पित प्रमाण मान्य नहीं, उसी प्रकार आत्मनिष्ठ प्रमाण भी स्वीकार्य नहीं है। स्वयं के विकार, भावना, पूर्वग्रह आदि से सम्बन्धित आत्मनिष्ठ अनुभव या निरीक्षण को प्रमाण नहीं माना जा सकता।

किसी व्यक्ति के मन में उठा प्रश्न अन्य किसी दूसरे या उससे पूर्व समय के व्यक्तियों में उठना सम्भव है। इसलिए उस प्रश्न से सम्बन्धित स्वयं के तथा अन्यों के निरीक्षणों का विचार महत्त्वपूर्ण है। अन्य लोगों के प्रमाणों पर भी विचार करना पड़ता है। उनकी सामर्थ्य तथा सीमाओं को जाँचना पड़ता है। सद्य प्रश्नों के वर्तमान और इन सारे प्रयासों के मेल से वस्तुनिष्ठ दृष्टिकोण का निर्माण होना शुरू होता है। इस अवस्था में कुछ प्रश्नों के उत्तर प्राप्त होते हैं तो कुछ प्रश्नों के अत्यधिक चुनौतीपूर्ण होने का पता चलता है।

मनुष्य चुनौतीपूर्ण प्रश्नों को सुलझाने में व्यस्त रहता है। उसका विचारचक्र स्वयं तेज होता जाता है। सम्भाव्य जवाबों की कुछ दिशाएँ प्राप्त होती हैं। 'न्यूटन के सिर पर फल का गिरना और उससे गुरुत्वाकर्षण बल की खोज होना' यह विधान काफी अधूरा प्रतीत होता है। प्रकृति में गतिविषयक अनेक गतिविधियों का अनुभव होता है। ग्रह दृश्यमान पथ से भ्रमण करते हैं। ऊपर फेंका हुआ पत्थर अपने-आप नीचे आता है। ऐसी अनेक घटनाओं से सम्बन्धित प्रश्न मन में खलबली मचाते हैं। जवाबी दिशा-निर्देश के लिए ऊपर से गिरा फल मात्र निमित्त होता है। जिनके दिमाग में इस प्रकार के चुनौतीपूर्ण प्रश्न ही नहीं उठते उनके मस्तिष्क में फल ही नहीं, पत्थर गिर जाने से भी गुरुत्वाकर्षण के नियम तथा गतिविषयक नियमों का स्फुरण नहीं होगा। यह सीढ़ी वैज्ञानिकों को कलाकारों के समान सर्जनशील बनाती है। उत्तरों के जो दिशा-निर्देश सम्भावना की कोटि में आते हैं उनके अन्तर्गत सुसंगत प्रस्तुति होने पर सिद्धान्त की परिकल्पना बन जाती है। प्रतिभाशाली वैज्ञानिक सामान्य

विधान की कल्पना करता है, जिससे विविध सूत्रों को महसूस किया जाता है; उस सामान्य विधान को सिद्धान्त कहा जाता है।

जब कोई सिद्धान्त संचित ज्ञान के खिलाफ होता है तब सिद्धान्त माननेवाले को उस विसंगति के निश्चित स्वरूप को परखना पड़ता है। ऐसा नहीं है कि हर समय सिद्धान्त सही ही होगा, उसे जाँचना आवश्यक है। किसी घटना को समझने के लिए एक से अधिक सिद्धान्तों की प्रस्तुति होने पर अधिक विश्वसनीय परिकल्पना कौन-सी है, इसे जानने के लिए नई जानकारी प्राप्त करनी पड़ती है, नए प्रयोग किये जाते हैं। इससे विज्ञान का विकास ही होता है। न्यूटन का सिद्धान्त था कि प्रकाश कणों से बना है। उसके आधार पर प्रकाश-रेखा का सीधे जाना और परावर्तन नियमों को सिद्ध करना सम्भव होता था। हाइगेन नामक वैज्ञानिक ने प्रकाश-तरंग सिद्धान्त प्रस्तुत किया। इनमें से कौन-सा सिद्धान्त सही है, इसका प्रयोग यंग नामक वैज्ञानिक ने किया। इस प्रयोग से जो निरीक्षण प्राप्त हुए थे वे न्यूटन के कण सिद्धान्त से सिद्ध नहीं होते थे। हाइगेन का सिद्धान्त स्वीकार किया गया।

वैज्ञानिक दृष्टिकोण में ज्ञानार्जन की अन्तिम अवस्था, प्रमाण से सिद्धान्त (थेयरी) तक की यात्रा है। अनेक प्रमाणों में से एकाध प्रमाण सिद्धान्त की कसौटी तक पहुँचता है। प्रयोगों की भट्टी में प्रमाण को कसौटी पर कसकर देखा जाता है। गतिविषयक नियम ज्ञात होने पर पृथ्वी से उड़ान भरा यान चाँद पर कब, कहाँ पहुँचेगा इसका पता किया जा सकता है। चिकित्सा विज्ञान के नियमों के आधार पर रोग चिकित्सा की जा सकती है परन्तु प्रयोगों की सीमाएँ सिद्धान्तों की सीमाएँ बन जाती हैं। वे सिद्धान्त इन मर्यादाओं में सत्य नहीं होते। जैसे, न्यूटन के गतिविषयक नियम से ग्रह, तारों, गाड़ी, खिलौनों से सम्बन्धित स्पष्टीकरण दिया जा सकता है। आकाश में प्रक्षेपित उपग्रहों की गति का गणितीय प्रस्तुतिकरण भी किया जा सकता है परन्तु इलेक्ट्रॉनिक मूल कणों की गति की भविष्यवाणी करने में ये नियम असमर्थ हैं।

धार्मिक तथा वैज्ञानिक सिद्धान्त में यह अन्तर है कि धार्मिक तत्त्व में एक चिरंतन और निर्विवाद निश्चित सत्य के सम्मिलित होने का दावा किया जाता है। इसके विपरीत विज्ञान का स्वरूप हर समय अल्पकालिक होता है। परन्तु सामान्यत: विकसित विज्ञान में यह परिवर्तन कम-अधिक शुद्धता के संशोधन तक आवश्यक होते हैं। साधारणत: स्थायी प्रमाण पूर्णत: त्याज्य नहीं होते। अत्यधिक उचित प्रमाणों में उन्हें अन्तर्भूत किया जाता है। उन अत्यधिक समावेशी प्रमाणों को परखा जाता है इसलिए वैज्ञानिक ज्ञान में उन्नति होती है।

यहाँ तक की यात्रा में उठे हुए प्रश्न और निरीक्षण से पुनश्च शुरू यात्रा उस दृष्टि से समाप्त होती है। एक सत्य हाथ में आता है। असीम ज्ञान के कारण वर्तमान ज्ञान की सीमा में ही वास्तविक सत्य होता है। वह अन्तिम नहीं होता। फिर भी मनुष्य

के ज्ञान के क्षितिज काफी विस्तार से फैले हुए हैं। उसमें से फिर नए प्रश्न संकेत देते हैं और फिर वैज्ञानिक दृष्टि के सहारे पुनः पहली सीढ़ी से सफर शुरू होता है।

वर्तमान समाज में वैज्ञानिक दृष्टिकोण का अभाव है। इसका एक (एकमात्र नहीं) महत्त्वपूर्ण कारण बड़ी मात्रा में सामाजिक निरक्षरता है। शिक्षा के कारण वैज्ञानिक दृष्टिकोण विकसित होने में सहायता मिलती है। आज यह अपेक्षा पूरी नहीं होती है, फिर भी अपेक्षा करना गलत नहीं; तो शिक्षा का यह एक महत्त्वपूर्ण प्रयोजन है। भारत की 49 प्रतिशत जनता निरक्षर तथा उसके साथ ही विज्ञान-विमुख होने के कारण अन्धविश्वास की शिकार है। कुल जनसंख्या की 10 से 12 प्रतिशत जनसंख्या 17 से 23 की उम्र अर्थात उच्च शिक्षा प्राप्ति की आयु में है। इस उम्र के 8 से 10 करोड़ व्यक्तियों में से 30 से 40 लाख मतलब सिर्फ 4 प्रतिशत छात्र उच्च शिक्षा का लाभ उठाते हैं। शेष असीमित जनसंख्या को शैक्षिक रिसाव या निरक्षरता का शिकार होना पड़ता है। निरक्षरता के चार महत्त्वपूर्ण कारण हैं : दरिद्रता, आवास में साधन-सुविधाओं का अभाव, जाति व्यवस्था एवं एक स्त्री होना। इसकी पूर्ति में राजनीतिक इच्छाशक्ति का अभाव है। इस वास्तविकता से स्पष्ट होता है कि समाज में वैज्ञानिक दृष्टिकोण तथा विज्ञानाभिमुखता अवरुद्ध होने और इसे समाज में सफलता नहीं मिलने के कारणों को समाप्त करने के लिए व्यापक समाज परिवर्तन की आवश्यकता है। लेकिन दूसरी ओर विचारणीय है कि जिन्हें शिक्षा का लाभ मिल रहा है उनमें भी वैज्ञानिक दृष्टिकोण तैयार नहीं हो रहा। आज युवा तथा कुमारावस्था के बच्चों के कौन-से संस्कार बन रहे हैं? शिक्षा में विज्ञान के समावेश के बावजूद उसमें समीक्षात्मक तथा अनुसन्धानात्मक दृष्टि का अभाव एवं कमी है। उनके लिए धर्म में कहा गया सर्वश्रेष्ठ है, अपनी जाति उच्च अथवा निम्न है। आज के अध्यापकों के मन में संस्कारों में सफलता-असफलता के लिए शगुन, पूजन, आशीर्वाद, ईश्वर-दैव, अवतार, वरदान-शाप, पाप-पुण्य, इहलोक-परलोक, स्वर्ग-नर्क, तीर्थ-प्रसाद, पूजा-अर्चना, प्रार्थना-उपासना, गतजन्म-पुनर्जन्म तथा कर्मविषयक ऐसी कई अवैज्ञानिक कल्पनाएँ दृढ़ हुई हैं और उनके द्वारा छात्रों में उसका रुझान बनता है। ये कल्पनाएँ सहज रूप में पढ़ाई जाती हैं। उसमें खर्च होनेवाली बुद्धि को कुशलता की श्रेणी में रखा जाता है। छात्रों को पढ़ाया जाता है कि सोमवार शिवजी का, मंगलवार देवी का, बुधवार विठोबा का, गुरुवार दत्त का, शुक्रवार पुनः देवी का, शनिवार मारुति का और रविवार ज्योतिबा का है अथवा यह समझने पर कि विष्णु को सफेद एवं गणेशजी को लाल फूल पसन्द है, वैज्ञानिक जिज्ञासा उभरने की सम्भावना ही नहीं रहती।

बचपन से ही बच्चों में सतर्क प्रवृत्ति के विकास के लिए प्रयास होना चाहिए। हमारे यहाँ बिलकुल इसके विपरीत है। पाठ्यपुस्तकों में काफी पाठ्यक्रम रहता है और अध्यापकों का ध्यान इस तरफ रहता है कि उसे कैसे निपटाना है। सूर्य पूरब

से निकलता है और पश्चिम में डूबता है, मतलब वास्तव में होता क्या है यह बताया नहीं जाता। बच्चों के दिमाग में सैकड़ों कौतूहल-रूपी भ्रमर होते हैं। खत्म न होनेवाले प्रश्नों की अखंडित मालिका होती है। नित्य नई जिज्ञासा बनी रहती है। उनकी इस वृत्ति से अध्यापक और अभिभावकों पर प्रश्नों की बरसात होती रहती है जिसको लेकर अध्यापकों का उत्तर क्या होता है? बहत्तर बीमारियों पर एक ही रामबाण इलाज करनेवाले वैद्य के समान, अध्यापक के सभी प्रश्नों के उत्तर, 'बदमाश!, ईश्वर की तरह चुपचाप बैठे रहो। क्या यह परीक्षा में आनेवाला है? क्यों दिमाग चाट रहे हो?' इस प्रकार के धमकानेवाले होते हैं। विज्ञान के अध्यापक को जहाँ छात्रों की वैज्ञानिक जिज्ञासा मात्र परेशानी लगती है, वह परीक्षा-केन्द्रित अध्यापन का ही परिणाम होता है। जहाँ छात्रों को ईश्वर की तरह चुपचाप बैठाना भूषणमय तथा ईश्वरीय लक्षण बन जाता है; वहाँ की युवा पीढ़ी के अपनी समस्याओं का खुली आँखों से सामना करने के लिए वैज्ञानिक दृष्टिकोण को अपनाने की उम्मीद किसी मृगतृष्णा से कम नहीं है। ख्यातकीर्त वैज्ञानिक डॉ. जयन्त नारलीकर का स्वयं का प्रत्यक्ष अनुभव है। स्वयं एक वर्ष विदेश में रहने के बाद उन्होंने अपनी बेटी को भारत से साथ लेकर इंग्लैंड के एक स्कूल में चौथी कक्षा में दाखिल किया। उस स्कूल के अध्यापकों ने कुछ दिनों के बाद उन्हें बताया, "पढ़ाई में आपकी बेटी की तैयारी हमारी लड़कियों से निश्चित ही अच्छी है। लेकिन उसमें एक कमी है। वह है, उसका प्रश्न न पूछना।" उन्हें आश्वस्त किया गया कि जब वे भारत लौटेंगे, उस समय वह कमी नहीं रहेगी। और वास्तव में ऐसा हुआ भी।

हमारी शिक्षा व्यवस्था और समाज में भी यह बड़ी कमी है। प्रश्न न पूछना बड़े उन्नत राष्ट्रों को भी अच्छा नहीं लगता। 13 सितंबर, 1991 को लंदन से प्रकाशित 'डेली टेलिग्राफ' के अंक की यह खबर तथा जानकारी बहुत कुछ स्पष्ट करती है :

> टोकियो विश्वविद्यालय के अतिथि प्राध्यापक स्टीफन प्लेटजर का कहना है, "शिक्षा का मुख्य उद्‌देश्य मात्र ज्ञान प्राप्ति या जानकारी सम्पादन करना न होकर उससे स्वयं विचार करना, समीक्षा करना और दिए हुए ज्ञान को निस्सन्देह रूप में न स्वीकारते हुए आशंका को पूछने की क्षमता का छात्रों में निर्माण करना है। आज जापान अलग-अलग प्रकार के यंत्र निर्माण में अग्रसर है। कंप्यूटर को दिया हुआ काम वे कम समय में, कार्यक्षमता के साथ, उत्तम रूप से करते हैं परन्तु कंप्यूटर को कौन-सा काम देना है, उसकी न मिटनेवाली भूख को कैसे तृप्त करना है, ये प्रश्न आनेवाली सदी में उपस्थित होंगे। इसके लिए स्वतंत्र रूप से विचार करने की शक्ति संरक्षित करनी चाहिए। शिक्षा पद्धति में इसकी ओर ध्यान नहीं गया है। विशेष रूप से आनेवाली सदी में यह कमी

महसूस होगी।" छात्र बचपन से ही परीक्षा के तनाव का बोझ ढोते हैं। उससे परीक्षा-केन्द्रित सफलता और तकनीकी कुशलता की परख होती है परन्तु अन्य क्षेत्रों में उस छात्र में निहित गुणों तथा कौशल की परख नहीं होती। स्कूल की पढ़ाई का उपयोग छात्रों को सोचने देने के लिए नहीं अपितु उनके विचार-नियंत्रण के लिए होता है। प्लेटजर ओसोका के किंकी विश्वविद्यालय में अध्यापन के लिए गए थे। वहाँ अध्ययन के प्रति छात्रों का दृष्टिकोण देखकर उन्हें आश्चर्य हुआ। अध्यापक के ज्ञान को छात्र बिना कोई प्रश्न एवं आशंका पूछे ग्रहण कर रहे थे। प्रश्न पूछने की सोच तथा अध्यापक द्वारा पूछे गए प्रश्नों के उत्तर देने में उनकी अनिच्छा तथा टालमटोल दिखाई दिया। स्वयं को विचार करने के लिए प्रेरित नहीं किया जाता; इसलिए बच्चों को प्रचलित घटनाक्रम में रुचि नहीं होती। जब प्रा. प्लेटजर जापान में थे उस समय अमेरिका ने पनामा पर आक्रमण किया था। एक सप्ताह के बाद प्राध्यापक प्लेटजर ने इस घटना के बारे में छात्रों से प्रतिक्रिया पूछी। उनके चेहरों को देखकर ऐसा लगा कि उन्हें इस घटना का पता ही नहीं है तो वे क्या प्रतिक्रिया देंगे? प्रा. प्लेटजर ने कहा कि यह अपवाद नहीं है। उन्हें आश्चर्य हुआ कि वहाँ की कम्पनियों को लगता है कि साक्षात्कार के लिए आए उम्मीदवारों में वे छात्र आदर्श हैं जिनका दिमाग खाली है।

हमारी शिक्षा व्यवस्था में भी जापान की तरह परीक्षाओं पर अत्यधिक बल दिया जाता है। उसके समान ही स्वतंत्र विचार शक्ति की सुरक्षा की ओर ध्यान नहीं दिया जाता। कम-से-कम जापान में शिक्षा को उद्योगों के साथ जोड़ा गया है लेकिन हमारे यहाँ यह भी नहीं होता है। स्वाभाविकत: वैज्ञानिक दृष्टिकोण निर्माण की प्रक्रिया कोसों दूर रहती है।

व्यक्तिगत संस्कारों के लिए शिक्षा के साथ-साथ दूसरी महत्त्वपूर्ण संस्था परिवार है। कई बार हमारे यहाँ परिवार की हुकूमत होती है। परिवार का मुखिया ही सब कुछ होता है। उसकी इच्छा और उसका मार्गदर्शन ही प्रमाण होता है। हमें बताया जाता है कि उसका शब्द ही अन्तिम है। मत प्रस्तुत करना, परामर्श करना, मत परिवर्तन, स्वतंत्रमना बातचीत (समाज के संकेत तथा परिवार का कल्याण मद्देनजर रखते हुए) करने का उसे अधिकार नहीं है। स्वाभाविक रूप से परिवार के अन्तर्गत खुली समीक्षा का कोई स्थान नहीं होता। यही कारण है कि परिवार में स्वस्थ तथा दूरदृष्टि निर्मित होना कठिन होता है। हमारे पारम्परिक समाज मानस में विभूति-पूजा अधिक होती है। लोग अपने विश्वास के अनुरूप दैवीकरण करते हैं, वहाँ उनके खिलाफ कोई शब्द तक नहीं बोलता। फिर व्यक्ति के मत, कार्य की (आदर के साथ) जाँच-पड़ताल तो दूर की बात है। यह आशंका भी खलबली मचा

देती है कि ऐसा प्रयास होगा। इसमें आश्चर्य नहीं है ऐसी मानसिकता के समाज में वैज्ञानिक दृष्टिकोण की जड़ें जमाना कठिन होगा।

इसके साथ ही हमारे लोकमानस की एकरूपता भी नुकसान पहुँचाती है। हमारा समाज किसी एकाध क्षेत्र में महनीय व्यक्ति के अन्य क्षेत्र से सम्बन्धित मत एवं आचरण को आदर्श क्यों मानता है? कई बार उत्तम खिलाड़ी, कलाकार, साहित्यिक, राजनीतिज्ञ वैज्ञानिक दृष्टिकोण के साथ पूर्णत: असंगत व्यवहार करते हैं परन्तु उनकी अपने क्षेत्र की उपलब्धि देखकर जनमानस उनके आचरण के लिए मान्यता दे देता है और उसके परिणाम विपरीत होते हैं।

समाज को दूरदर्शी बनाना, लोगों में प्रश्न पूछने के लिए शोध दृष्टि एवं निडरता की हिफाजत करना, उन्हें आस्तिक वृत्ति से दूर रखना प्रगतिशील आन्दोलन का काम है। एक ओर हमारा समाज परम्पराओं से अत्यधिक दबा हुआ है और इसकी तुलना में परिवर्तनवादी शक्तियाँ कमजोर दिखाई देती हैं। परिवर्तन की अपेक्षा परम्पराएँ प्रभावी रही हैं। आलोचना को प्रतिष्ठा और जनमानस का सहारा नहीं है। ऐसे समाज में वैज्ञानिक दृष्टिकोण स्थापित होना कठिन है।

वैज्ञानिक दृष्टिकोण को केवल मन में रखने से लाभ नहीं है। किसी भी विषय से सम्बन्धित ज्ञान-वृद्धि चाहे जितनी भी हो, लोगों में पुरानी मान्यताओं को त्यागकर नए आचरण का साहस जगाना जरूरी है। इसलिए इन विचारों का प्रतिनिधित्व करनेवालों और नियमों का पालन करनेवालों में उनके कथन और व्यवहार में समानता होनी चाहिए। यह आचरण जितना शुद्ध, निश्चित और प्रज्ज्वलित होगा उतना ही वह विचार जनमानस तक पहुँचने की सम्भावना अधिक होती है। वैज्ञानिक दृष्टिकोण के पुरोधाओं का पक्ष इस कसौटी पर अपेक्षित मात्रा में हमारे समाज में नहीं पहुँच सका।

साथ ही, मनुष्य को कदम-कदम पर कुंठित बनानेवाला महत्त्वपूर्ण कारण सामाजिक वास्तविकता है, जिस पर ध्यान देना होगा। अत्यधिक लोगों का आज का जीवन अस्थिरता के घेरे में बँधा हुआ है। व्यवसाय-नौकरी की अनिश्चितता, बच्चों का भविष्य, लड़कियों के विवाह, खुद का घर, संकटों में असहाय होना, आवश्यक सुरक्षा का अभाव, आत्मप्रतिष्ठा का सम्मान, इनमें से कुछ भी मिलने पर वह उनके लिए टिकेगा ही, इससे मनुष्य आश्वस्त नहीं है। कई चीजें अपने बस में न होने के कारण वे निराश हो जाते हैं। सम्पूर्ण समाज में एक स्वार्थान्ध हलचल चालू है। उन्हें इसका आकलन तथा विश्लेषण करना असम्भव लग रहा है। उन्हें समाधान के विचारों की हिफाजत करने की अपेक्षा सुविधानुरूप पलायन करना ठीक लगता है। ऐसे समय में जिज्ञासापूर्वक तलाश और वैसा ही आचरण रखना अधिक कठिन होता है। ये सारी बाधाएँ सही हैं लेकिन फिर भी इनका इलाज करने की हिम्मत रखनी पड़ती है। विचार करनेवाली 'मनुष्यता' की रक्षा करनी पड़ती है।

वैज्ञानिक विचार पद्धति पर कई आरोप लगाए जाते हैं। सत्य की खोज करनेवाली इस पद्धति की ओर आध्यात्मिक प्रवृत्तिवादी तथा साक्षात्कारवादी सन्देह की दृष्टि से देखते हैं। उनका आरोप होता है : वैज्ञानिक सिद्धान्त अस्थिर होते हैं। उसकी सत्यता में परिवर्तन होता है। यदि ऐसा है तो अस्थिर विज्ञान का ज्ञान प्रमाण कैसे हो सकता है? इस ज्ञान के अनुरूप बनी समाज व्यवस्था हितकारी कैसे होगी? आज के सत्य का कल असत्य साबित होना समाज के लिए हानिकारक है।

विज्ञान को ज्ञान मानकर उसे अप्रामाणिक सिद्ध करनेवाला आध्यात्मिक फैशन गलत है। 'जहाँ विज्ञान समाप्त होता है वहाँ अध्यात्म शुरू होता है' पसन्दीदा संवाद उचित नहीं है। आज जो वैज्ञानिक ज्ञान उपलब्ध है, वह तर्कपूर्ण दृष्टि से सशक्त है। भौतिकशास्त्र, रसायनशास्त्र तथा जीवशास्त्र आदि विभागों के बीच निहित सम्बन्ध भी तार्किकता की दृष्टि से सशक्त हैं। स्वयं को औलिया माननेवाला वैज्ञानिक ज्ञान को किनारे कर जीवन जी सकेगा लेकिन ज्ञान है इसलिए वह वैज्ञानिक दृष्टिकोण के सहारे निर्मित विज्ञान का प्रतिवाद नहीं कर सकता।

आरोपकर्ताओं की सूचनानुसार सभी विज्ञान-शास्त्रीय ज्ञान मगर अस्थिर नहीं है। भौतिकशास्त्र का विचार करने पर गति, विद्युत, रसायन, वैद्यक आदि शास्त्र सम्बन्धी कुछ सिद्धान्त पूर्णतः स्थापित हुए हैं। इसका सीधा प्रमाण है कि इसके ज्ञान के उपयोग से बने रेडियो, हवाई जहाज, दूरदर्शन, चलचित्र जैसी अनेक बातों की ओर संकेत किया जा सकता है। धर्म की तुलना में वैज्ञानिक दृष्टिकोण के आधार पर निर्मित विज्ञान के जन्म को अधिक समय नहीं हुआ है। फिर भी विज्ञान की उपलब्धियाँ धर्मग्रन्थों की तुलना में अत्यधिक हैं।

कई लोगों के मन में विज्ञान को लेकर हर्ज, मिथक, द्वेष रहता है। कुछ लोगों को सृष्टि के नियंत्रणकर्ता ईश्वर पर भरोसा न करके जीवन की सारी समस्याओं का सामना करना दुस्साहसी तथा पागलपन लगता है। हमारे देश के संविधान ने अधिकार दिया है कि जिस किसी को आधार की आवश्यकता है और जिन्हें वह ईश्वरीय संकल्पना से मिलता है, वे प्राप्त कर सकते हैं। प्रयास करके या न करके कल्पित शक्ति के सामने शरणार्थी होकर हमें संकट के समय वह बचाएगा, इस धारणा को स्वीकारना; तथा आए हुए संकट का विश्लेषण करके अपनी गलतियों का स्वीकार कर उनमें सुधार कर संकट का सामना करने का प्रयास करना : इनमें कौन-सी धृष्टता है? मनुष्य का आत्मसम्मान किसके अनुकरण से बढ़ जाएगा?

मनुष्य चाहे जितनी भी खोज करें, क्या उसका प्रकृति पर विजय प्राप्त करना सम्भव है, ऐसा भी भोला-भाला टेढ़ा सवाल लोगों के दिमाग में होता है। क्या इन प्रश्नकर्ताओं की धारणा यह तो नहीं है कि विज्ञान कोई प्रकृति का बलवान तथा महाशक्तिशाली आराध्य है जो हमारी विविध चिड़ियाँ-रूपी ज्ञानशाखाओं की तलवार

लेकर प्रकृति के साथ सखेद लड़ता है, ऐसा चित्र उपस्थित किया जाता है। मनुष्य वैज्ञानिक दृष्टिकोण की सहायता से प्रकृति के नियमों को समझता है। अपना जीवन उसके आधार पर सुखमय बनाने का प्रयत्न करता है। बरसात के दिनों में तेज बहाव के साथ आसपास के जीवन को तहस-नहस करनेवाली और धूप के दिनों में सूखकर मुँह पर हवाइयाँ उड़ानेवाली नदियों पर बाँध बनाकर बाढ़ को नियंत्रित कर तथा सालभर पानी इकट्ठा कर बिजली निर्माण करने का काम मनुष्य कर सकता है, क्योंकि उसके लिए आवश्यक नियम उसने ढूँढ निकाले हैं। विज्ञान का उद्देश्य प्रकृति के विरुद्ध लड़ाई न होकर, प्राकृतिक नियमों का उपयोग मानव हित की दृष्टि से और प्रकृति के साथ सार्थक सहजीवन बिताना होता है।

अज्ञान के कारण विज्ञानाधिष्ठित जीवन पद्धति के बारे में जान-बूझकर गलतफहमियाँ होती हैं कि वह मुँहतोड़, शुष्क और भावनाशून्य होता है। मानव व्यक्तित्व का समृद्ध तथा महत्त्वपूर्ण अंग उसकी भावना है। समग्रत: अपनी बुद्धि को गिरवी रखकर भावना के चंगुल में फँसने को लेकर विरोध होता है। कोई विज्ञाननिष्ठ माँ अपने बच्चे के बीमार पड़ने पर उसका उचित इलाज करेगी। अन्धविश्वासी माँ इसके इतर उस पर से राख उतारेगी, मनौती बोलेगी, व्रत करेगी और किसी मांत्रिक से तावीज पहनाएगी। क्या इसका अर्थ मात्र दवादारू करनेवाली माँ भावनाहीन है? वह अन्तस से बच्चे की परवरिश तो करती ही है परन्तु अच्छा यह है कि वह अन्धविश्वास के पास भावना गिरवी नहीं रखती।

क्या विज्ञान से मानव सुखी बना है? विरोधियों की नित्य बहस रहती है कि भोपाल की गैस दुर्घटना से हजारों लोगों की जानें चली गईं और हिरोशिमा अणुविस्फोट से तो लाखों लोगों की मृत्यु हुई। यहाँ एक बात जान-बूझकर नजरअन्दाज की जाती है कि मानव जीवन सुखी तथा सुरक्षित बनाने में विज्ञान का महत्त्वपूर्ण योगदान है। सम्पूर्ण मानव जाति को पर्याप्त अनाज के उत्पादन का जादू विज्ञान का ही है। विज्ञान ने मानव जाति को परेशान करनेवाले अनेक रोगों को भगा दिया है।

आपसी सम्पर्क की सम्भावनाओं के जरिये क्रान्ति घटित हुई है। मनोरंजन का अद्भुत खजाना खुला। वैज्ञानिक दृष्टिकोण की बुनियाद पर हुई उन्नति के कारण मनुष्य के लाखों वर्षों के इतिहास में जो कल्पनाएँ असम्भव थीं वे सम्भावनाएँ विगत दो सदियों में मानव जीवन की हकीकत में आ गईं। सच है कि अग्नि की खोज करनेवाला विज्ञान यह नहीं कहता कि अग्नि का उपयोग अनाज पकाने के लिए करना है या दूसरों के घर जलाने के लिए करना है। इसका निर्णय विवेक शक्ति से करना पड़ता है। फिर भी मानव जीवन में व्यावहारिक बुनियाद के कारण वैज्ञानिक क्रान्ति का महत्त्व है ही।

यह सब स्वीकारना आम आदमी को कठिन लगता है क्योंकि उन पर परम्पराओं, धार्मिक संस्कार, सन्तों के वचन आदि का अत्यधिक प्रभाव होता है। इस प्रभाव के

कारण वह विवेकी विचारों को नहीं समझता और समझने पर भी अमल करने में असफल है। हम परम्पराओं को नकारते हैं, नष्ट करते हैं या उनमें बदलाव लाते हैं, इसका मतलब यह नहीं कि हम अपने पुरखों पर अन्याय करते हैं। उनके जमाने में अत्यन्त सीमित ज्ञान के आधार पर सत्यापित योजनाएँ गलत सिद्ध होने पर विकसित ज्ञान से सुसंगति माननी चाहिए और जो बातें कालबाह्य है उनका त्याग करके जो कालानुरूप है उनको स्वीकार करना चाहिए। इस प्रकार से सन्तों के वचनों की भी खोज की जा सकती है। सन्तों के कहने पर भी भाग्य तथा नसीब आदि का त्याग करना चाहिए। आधुनिक मनोविज्ञान साक्षात्कारी अनुभवों के आभासीपन पर विचार करता है, उसे समझना जरूरी है और समानता, दया, क्षमा, शान्ति आदि समाजोपयोगी बातों का नित्य आदर करना चाहिए। सन्तों के साथ ही धर्मसंस्थापकों की कही बातों पर भी यही नियम लागू होता है।

विज्ञान की उच्च उपाधियों को प्राप्त व्यक्ति अवैज्ञानिक परम्पराओं का निष्ठापूर्वक पालन करते हैं। स्वयं को विज्ञानवादी घोषित कर गौरवान्वित महसूस करनेवाले भी वास्तव में अपने आचरण में पिछड़े हुए हैं। इन दोनों के कारण वैज्ञानिक दृष्टिकोण के बारे में सवाल उठाना उचित नहीं है।

वैज्ञानिक ज्ञान प्राप्त करना और वैज्ञानिक दृष्टिकोण को स्वीकार करना दो अलग बातें हैं। वैज्ञानिक ज्ञान प्राप्त व्यक्ति के वैज्ञानिक दृष्टिकोण को स्वीकार करने की सम्भावना अधिक है लेकिन वह निश्चित रूप से करेगा ही ऐसा नहीं कहा जा सकता। वैज्ञानिक दृष्टिकोण के लिए आवश्यक स्वतंत्र विचारधारा संस्कार का एक अंग है। इसके लिए मात्र बौद्धिक होना पर्याप्त नहीं है। एक ओर व्यक्ति के कुशाग्र होने पर भी उसमें स्वतंत्र विचारधारा का अभाव है तो दूसरी ओर व्यक्ति सामान्य बुद्धि का होने पर भी चिकित्सक हो सकता है। वैज्ञानिक ज्ञान सफलतापूर्वक सम्पादित करना सिर्फ व्यक्ति की बौद्धिक क्षमता पर निर्भर है परन्तु वैज्ञानिक दृष्टिकोण को सम्पादित करना महत्त्वपूर्ण है, जो व्यक्ति की विचारधारा का हिस्सा होता है। वह सामान्य आदमी के बस की बात नहीं है। यह भी सच नहीं कि उसे धार्मिक आधार चाहिए। सामान्य आदमी के लिए उचित धार्मिक उपदेश को ग्रहण करना अत्यधिक कठिन हुआ है।

वास्तव में, वैज्ञानिक दृष्टिकोण का अनुकर्ता कई बार अन्धविश्वास तथा कर्मकांडों के अधीन होता है। उन व्यक्तियों में या तो प्रामाणिकता का अभाव है या वास्तव में उन्हें मजबूरन अत्यधिक मात्रा में समझौता करना पड़ता है। विचार मान्य होते हैं परन्तु हितसम्बन्धों के खिलाफ जाने का साहस न होना एक कारण है। दोनों प्रकार के व्यक्तियों के उदाहरण से वैज्ञानिक दृष्टिकोण अधूरा है यह कहना तर्कसंगत होगा। कई लोग स्वयं के लाभ के लिए धार्मिक कानून बनाते हैं। इस कारण से क्या धर्म पर प्रामाणिकता से श्रद्धा रखनेवाला धर्म को त्याज्य मानता है?

अन्ततः मनुष्य अनेक कारणों से अपने विचारों के साथ समझौता करने के लिए मजबूर होता है। वास्तव में विज्ञाननिष्ठ व्यक्ति अपवादात्मक स्थिति में ही समझौता करता है और समझता है कि यह समझौता महत्त्वपूर्ण नहीं है।

वैज्ञानिक दृष्टिकोण अपनाने से समय, श्रम, धन तथा शक्ति का नुकसान नहीं होता है। अपने देश के सामने उपस्थित प्रश्नों को हल करते समय दो रास्ते उपलब्ध होते हैं। एक परम्परागत लाचारी स्वीकार कर प्रश्न हल करना और दूसरा रास्ता है वैज्ञानिक दृष्टिकोण को स्वीकार करना। हमारे देश में प्रदीर्घ परम्पराएँ होने के कारण परिस्थिति जटिल हो जाती है; इससे नुकसान यह होता है कि परम्परागत बन्धन दमनकारी होते हैं। इसके परिवर्तन में वैज्ञानिक दृष्टिकोण से सहायता मिलती है। वैज्ञानिक दृष्टिकोण हमें एहसास दिलाता है कि हमारी परम्पराएँ चाहे जितनी गौरवशाली रही हों, फिर भी वे परिवर्तनशील वर्तमान और भविष्य के प्रश्नों का समाधान करने में उपयोगी नहीं हैं। पारम्परिक लाचारी और वैज्ञानिक दृष्टिकोण की सुविधानुरूप मिलावट का खतरा अत्यधिक है। हमारे यहाँ शैक्षिक नीति से लेकर संवैधानिक कर्तव्यों तक वैज्ञानिक दृष्टिकोण की आवश्यकता तथा उसके महत्त्व पर प्रकाश डाला गया है। लेकिन नेशनल साइंस कांग्रेस के द्वारा अनुसन्धान का पुरस्कार रहस्य अध्ययन संस्था के अध्यक्ष तथा फलज्योतिष विषय पर वहाँ प्रस्तुत निबंध के लेखक चार्टर्ड अकाउंटेंट को दिया जाता है। सम्मानित वैज्ञानिकों एवं अनुसन्धान संस्थाओं के विरोध के बावजूद सरकार अपनी गलती नहीं मान लेती। बारिश के लिए लोगों को देवी की प्रार्थना करने का राज्यपाल द्वारा आह्वान करने में कोई गलती दिखाई नहीं देती और देश को इक्कीसवीं सदी की ओर ले जानेवाले प्रधानमंत्री से लेकर राष्ट्रपति तक सभी, हाथ की सफाई से मामूली चमत्कार करनेवाले सत्यसाईं बाबा के चरणों की धूल भाल पर लगाते हैं, क्या यह दुर्भाग्यपूर्ण नहीं है?

शैक्षिक वैज्ञानिक दृष्टिकोण के महत्त्वपूर्ण अंग तथा कौशल हैं : विभिन्न अनुभवों को इकट्ठा कर उसका कार्य-कारण सम्बन्ध निश्चित करना और उनका सार प्राप्त करना। विश्व में अनुसन्धान तथा तकनीकी विकास में कार्य करनेवाले कुल व्यक्तियों की संख्या पर गौर करने पर हमारा विश्व में दसवाँ क्रमांक है। देश की अत्यधिक दरिद्रता और निरक्षरता के मद्‌देनजर इस बात की सराहना करनी पड़ेगी। अनुसन्धान तथा तकनीकी विकास पर होनेवाला हमारा खर्च हजार से पन्द्रह सौ करोड़ है। इन सराहनीय बातों के विरोध में कई मुद्‌दे हैं। उनमें से सबसे महत्त्वपूर्ण है, अनुभव को ज्ञान में परिवर्तित करने की आदत बन्द होना और उसकी सामाजिकता की उपेक्षा होना। व्यापक सामाजिक धरातल पर इसका गम्भीर परिणाम होता है। दुनिया का सामना करने हेतु तकनीक विकसित करनेवाले देश में हवा, पानी, अन्न, आवास मनुष्य की बुनियादी आवश्यकताएँ हैं, यह वाक्य सिर्फ परीक्षा में एवं खम्भे पर लिखा जाता है। लाखों लीटर दूध बहा देनेवाले देश में चालीस प्रतिशत जनता

गरीबी रेखा से निम्न स्तर का जीवन जीती है, मतलब उन्हें शारीरिक श्रम के लिए आवश्यक ऊर्जा भी अनाज से नहीं मिलती। हजारों रुपए खर्च कर बड़े-बड़े बाँध बनाए जाते हैं परन्तु तीन लाख गाँव पानी के संकट का सामना करते हैं, शुद्ध जल तो दूर की बात है। बहुजन समाज के स्वास्थ्य के लिए आवश्यक फलों का निर्यात कर महँगी और अमीरों के लिए आवश्यक दवाओं का आयात किया जाता है। हवा काफी प्रदूषित होती है। जिस छप्पर को बनाने के लिए किसी भी विदेशी वस्तु एवं तकनीक की आवश्यकता नहीं है, वह भी अनेक लोगों के लिए कठिन होता है। महाराष्ट्र में चार-पाँच स्थानों पर सिद्ध हुआ है कि उपलब्ध पानी का यथोचित उपयोग कर दरिद्रता मिट सकती है परन्तु इस समाधान को भी समर्थन नहीं मिला।

यह ऐसा इसलिए नहीं था क्योंकि इन प्रश्नों के समाधान की जिम्मेदारी उठानेवाले लोग मूर्ख, स्वार्थी एवं देशद्रोही होते हैं बल्कि अपवाद को छोड़कर भी, हममें निर्णय एवं व्यवहार का सामाजिक समन्वय स्थापित करने की क्षमता एवं दृष्टि नहीं थी और उसके निर्माण के लिए हमने प्रयास भी नहीं किया।

छत्रपति शिवाजी महाराज ने बिना किसी सहायता के कम समय में शक्तिमान सेना बनाई जिससे अंग्रेजी सेना तक आतंकित थी। इस घटनाक्रम को न समझने के कारण पेशवाओं ने अंग्रेजों की सहायता से सेना को समाप्त किया। साहूकारों ने बड़े बाजीराव को घेरकर सुनवाया कि डभई की लड़ाई में ली राशि वापस दे दो और उसके बाद ही नादिरशाह के गुलाम बन जाओ। इसके विपरीत, यह पता चलने पर कि स्पैनिश सेना को पराजित करने के लिए मिली राशि देश की रक्षा के लिए खर्च की थी, रानी के ठाठ के लिए नहीं, इंग्लैंड ने बैंकों का राष्ट्रीयकरण कर बैंक ऑफ इंग्लैंड की स्थापना की।

हमारे निर्णय एवं व्यवहार का सामाजिक सम्बन्ध स्थापित करने की क्षमता खो देना अर्थात वैज्ञानिक दृष्टिकोण से मुँह मोड़ना है। इससे प्रश्नों का उचित समाधान नहीं मिलता। इन गलत उपायों के परिणामों को सहने पर नसीब को दोष देना, यह प्रश्नों का दैववादी पक्ष है। दोनों ही गलत हैं और साथ-ही-साथ धोखा देनेवाले हैं। वास्तव में इनके खिलाफ संघर्ष करना ही अन्धविश्वास उन्मूलन है।

धर्म-चिकित्सा एवं विवेकवाद

मानव जीवन में धर्म का विशिष्ट स्थान है। मानव की प्राचीन अवस्था से विश्व के सम्पूर्ण भूप्रदेश के जनसमूह में धर्म किसी-न-किसी रूप में मनुष्य के साथ रहा है। वैज्ञानिक दृष्टिकोण का उदय तथा विकास विगत 400 वर्षों की कहानी है। सदियों पहले संगठित धर्म का उदय हुआ था। विज्ञान के उदय के पहले ही धर्म को महाकाय एवं अद्‌भुत स्वरूप प्राप्त हुआ था। जीवन के सभी आयाम धर्म की संकल्पना एवं प्रभाव से व्याप्त थे और चहुँओर उसने अधिक समय तक जीवन पर निरन्तर सत्ता कायम की थी।

एक बार विचार करने की जिम्मेदारी सचेत होकर स्वीकारने पर उसकी सम्पूर्ण जाँच की शुरुआत होती है। अनेक लोगों को कई कारणों से सत्य की खोज अच्छी नहीं लगती। अन्धविश्वास का समर्थन करना सम्भव नहीं है परन्तु क्या ऐसी आशंका उत्पन्न होती है कि उसका उन्मूलन करनेवाला समाज धर्म को डुबो रहा है? धर्म के बारे में अन्धविश्वास उन्मूलनकर्ताओं की भूमिका तटस्थ है। कई लोगों को उसका अंदाजा ही नहीं होता। कुछ लोगों को वह अवैज्ञानिक लगता है तो कुछ लोगों को स्वार्थान्ध। वैज्ञानिक दृष्टिकोण से वस्तुजगत का ज्ञान होता है परन्तु कुछ लोगों को लगता है, इसे समझने के लिए धर्म जरूरी है कि इष्ट-अनिष्ट, उचित-अनुचित, भला-बुरा क्या है? अन्यथा धर्म के अभाव में मानव अनैतिक आचरण करेगा। लेकिन सवाल यह भी उठता है कि धर्म के मिट जाने पर उसकी भूमिका कौन अदा करेगा?

हम बचपन से भाषा सीखते हैं। धर्म तो जन्म के साथ ही प्राप्त होता है। यह मातृभाषा के समान मातृधर्म होता है। हम बचपन में ही धर्म को संस्कार के रूप में स्वीकारते हैं। धार्मिक विचारों का प्रयास वहाँ नहीं होता है। व्यक्ति के प्रौढ़ होते ही उसके विचार तथा विवेक की क्षमता बढ़ जाती है। वह अन्य धर्मों के साथ स्वयं के मातृधर्म की तुलना करने लगता है। तब धार्मिक विचारों का प्रारम्भ होता है। कई लोगों के जीवन में यह घटित नहीं होता है। बढ़ती उम्र के साथ कर्मकांड, धार्मिक पाठ तथा तीर्थयात्रा की जाती है। धर्म संस्कार का स्वरूप स्पष्ट होता है। मन सन्तुष्ट होता है। व्यक्तिगत रूप से इसमें कुछ भी आपत्तिजनक नहीं है। ये बातें व्यक्तिनुरूप उचित एवं उपयोगी लगती हैं।

महाराष्ट्र में आधुनिक काल की पिछली सदियों से धार्मिक विषयों पर मनन, चिन्तन एवं आचरण करनेवाले लोग हुए हैं। लोकहितवादी, महात्मा फुले, न्यायमूर्ति रानडे, लोकमान्य तिलक, पंडिता रमाबाई, डॉ. केतकर, वा.म. जोशी, राजर्षि शाहू महाराज, गाडगे बाबा, स्वाधीनता सेनानी वीर सावरकर, डॉ. बाबासाहेब आंबेडकर आदि का अपने-अपने क्षेत्र में उल्लेखनीय कार्य रहा है परन्तु इसके साथ ही उन्होंने धार्मिक विचारों को भी केन्द्र में रखा है। उनके विचार, निष्कर्ष एवं व्यवहार में अन्तर था, किसी को वे पसन्द आए, किसी को पसन्द नहीं आए। इसे स्वीकार करना पड़ेगा कि उन्होंने आस्थापूर्वक एवं शोधपूर्ण दृष्टि से धार्मिक विचार व्यक्त किये।

आज सभी धर्मों में धार्मिक गौरव, अस्मिता एवं अहंकार को अत्यधिक सशक्त बनाने का प्रयास हो रहा है। विभिन्न धर्मों का आम समाज ही नहीं, युवा पीढ़ी भी मन्दिर में जाना, तीर्थयात्रा, धार्मिक व्याख्यान, प्रवचन, कीर्तन, देवताओं तथा धर्मों के उत्सव आदि की ओर आकर्षित हुई है। धर्माभिमान तथा धार्मिक सोच में अन्तर है। धर्माभिमानी व्यक्ति की धार्मिक सोच हो सकती है परन्तु धार्मिक विचार करना उसके लिए सम्भव नहीं होता। महाराष्ट्र में धर्माभिमान अत्यधिक तीव्र एवं धार्मिक विचारों का स्वरूप प्रबल है। अन्धविश्वास उन्मूलन आन्दोलन के प्रत्यक्ष व्यवहार क्षेत्र में होने के कारण और विचारों का सम्बन्ध हर समय धर्म के साथ होने के कारण धार्मिक चिकित्सा अनिवार्य प्रतीत होती है।

विविध स्थानों पर रहे आदिमानव के सामाजिक जीवन में पहले धर्मभावना जातिप्रधान थी। विश्व के सभी मानव प्राणियों में तथा निर्जीवों में 'यातू' तत्त्व प्रधान है। विविध कर्मकांडों से इसकी प्रार्थना करने की क्रियाएँ ही 'यातू क्रिया' हैं। बारिश के लिए यज्ञ करना, युद्ध में शत्रु पराजित हो इसके लिए किया जानेवाला उपाय, ग्रहदाह न हो इसलिए वास्तुशान्ति, प्रसूता की प्रसूति सुखदायी हो इसलिए धागा बाँधना, धर्मशाला, तालाब, ग्रामदैवत आदि के उद्घाटन के अवसर पर या हर साल मनाए जानेवाले उत्सव, सभी यातू क्रियाएँ थीं। इससे यातू धर्म की आदिम अवस्था की कल्पना का पता चलता है। यातू के दो भेद थे। व्यक्ति, परिवार, समाज आदि के हित के लिए की जानेवाली साधना मतलब शुक्ल यातू; अनाज वृद्धि, पुत्र प्राप्ति, व्यक्ति तथा समाज के स्वास्थ्य एवं सम्पन्नता के लिए शुक्ल यातू की आराधना की जाती थी। पड़ोसी के खेत का अनाज जलकर राख हो, सौत बाँझ हो, शत्रु की उलटी होने से मृत्यु हो इसके लिए किये जानेवाले उपायों से तात्पर्य कृष्ण यातू था; जादू-टोना, मोहजाल, काला जादू, मूठ मारना आदि उसके भेद हैं। शत्रु के विनाश के लिए मोम एवं मिट्टी की प्रतिकृति बनाकर उसमें तलवार भोंक देना या टोना-टोटका करना तथा जिसका अनिष्ट करना है उस व्यक्ति के वस्त्र, बाल, खेत की मिट्टी आदि पर जादू-टोना करने की क्रिया जारी रहती थी। इसमें नरमेध तक की विधि मिलती है। कल्पना की जाती थी कि यातू शक्ति की पवित्रता तथा

निर्माण शक्ति क्षीण होने पर नरमेध विधि से उसकी पूर्ति होती है। दुनिया की सभी धार्मिक कल्पनाओं की नींव इसी विचार पर आश्रित है। यह स्वाभाविक था कि यातू निर्भरता के सहारे पले धर्म सन्देहवादी तत्त्वचिन्तन और वैज्ञानिक आघात के कारण नष्ट हो रहे थे। परन्तु यह जिस मात्रा में होना अपेक्षित था, वह नहीं हुआ।

मनुष्य का मन श्रद्धाओं में लीन होकर उसमें दिलचस्पी लेता है। समय-समय पर श्रद्धाओं की छानबीन करना, पुरानी त्याज्य श्रद्धाओं का उल्लंघन कर नई चैतन्यपूर्ण श्रद्धाओं को स्वीकार करना व्यक्ति तथा समाज की ऊर्जा के लिए आवश्यक है। मनुष्य का मन इस दृष्टि से यातूविषयक धारणा से अलग हो जाना हितकारी है। मनुष्य को वर्तमान चुनौतियों का सामना करने से पहले यातू निर्भरता एवं रूढ़ धार्मिक विश्वासों से मुक्त होने की आवश्यकता है। इस दृष्टि से सजगता के साथ प्रयास होने चाहिए थे। अनुसंधानिकों का कहना है कि यातू निर्भर धारणाओं एवं आचरण को धार्मिक कहा जा सकता है। कुछ अनुसंधानी इसे यातू प्रधान कल्पना (मॅजिकल बिलीफ़) या यातू धर्मीय कल्पना (मॅजिको-रिलीजस बिलीफ़) कहते हैं। उनका आग्रह होता है कि 'धर्म' संज्ञा साक्षर एवं प्रधान सांस्कृतिक मान्यताओं के लिए उचित है। कुछ लोगों का कहना है कि एकेश्वरवादी धर्म-कल्पना के साथ ही धर्म संज्ञा उचित है और वे शेष पूर्वकल्पनाओं को 'यातू' कहने के समर्थन में दिखाई देते हैं। वास्तव में यातू एवं धर्म संज्ञाओं से निर्देशित मान्यताओं एवं आचार में साम्य दिखाई देता है। आज भी बहुसंख्यक पढ़े-लिखे व्यक्तियों की धारणा होती है कि घर बनाने से पूर्व दुष्ट शक्तियों के द्वारा विनाश से बचने के लिए घर बाँधने के स्थान का पहले भूमिपूजन करना अनिवार्य है। घर का काम पूरा होने पर दरवाजे पर काली गुड़िया उलटी लटकाई जाती है, नीबू एवं मिर्च भी लटकाई जाती है। घर बनने के बाद वास्तुशान्ति की जाती है और कुल परम्परा के नाम पर पशुबलि भी दी जाती है। भारतीय ही नहीं बल्कि महाराष्ट्रियन पढ़ा-लिखा समाज भी (समाजसुधारकों की विरासत को बताते हुए) 'धर्म' संज्ञा का तात्त्विक आशय जानने के लिए उत्सुक नहीं है और वे जिज्ञासा की दृष्टि से देखना भी नहीं चाहते हैं। आज भी जनमानस में अत्यधिक मात्रा में धर्म-श्रद्धा मतलब पारम्परिक धर्म-श्रद्धा ही रूढ़ बन चुकी है।

नागर श्रद्धा सम्प्रदायों एवं सन्तों के प्रयासों के अलावा अपवाद के रूप में देहाती जनजीवन, यातू प्रधान विकासों की परम्पराओं में ही लीन था। जन्मसिद्ध जातिसंस्था भी यातू निर्भर पवित्र भावना पर आधारित है। कुलधर्म, कुलाचार, कुलदैवत आदि में अन्तर नहीं है। ब्राह्मण से लेकर शूद्रों तक सभी जातियों व जनजातियों में इन परम्पराओं के निश्चित पालन की प्रवृत्ति दिखाई देती है। रामदास ने कहा है कि 'ऐसे कैसे रे सवर्ण, स्पर्श होते ही कैसे बनते हो अस्पर्श्य।' वारकरी सम्प्रदाय ने विभिन्न जातियों के सहज रूप से पहचाने जानेवाले विविध बाह्य संकेत तथा व्यावहारिक सुरक्षा हेतु निर्धारित संकेत, काला तिलक और तुलसी

माला को सार्वजनीन कर अभेद समाप्त करने का प्रयास किया है। पंढरपुर का तीर्थाटन करनेवालों ने भी स्पृश्य-अस्पर्श्य का समर्थन किया है। गाँवों में अलग बस्तियों के साथ अलग पनघट और श्मशान भी थे। सदियों से ऐतिहासिक वारकरी सम्प्रदाय के लोगों में रोटी-बेटी व्यवहार सम्भव नहीं था और आज भी बेटी व्यवहार अत्यधिक दूर की बात है।

श्रद्धाओं के बारे में विचार करने पर कहना होगा कि आज भी सामान्य जन यातू निर्भर धर्म-श्रद्धा का समर्थन करता है। ब्राह्मणों से लेकर शूद्र और राव से लेकर रंक तक जाति-पाँति, ईश्वर-आराधना, बलि चढ़ाना, शादी के बाद देवी के लिए किया जानेवाला कीर्तन, खंडोबा देवता की उपासक (वाघ्या)-देवदासी प्रथा, तंत्र-मंत्र, शगुन, फलज्योतिष, तावीज, टोना-टोटका, इन सारी बातों का प्रभाव है। नागर समाज के कुछ व्यक्तियों में इस प्रभाव से हटकर यातू निर्भर श्रद्धा की विरोधी श्रद्धाएँ मिलती गई हैं परन्तु इन दोनों में बड़ा संघर्ष दिखाई नहीं देता। बहुसंख्य समाज में इष्टदेव भक्ति के लिए प्रमुख स्थान है और इस श्रद्धा का स्वरूप यातू शक्ति की एक चुनौती ही है।

बहुसंख्य समाज में अपने आराध्य की भी भक्ति प्रमुख है और इस श्रद्धा का मुख्य स्वरूप यातू शक्ति की चुनौती देना ही है। इसके लिए किसी को बलि चढ़ाना, फलाने मंत्र उच्चारण कर अभिषेक करना, तीर्थस्थान पर जाकर जाग्रत कहे जानेवाले ईश्वर को नमस्कार करना, इस प्रकार की विधियों में उपासकों की काफी श्रद्धा होती है। इस विधि से पुण्य प्राप्ति होगी, ईश्वर से मनौती मान ली जाएगी जैसी यातू निर्भर अपेक्षाएँ भक्तों के अन्तर्मन में होती हैं।

सन्तों की भक्ति तथा उपदेश अलग-अलग प्रकार के हैं। मनुष्य को अपना कर्तव्य करना चाहिए परन्तु उसे ईश्वर की आज्ञा तथा समर्पण मानकर ईश्वरीय बुद्धि से करना चाहिए। अन्तर्मन शुद्धि तथा ईश्वर विषयक आस्था को प्रधानता देनी चाहिए। क्षुद्र देवताओं की उपासना नहीं करनी चाहिए। सन्तों ने स्वयं के आचरण द्वारा दिखाया कि मनुष्यता का करुणापूर्ण व्यवहार हो। लेकिन नया श्रद्धायुक्त भक्तिमार्ग सन्तों के उपदेशों के बावजूद पारम्परिक दैवत श्रद्धा का स्थान लेकर भारतीय मराठी मन पर प्रभाव डाल नहीं सका। पाप-पुण्य और उसके लिए किये जानेवाले कर्मकांड और यातू क्रियाओं का साम्राज्य बना रहा। एक सीमित दायरे में सन्तों की भक्ति तथा श्रद्धा बन्द रह गई।

विकसित धर्म-श्रद्धा, धार्मिक अनुभव और आचरण का संक्षिप्त विश्लेषण इस प्रकार दिया जाता है :

विश्व में बैरागी (ट्रॅन्सडन्ट) नामक एक तत्त्व है। व्यक्ति इन्द्रियों के सहारे ज्ञान ग्रहण कर अपना नियमित व्यवहार करता है। इसके अलावा यह विश्व का सर्वोच्च, सार्वभौम एवं नियामक तत्त्व है। यह तत्त्व मनुष्य की इन्द्रियों में होने के बावजूद

उसके अस्तित्व के स्वरूप का उसे बोध होता है, उसे उसका अलग-सा अनुभव होता है, प्रत्यक्ष दर्शन हो सकता है अथवा जिन्होंने साधना की उच्चतम सीमा पार की है उन विभूतियों को उसके यथार्थ का भी परिचय होता है। मनुष्य में विश्व के इस बैरागी तत्त्व के साथ उचित सम्बन्ध स्थापित करने की प्रेरणा होती है और ऐसे सम्बन्ध स्थापित करने में मानव जीवन की उच्चतम सफलता है। धर्म जीवनव्यापी, विश्वनियंत्रक एवं श्रद्धेय दिव्य तत्त्व है। जिस प्रकार के आचरण से उस तत्त्व के साथ स्वयं का सम्बन्ध स्थापित कर उच्चतम श्रेय प्राप्त होता है, वही धार्मिक आचरण है। धार्मिकों को लगता है कि बैरागी तत्त्व की अनुभूति देनेवाला अनुभव अलौकिक होता है, यह अनुभव प्राप्त होना ही मूलत: धार्मिक श्रद्धा है।

धार्मिक व्यवहारों के लिए आधारभूत वैश्विक और मनुष्य विषयक दर्शन और उसे व्याख्यायित करनेवाली संकल्पनाओं में वैविध्य दिखाई देता है। वैश्विक और मानवी प्रकृति में निहित वैराग्य तत्त्वविषयक विभिन्न संकल्पनाएँ धार्मिक व्यवहारों के भिन्न प्रकार और धार्मिक रूप मनुष्य की धार्मिक संस्कृति में विकसित हुए दिखाई देते हैं। वैश्विक बैरागी तत्त्व मतलब देव या ईश्वर। मानव प्रकृति में निहित उसके प्रतिबिम्ब की इकाई मतलब आत्मा और अनन्यभाव से ईश्वर की भक्ति कर प्राप्त परमश्रेय मतलब मोक्ष की कल्पना परिचित है। सांख्य दर्शन में यह तत्त्व पुरुष है। अद्वैती वेदांतियों के अनुसार वह ब्रह्म है। यह तत्त्व मतलब ईश्वर नहीं है परन्तु महत्त्वपूर्ण बात है कि ये अतीत-तत्त्व है। इन अलग-अलग और आपस में विसंगत संकल्पनाओं के साथ धार्मिक जीवनदृष्टि को जोड़ा जाता है और इन संकल्पनाओं पर अलग-अलग धार्मिक जीवनधाराएँ आश्रित होती हैं।

क्या धार्मिक दर्शन से सम्बन्धित अतीत-तत्त्व वास्तव में मौजूद है? क्या उसके अनुभव को प्रमाण माना जा सकता है? क्या उसका वास्तव में अस्तित्व है? ऐसे अनुभवों के दर्शन को 'अनुभव के दर्शन' के रूप में वर्णित करना कहाँ तक उचित है? वास्तव में ऐसे प्रश्न ही वैज्ञानिक दृष्टिकोण के आधार पर प्रस्तुत किये जाते हैं। परन्तु मनुष्य संस्कृति में मानव अनुभव और उससे संलग्न व्यवहारों के प्रकट रूपों में धार्मिक अनुभव एवं व्यवहार एक ही है। जब मानव बुद्धि में पर्याप्त तार्किकता का अभाव था उस समय धर्म नामक गम्भीर संस्था का निर्माण हुआ। उसने हजारों सालों तक मानव मन पर काबू किया। आज भी धर्म का विकास बालमन के साथ अन्य स्थानों पर भी बुद्धिवाद के परिप्रेक्ष्य में नहीं होता। मनोविज्ञान का मानना है कि धार्मिक विचार तर्कशुद्ध विचारों के बूते पर नहीं होते इसलिए जनसमुदाय पर उसका प्रभाव रहता है। मनुष्य जीवन का एक अंग तर्क परिधि से बाहर होता है। इसलिए मनुष्य के वैश्विक ज्ञान का अनुभव मूलत: दोहरा होता है। धर्म-श्रद्धाओं के समर्थकों का कहना है कि आसपास की वस्तुओं का विश्वास दिलानेवाला इन्द्रियजन्य और अतीत-तत्त्व का अनुभव धार्मिक और आध्यात्मिक होता है।

व्यवहार में जनजीवन का नियमन जिस धार्मिकता के सहारे होता है उसका स्वरूप क्या है? वह परम्परागत रूढ़ि, प्रथा और रीति-रिवाज हैं, जैसे विवाह, विरासत, उत्तराधिकार आदि को धार्मिक मान्यता होती है। व्यक्तिगत तथा सामूहिक उपासना एवं व्रत भी धार्मिक परिकल्पना का ही अंग है। इसका सम्बन्ध मुख्यतः परलोक के साथ होता है। इस रूढ़ लौकिक धार्मिक नीति के अलावा नैतिक मूल्य एवं आदर्श का आधार भी धार्मिक ही होता है जैसे अहिंसा, सत्य, अपरिग्रह, समबुद्धि आदि आध्यात्मिक नीतियाँ होती हैं। इन नीतियों के द्वारा वैश्विक तथा मानवी व्यक्तित्व के स्वरूप से सम्बन्धित विशिष्ट कल्पना और उस पर आश्रित उच्चतम मानवी श्रेय सम्बन्धी कल्पनाओं का निर्माण होता है। साथ ही धर्म संकल्पना से तत्कालीन समाज व्यवस्था का शास्त्रीय अर्थ भी स्पष्ट होता है।

रूढ़ि, सामाजिक प्रथा, उपासना पद्धति, दार्शनिक व आध्यात्मिक नीति और समाजशास्त्र आदि इकाइयों को धर्म से अलग नहीं किया जा सकता। इनके समन्वय से ही धर्म साकार होता है, और यह 'धार्मिकता' व्यक्तिमानस और समाजमानस में इकट्ठी होकर स्थायी बनती है।

अन्धविश्वास उन्मूलन कार्य में इस पर कैसे विचार किया जा सकता है?

धर्म के आधार पर अनेकविध परम्पराएँ, रूढ़ि, संकेत और विवाह जैसी महत्त्वपूर्ण बातों के लिए व्रत, नियम एवं संस्कार पद्धति निश्चित की गई है। सांस्कृतिक आनन्द, अर्थहीन कर्मकांड, शोषण की पद्धतियाँ, घातक यातू कल्पनाओं का उसमें मिलाप होता है; इसकी उचित परन्तु कठोर चिकित्सा करनी पड़ती है।

उचित उम्र में बेटी की शादी न करने तथा गोद न भरने पर उसके माता-पिता को नरक में जाना पड़ता है, मृत्यु के बाद के क्रियाकर्म न करने पर उसके लिए स्वर्ग के दरवाजे बन्द रहते हैं जैसी कल्पनाओं का प्रभाव अब तक समाज पर था और आज भी बहुसंख्य के मन पर दिखाई देता है। विवाह के अवसर पर पति-पत्नी के सिर पर अक्षत के रूप में चावल फेंके जाते हैं। सिर्फ महाराष्ट्र में हर साल होनेवाली तीन लाख शादियों में अक्षत के रूप में 15 से 20 लाख किलो चावल फेंका जाता है लेकिन इसके बारे में लोगों को प्रश्न पूछना भी गलत लगता है। बेटी को दान की वस्तु मानकर बड़े उत्साह से कन्यादान किया जाता है। इसमें लोगों को बेटी का अपमान नहीं बल्कि गर्व महसूस होता है। स्त्री के अचानक विधवा हो जाने में उसका दोष नहीं होता है परन्तु पेट में बेटे का गर्भ पोसनेवाली और जन्म देनेवाली उसी माता को विवाह-जैसे समारोह में से जान-बूझकर दूर रखा जाता है। सार्वजनीन हल्दी-कुमकुम प्रथा में उस पर अघोषित पाबन्दी लगाई जाती है और शुभकार्यों में उससे अपशकुन न हो इसलिए सावधानी बरती जाती है। अनेक जातियों में घर के सदस्य की मृत्यु के बाद दस-बारह दिन मरणाशौच प्रथा के लिए अन्य सदस्य सारे काम-धाम छोड़कर स्वयं को घर में बन्द कर लेते हैं। पिंड को

काकस्पर्श हो इसलिए स्वयं का समय बरबाद कर, दिमाग को गिरवी रख मनुष्य कौवे की प्रतीक्षा करता है और मृत व्यक्ति की बीमारी के इलाज के लिए निकाले कर्ज के बोझ की चिन्ता छोड़ 13वें दिन पूरे गाँव को भोजन दिया जाता है। ये सारे आविष्कार धर्म के नाम पर निर्मित मजबूत बनी रूढ़ियों, कर्मकांड और परम्पराओं के कारण होते हैं। मुस्लिम समाज में मौखिक रूप से तीन बार तलाक कहने पर दृढ़ विवाह सम्बन्ध समाप्त हो जाते हैं। विवाह एक अनुबंध होने के कारण तलाक-पीड़ित पत्नी को निर्वाह खर्च देने की जरूरत नहीं होती। दम्पती को बच्चे होने की सम्भावना न होने पर भी दूसरा बच्चा गोद लेने की अनुमति नहीं है। अर्धांगिनी होने के बावजूद किसी भी धर्म में पत्नी को जमीन-जायदाद में उत्तराधिकार के रूप में आधा हिस्सा भी नहीं दिया जाता। इन तमाम कारणों से जीवन में कदम-कदम पर धर्म एक प्रश्नचिह्न बन जाता है।

वास्तव में हर व्यक्ति की इच्छा तथा अधिकार है कि उसे कौन-कौन से धार्मिक कार्य करने हैं? अपने-अपने ईश्वर की आराधना कैसी करनी है? यह सोचे कि अपना पारलौकिक कल्याण कैसे हो सकता है? लेकिन उसके लिए जो किया जाता है उसमें मात्र अन्धापन हो तो? धार्मिक उपासना के रूप में उसका आदर किया जाए या उसमें मनुष्यता गिरवी रहती है इसलिए उसे अस्वीकार करें? महाराष्ट्र के मन्दिरों में सम्पन्न मेलों में हमारे सामने कदम-कदम पर यह सवाल उठते हैं : ईश्वर से मन्नत पूरी कराने के लिए भागते हुए मन्दिर में जाकर पत्थर की दीवार पर सिर टकराकर जख्मी होना, पीठ की चमड़ी में आरपार अँकुसी घुसेड़ देना, बैलों पर लाठी बाँधकर शाम तक उस बैलगाड़ी को दौड़ाना, सौ लोगों के अपने ही भाल पर जंग चढ़े एक ही उस्तरे से काट कर खून बहाकर ईश्वर के फेरे लेना, भगत से मन्नत के बकरे को दाँतों से काटकर मारना, भैंसे को मारकर उसके खून में हाथ की उँगलियाँ भिगोकर उन्हें पुजारी के शरीर और मन्दिर की दीवारों पर चिह्नांकित करना, मनौती मनाने के लिए ईश्वर के सामने बकरे की बलि चढ़ाकर उसके खून और मांस का कीचड़ बनाना, आग पर चलना, धूल में लेटकर (मतलब गिड़गिड़ाते हुए) मन्दिर के फेरे लगाना या कई मीलों तक चलते रहना। अलग-अलग भक्त समुदायों के नजरिये में ये उपासना पद्धतियाँ होती है। आरती कितनी बार उतारनी है? नमाज कितनी बार अदा करनी है? गायत्री मंत्रों का उच्चारण कैसे किया जाए? रुद्राक्ष की माला को कितनी बार स्पर्श करना है? रोजा रखने में कितनी कड़ाई हो? मांसाहार पूर्णत: वर्ज्य किया जाए या सूर्यास्त के पहले ही भोजन निपटाना है? वेदों से स्वयं की आध्यात्मिक उन्नति करना, ये आडम्बर हर किसी को उचित और फलदायी लगते हैं। अन्य किसी के लिए ये अर्थहीन और अनावश्यक होने पर भी उसे अपने आचरण में और अपने लौकिक तथा अलौकिक कल्याण के लिए व्यक्ति का यह अधिकार स्वीकार्य है। परन्तु

क्या खुली आँखों से उसकी कालसापेक्ष चिकित्सा करने का अधिकार भी स्वीकार करना चाहिए या नहीं?

दगड़ूसेठ हलवाई के गणपति के सामने अग्नि में लाखों मोदकों की आहुति देने को उपासना स्वातंत्र्य के रूप में स्वीकार किया जाए? क्या वैश्विक शान्ति के नाम पर लाखों लोगों को इकट्ठा कर यज्ञ संस्कृति का पुनर्जीवन किया जाए? क्या बैरागी द्वारा बाहुबली की मूर्ति पर सैकड़ों लीटर दही, दूध, घी, शहद छिड़कना धर्म उपासना के साथ सुसंगत है या विसंगत? क्या अर्थहीन एवं कालबाह्य व्रत धार्मिक उपासना का अंग है? जब तक बरगद का पेड़ खड़ा है तब तक पथिकों को छाँव देगा और जीर्ण होने पर छाँव में रुके हुए पथिकों की बलि भी लेगा! उसे धागों से बाँधकर और उसकी पूजा कर फेरे लगाकर पति की उम्र कैसे बढ़ेगी? अच्छे पति की कामना तथा हर जनम में उसी पति की कामना का हरतालिका व्रत से क्या सम्बन्ध है?

आज भी हमारे समाज को सत्यनारायण की पूजा एवं उसकी कथा के बारे में कुछ कहना अच्छा नहीं लगता। उसे यह स्वयं के धर्म पर आघात लगता है। सत्यनारायण की कथा का जिक्र स्कन्ध पुराण के दूसरे खंड में है। सामान्यत: ईसापूर्व 100 से 400 तक की अवधि को पुराणों का समय माना जाता है। पोथियों में ऐसा उल्लेख मिलता है कि कम श्रम, कम खर्च में अत्यधिक पुण्य प्राप्ति का व्रत स्वयं विष्णु ने नारद, नारद ने सूतमुनि, सूत ने शौनकादि ब्राह्मणों को बताया है। सत्यनारायण की कथा में सम्पूर्ण हिन्दू समाज की व्यवस्था को सम्मिलित किया है। कुल सात अध्यायों में विभाजित इस ग्रन्थ में शतानन्द ब्राह्मण, राजा तुंगध्वज, साधू वणिक, गरीब लकड़हारा आदि कथाएँ मिलती हैं। स्पष्ट है कि ये चरित्र ब्राह्मण, क्षत्रिय, वैश्य एवं श्रमजीवी शूद्र आदि के प्रतिनिधि हैं। साधू वणिक के अलावा अन्य सभी की कथा को एक अध्याय में समेट दिया है। साधू वणिक मध्यवर्गीय व्यापारी एवं नौकरीपेशा वर्ग का प्रतिनिधि है। यह वर्ग पूजापाठ और व्रतों के द्वारा अल्पश्रम में उत्पन्न प्राप्ति के मार्ग की अत्यधिक खोज करता रहता है इसीलिए उसे तीन अध्यायों में विभाजित किया है। इसके अलावा व्रत रखने की उसकी आर्थिक क्षमता भी अच्छी रहती है। इस आवश्यकता और क्षमता को केन्द्र में रखते हुए अन्य लोगों को यह व्रत साल में एक बार करने के लिए कहा और सिर्फ साधू वणिक को प्रत्येक महीने में करने का उपदेश दिया गया है।

इस कथा में लालच एवं डर दिखाई देता है। जिस दिन श्रमिक शोषित वर्ग का प्रतिनिधि लकड़हारा पूजा करता है उस दिन उसकी दुगुनी कमाई होती है। राजा के लिए लालच किस काम का? वास्तव में उससे पूजा करवाने के लिए डर की जरूरत होती है। इस कारण पूजा न करनेवाले और प्रसाद न खानेवाले राजा तुंगध्वज का सारा साम्राज्य नष्ट हो जाता है, उसके सारे बच्चे मर जाते हैं और सत्यनारायण की

पूजा करने से पूर्ववत वैभव प्राप्त होता है। साधु बनिए के मन में लालच और डर का दबाव रहता है। एक ओर उसे चोरी के आरोप में जेल जाना पड़ता है, दामाद जलसमाधि ले लेता है। दूसरी ओर अनाज से भरा जहाज समुद्र में डूब जाता है। कहना गलत नहीं कि सत्यनारायण की पूजा करने से सारी शोहरत पुनश्च प्राप्त होती है। आगे धोखाधड़ी बतानेवाली कथा यह है कि प्रत्यक्ष सत्यनारायण व्रत करने से क्या लाभ होता है। भगवान विष्णु के उपदेशानुसार सभी का दुख दूर करने वाला, अनाज, सौभाग्य और सन्तति देनेवाला व्रत उसमें कहाँ है? सन्त गाडगे महाराज हजारों के जनसमुदाय के सामने इस कथा की पोल खोल देते थे, कोड़े से फटकारते थे। एक ओर अनपढ़ मनुष्य में तार्किकता तथा प्रौढ़ बौद्धिकता प्रचलित कहाँ है? तो दूसरी ओर सदियों से कदम-कदम पर कम समय, श्रम तथा धन से अत्यधिक लाभ प्राप्ति हेतु सत्यनारायण कथा का आयोजन करनेवाले सुशिक्षित धार्मिक कहाँ हैं? यहाँ तक की पुरोहित के 'मम' कहलवाने के कार्य में भी मानो बुद्धि गिरवी रखी जाती है। पूजा-पाठ सम्बन्धी ग्रन्थों में स्पष्ट उल्लेख है कि ब्रह्मदेव के मुख से ब्राह्मण, बाहु से क्षत्रिय, स्कन्ध से वैश्य एवं पैरों से दलित पैदा हुए हैं। इसको स्वीकार कैसे किया जा सकता है? या तो भारत के संविधान को स्वीकार करना पड़ेगा या सत्यनारायण कथा को। लेकिन यजमान पूजा के अवसर पर इन बातों का स्वीकार करते हुए घी का दिया भी जलाता है। क्या यह अज्ञान धार्मिक विधि द्वारा चतुरता से किया गया बुद्धिभेद नहीं है?

स्वयं के आचार एवं विचारों में निहित बुराइयाँ समाप्त करने, सम्पूर्ण प्राणिजाति के लिए उपयोगी योग्यता स्वयं में निर्मित करने और अधिक व्याकुलता से अतीत एवं ईश्वर से तादात्म्य स्थापित करने के लिए किया जानेवाला प्रयास उपासना है। स्वाभाविक रूप से इसका सम्बन्ध नीति के साथ होता है। जिन कर्मकांडों में नैतिक नियमों को प्रधानता दी जाती है उसे व्रत कहा जाता है। जैसे कि एकपत्नीत्व, सत्य कथन आदि। धर्म की उपासना तथा आचरण अनेक इकाइयों से होता है। इसमें नीति, कर्मकांड, मिथ्या कथन और शोषण भी होता है। इसमें शोषण का विरोध भी होता है। मिथ्या बातों की निरर्थकता स्पष्ट करने का प्रयास होता है। किसी भी मानवी संस्कृति में कर्मकांड रहेंगे ही। वे मनुष्य की जन्मजात एहसानमन्द बुद्धि के आविष्कार होते हैं। इस दृष्टि से प्रयास करना पड़ता है कि परन्तु वे शोषण का समर्थन तथा मिथ्या कथनों का सहारा लेनेवाले न हो। नीति-कल्पनाओं का आदर करना जरूरी है। इन सभी बातों के लिए धर्म-चिकित्सा आवश्यक है।

अकसर सवाल उठाया जाता है कि कर्मकांड करने से क्या फर्क पड़ता है? जिस ईश्वर की उपासना के लिए वे किये जाते हैं उसे माननेवाले सन्त सज्जनों को भी उसकी आवश्यकता नहीं होती, उनका विश्वास होता है कि ईश्वर का केवल नामस्मरण भी ईश्वर के पास पहुँचता है। वास्तव में दया और नीति की भावना होनी

चाहिए। यदि यह भावना न होकर कर्मकांड है तो वह निरर्थक है। सच्ची भक्ति के लिए इन कर्मकांडों की आवश्यकता नहीं है। कर्मकांडों से काफी नुकसान होता है। कर्मकांड-प्रधान सम्प्रदाय तथा व्यक्ति बौद्धिक दृष्टि से उचित तथा लौकिक व्यवहार को दोयम स्थान देते हैं, जिससे सामाजिक मूल्यों का ह्रास होता है और अनुसन्धान कार्य भी नहीं हो पाता है। जिस समाज में कर्मकांडों का अत्यधिक प्रभाव रहता है वह समाज आर्थिक दृष्टि से पिछड़ जाता है। आर्थिक व्यवहारों के लिए आवश्यक शक्ति भजन एवं पूजापाठ में व्यर्थ चली जाती है। यह बात अमीरों के लिए ही लाभदायी होती है और मोक्ष के अधिकारी भी वे ही होते हैं। वास्तव में कर्मकांड एक प्रकार का बहिर्मुख मोक्ष मार्ग है। इसी कारण मनुष्य आत्मकेन्द्रित बन जाता है और परलोक की कल्पनाओं में अटका रहता है। इसके अलावा पुरोहित वर्ग की स्वार्थपूर्ति भी होती है।

नाममात्र की उपासना और धार्मिक आचरण में नीति का रसीला अंश कई बार उपेक्षित रहता है। नीति को किनारे कर पुराने पड़ चुके कर्मकांडों की सराहना कर जोर-जोर से ढिंढोरा पीटा जाता है। इसके लिए एक उदाहरण पर्याप्त है। बारह वर्षों के अन्तराल के बाद उज्जैन, ऋषिकेश, नाशिक, इलाहाबाद आदि तीर्थस्थानों पर महापवित्र कुम्भमेलों का आयोजन नियमित रूप से होता है। (मिथ्या कथन यह है कि) अमृत मंथन के बाद देव और दानवों का बारह वर्ष युद्ध हुआ। अन्ततः देवों ने असुरों से अमृतकुम्भ प्राप्त कर लिया। इस संघर्ष में अमृत की एक-एक बूँद उक्त चार स्थानों पर गिर गई। उन स्थानों को अलौकिक महत्त्व प्राप्त हुआ। इन महत्त्वपूर्ण स्थानों पर विशिष्ट मुहूर्त के अवसर पर स्नान करना महत्तम पुण्य समझा जाता है।

लाखों की भीड़ में मेलों का आयोजन होता है। हाल ही में ये आँकड़े करोड़ों की संख्या पार कर चुके हैं। शुभशकुन पर स्नान कर 12 वर्षों के पाप विमोचन की कल्पना विश्व में अन्य स्थानों पर कहीं भी न होने कारण देश-विदेश के संवाददाताओं की भीड़ लगी रहती है। वहाँ लाखों साधु एक मास तक निवास करते हैं, शाही स्नान करते हैं। प्रारम्भिक सम्मान हासिल करने के लिए उनमें बच्चों की तरह आपस में लड़ाई होती हैं। भजन, कीर्तन, प्रवचन, आध्यात्मिक विमर्श आदि से उनका कोई लेना-देना नहीं होता। उनका अन्नदान, रक्तदान तथा ज्ञानदान पर ध्यान नहीं होता। एक पौधा तक नहीं लगाते। हजारों लीटर दूध, घी, श्रीखंड पर हाथ साफ करते हैं। सजे हुए हाथी, घोड़े और ऊँट पर सवारी करते हैं। शानोशौकत दिखाने के लिए विदेशी गाड़ियों का उपयोग करते हैं। आराम से हुक्का पीते हैं। हुक्के के बिना जीना उनके लिए दूभर होता है। उनकी सारी सुविधाओं और उनके धार्मिक आचरण पर सरकार करोड़ों रुपए खर्च करती है। यह कैसी उपासना है? इसका किसे लाभ है? ऐसे प्रश्न उठाना धर्म की निन्दा लगती है। महाराष्ट्र के नाशिक शहर में अभी-अभी

हुए सिंहस्थ कुम्भ मेले के लिए सरकार ने तीस करोड़ रुपए खर्च किये जबकि महाराष्ट्र के आधे स्कूलों में शिक्षक, इमारतों, खड़िया-श्यामपट और पीने के पानी का अभाव था।

मनुष्य जीवन में रूढ़ियों-परम्पराओं एवं उपासना का महत्त्वपूर्ण स्थान है। इसलिए धर्म के उत्पन्न होने और उससे सम्बन्धित बोध के इष्ट एवं अनिष्ट की खोज करनी पड़ती है। वह धर्म का विरोध नहीं होता लेकिन दकियानूसी विचार का होता है। इससे ज्यादा एक महत्त्वपूर्ण मुद्दा है, इसके लिए लोकमान्य तिलक के *गीतारहस्य* का प्रस्तुत अनुच्छेद विचारणीय है :

> दैनिक व्यवहार में कई बार 'धर्म' शब्द का प्रयोग अलौकिक अर्थ में होता है। हम किसी से प्रश्न करते हैं 'तेरा धर्म कौन-सा है?' हमारा उद्देश्य होता है कि तुम वैदिक, बौद्ध, जैन, ईसाई या महम्मदी इनमें से अलौकिक कल्याण के लिए किस मार्ग को स्वीकार करते हो, उसका उत्तर भी प्रश्न के अनुरूप ही होता है। 'अथातो धर्मजिज्ञासा' सूत्र भी धर्म के इसी अर्थ की हिमायत करता है। मगर धर्म शब्द का अर्थ इतना सीमित नहीं है। उदाहरणत: चतुर्विध पुरुषार्थ की गिनती करते समय 'धर्म, अर्थ, काम, मोक्ष' कहा जाता है। यहाँ धर्म शब्द में ही मोक्ष (अलौकिक धर्म) है सो अलग से पुरुषार्थ समझाने की आवश्यकता नहीं। धर्म शब्द का अर्थ तत्कालीन समाज व्यवस्था, शास्त्र में ही निर्दिष्ट होता है।

धर्म का तात्पर्य रूढ़ि, परम्परा, उपासना पद्धति, सज्जन होने, सद्गुण तक ही सीमित नहीं है। इस देश में कई लोग नारे लगाते हैं कि हमें धर्म का राज्य स्थापित करना है। उस समय उनके दिखाने के दाँत अलग होते हैं और खाने के अलग होते हैं। लोगों को कहने के लिए धर्म का अर्थ नैतिक एवं सांस्कृतिक मूल्यों के प्रति आस्था होने पर भी उनकी व्यावहारिक इच्छा धर्म के सहारे समाज नियंत्रण की ही होती है। सामंती गुलामी के समय समाज व्यवस्था व शास्त्र धर्म का विषय थे। आधुनिक काल में समाज व्यवस्था व शास्त्र राजनीति का विषय है, न कि धर्म का।

धर्म के बारे में अन्धविश्वास उन्मूलन कार्य की भूमिका निष्पक्ष है। इसका अर्थ विशिष्ट धर्म के राष्ट्र के रूप में उद्घोषणा करने की कुछ लोगों की साजिश का यह प्रतिरोध भारतीय संविधान में अपेक्षित राष्ट्र निर्माण के स्वरूप एवं आत्मतत्त्व को नकारते हुए बिलकुल नहीं है। इसके विपरीत, इस षड्यंत्र के व्यापक परिणामों से लोगों को आगाह करना अन्धविश्वास उन्मूलन आन्दोलन के व्यापक सन्दर्भ के अनुसार अत्यधिक तर्कसंगत है। प्रचलित सामाजिकता, राजनीति एवं आर्थिकता को सन्त एवं महन्तों के देश की धर्मसंसद के आधार पर बनाने की शेखी बघारने के कार्य से पहले अन्धविश्वास उन्मूलन के व्यापक सन्दर्भों की आवश्यकता है।

उच्चतम न्यायालय की संविधानिक पीठ ने आश्वस्त करते हुए कहा है कि धर्मनिरपेक्षता के तत्त्व को नकारना पूर्णत: संविधान के खिलाफ है। धार्मिक आधार पर वोट माँगने और चुनाव जीतने पर भी चुनाव खारिज होते हैं; क्योंकि एक मनुष्य, एक मत, एक मूल्य आदि बुनियादी संकल्पनाओं को ही इससे खतरा होता है। ब्राह्मण धर्म के सैकड़ों वर्षों के अनुभव के कारण धर्म का राजनीति व समाज ही नहीं बल्कि जीवन के सभी अंगों पर अत्यधिक प्रभाव दिखाई देता है। 'मनुस्मृति' की 'राजनीति' राजा द्वारा शासन सत्ता के उपयोग से सम्बन्धित है। उसमें भयावह वर्णवैषम्य है। चोरी के अलावा शेष सभी आरोपों पर ब्राह्मणों के लिए कठोर व्यवस्था नहीं है। अन्य वर्ण के दोषियों को आरोही क्रम में दंड का प्रावधान है। शूद्रों के लिए क्रूर, अमानुषिक, प्रतिशोध से अन्धे बने पागल मनुष्य-जैसे दंड का प्रावधान है। मनुस्मृति का संकेत है कि राजा के दंडसत्ता का प्रयोग न करने पर अव्यवस्था आ जाती है परन्तु मनुस्मृति में अव्यवस्था की क्या परिभाषा है?

यज्ञ की सामग्री कौए और कुत्ते भगा लेंगे तो शूद्र सशक्त बनेंगे और वर्ण संकर होगा। मनुस्मृति के 9वें अध्याय में मनु ने स्त्रियों की स्वाभाविक प्रवृत्तियों के बारे में जो आरोप किये है, आज उन्हें पढ़कर किसी भी सुसंस्कृत मनुष्य की गरदन शर्म से नीचे झुकेगी। अर्थात सभी धर्मशास्त्रों में धर्म के नाम पर स्त्रियों एवं शूद्रों को प्रताड़ित किया गया है। बोहरा धर्मगुरु, धर्म के आधार पर अपने धर्म के लोगों को खुलेआम दंडित करते हैं या जैन साध्वी के विदेश गमन के लिए वाहन का उपयोग करने से धर्माचार्य उन्हें बहिष्कृत करते हैं। इसमें धर्मशासन के सहारे व्यक्ति एवं समाज व्यवस्था को नियंत्रित करने का आग्रह स्पष्ट दिखाई देता है। सभी का प्रतिसाद जरूरी है। अन्धविश्वास उन्मूलन का कार्य व्यक्ति को अपनी समग्र बुद्धि के उपयोग के लिए प्रवृत्त करनेवाला एक आन्दोलन है। सन्देह होता है कि हिन्दू राष्ट्र के प्रचारक अपनी समग्र बुद्धि से समझने पर भी सत्य को जान-बूझकर नजरअन्दाज करते हैं। राष्ट्र हिन्दुओं का होने पर मुसलमानों का क्या करना है? या तो बारह करोड़ मुसलमानों को देश से बाहर निकालना होगा, जो असम्भव है। उन्हें जान से मारकर समाप्त करना और भी अत्याचारी तथा असम्भव है। मोटे तौर पर 70 करोड़ हिन्दुओं का उनसे युद्ध कराके उन्हें लाचार बनाना सम्भव भी होगा परन्तु आज के जमाने में यह उपाय स्वयं के हाथों स्वयं का विनाश और अराजकता की ओर रास्ता लेना होगा। इन सारी बातों को स्पष्ट रूप से समझते समय न्याय, बन्धुता और सम्मानित सहजीवन जीने में ही सार्थकता उजागर होती है।

इसलिए धर्म भावना का विचार करते समय तीन महत्त्वपूर्ण बातें जरूरी हैं। पहली, धार्मिक-नैतिक आचरण; दूसरी, संविधान की धर्मनिरपेक्षता सम्बन्धी संकल्पना का प्रत्यक्ष अमल; तीसरी, विवेकवादी जीवन दृष्टि से धर्म को एक समग्र विकल्प देना।

सन्त गाडगे बाबा अपने कीर्तन से धर्म का नैतिक पक्ष लोगों तक पहुँचाते थे।

उनके मतानुसार 'भूख से पीड़ित को रोटी दे दो, प्यासे को पानी, अनपढ़ को शिक्षा, बेघर को घर, रोगियों को सेवा, प्राणियों को अभय, दीन-दलितों को सेवा दो' यही उनके अनुसार धर्म था। यह विचार महाराष्ट्र के सन्तों की ही विरासत थी। गाडगे बाबा का बड़प्पन है कि उन्होंने विरासत को अपने व्यवहारिक जीवन में अपनाया। इस बात में कोई सन्देह नहीं कि रूढ़ कल्पनाओं को छेद देनेवाले इस धार्मिक एवं मानवधर्मी रूप से महाराष्ट्र के समाजसुधारक भी प्रभावित हुए थे। धर्म भावना के भ्रष्ट स्वरूप तथा उसके आधार पर लोगों को उपेक्षित रखने की प्रवृत्ति के कारण मार्क्स ने कई बार धर्म को अफीम का नशा कहा है। बुद्धिजीवियों का सवाल होता है कि वैज्ञानिक दृष्टिकोण की वस्तुनिष्ठ कसौटी पर धर्म कहाँ टिकता है? इन सीमाओं को स्वीकार भी करना पड़ता है। धर्म के भ्रष्टाचार और साधन के रूप में भयादोहन के अनुभव से परिचित समय में उसका प्रतिवाद कैसे किया जाए? क्या जनसमूह के मन में विवेकवाद का निर्माण करके? या मानव की बुनियादी एवं शाश्वत धर्मनिष्ठा की ओर आस्थापूर्वक देखकर? दोनों विकल्पों के बारे में अन्धविश्वास उन्मूलन आन्दोलन की भूमिका अपनेपन एवं आदर की रही है। अर्थात इसके साथ ही व्यापक सामाजिक कारणों के बारे में सतर्कता भी आवश्यक है।

मानव स्वयं के अस्तित्व के साथ-साथ आसपास के विश्व के बारे में भी सोचता है। एक ओर वह वैश्विक कार्य-कारण सम्बन्धों एवं नियमों का अनुभव करता है तो दूसरी ओर उसे वैश्विक संरचना के रहस्य के बारे में आश्चर्य भी होता है। उसे अपने ज्ञान का नित्य अनुभव होता है। मनुष्य द्वारा अपने अस्तित्व एवं श्रेय का विचार करते समय अपनी सीमित शक्ति और बोध का पता मानव बुद्धि को होता है और इसी बोध की नींव पर धर्म-श्रद्धा का उदय होता है। यह श्रद्धा मूलतः मानव-प्रधान विकसित धर्म-श्रद्धा होती है। सृष्टि का निर्माता ईश्वर न्यायी एवं दयालु है, जो मनुष्य के वैयक्तिक एवं सामाजिक जीवन का आधार है। मानव सेवा ही ईश्वर सेवा माननी है। ईश्वर को पितृ रूप मानते हुए सभी मानव जाति को भ्रातृत्व माना जा सकता है। इस श्रद्धा के आचरण के लिए किसी पैगम्बर, धर्मग्रन्थ तथा मूर्तिपूजा की आवश्यकता नहीं है, यह नैतिक धर्म-श्रद्धा का स्पष्ट रूप दिखाई देता है। महात्मा ज्योतिराव फुले की *सार्वजनिक सत्यधर्म* पुस्तक में प्रस्तुत विचार इस दृष्टि से महत्त्वपूर्ण है।

महात्मा फुले ने इसे संवादात्मक ढंग से प्रस्तुत किया है :

बलवंतराव : क्या हम मनुष्यों को सृष्टि के निर्माता का नाम तक नहीं लेना चाहिए?

ज्योतिराव : हम मनुष्यों को सृष्टि के निर्माता का नाम कृतज्ञतापूर्वक एवं मनःपूर्वक नहीं लेना सिद्ध करनेवाले को क्षुद्र एवं एहसानफरामोश ही कहना चाहिए।

बलवंतराव : मनुष्य कृतज्ञतापूर्वक निर्माता का नाम कब और कौन-से समय में ले सकता है?

ज्योतिराव : निर्माता के नाम का नित्य एवं व्यर्थ नामघोष करने से उसका दिमाग चकरा जाएगा और उसे सन्तुष्टि नहीं होगी। हमारे लिए निर्माता द्वारा निर्मित वस्तुओं के धर्म से सम्बन्धित कल्पित चालाकी किये बिना सभी द्वारा श्रम के अनुरूप लाभ उठाना शुरू करने पर सम्पूर्ण विश्व के मानव प्राणियों में किसी भी प्रकार के निरर्थक विवाद नहीं होंगे। कुल मिलाकर सम्पूर्ण मानव-प्राणी सुखी बनेंगे तथा प्रत्यक्ष निर्माता का व्यवहार होगा और उसका राज्य होगा।

बलवंतराव : क्या सृष्टिकर्ता पर फूल चढ़ाकर उसकी पूजा की जाए?

ज्योतिराव : कुल मिलाकर यदि सभी पदार्थों का निर्माण सृष्टिकर्ता ने किया है तो हमारे पास स्वयं का क्या है जो उन्हें सृष्टिकर्ता पर चढ़ाकर उसकी पूजा की जाए?

बलवंतराव : तो फिर इन फूलों का क्या उपयोग होगा?

ज्योतिराव : दुनिया के कल्याण के लिए रात-दिन कष्ट उठानेवाले और परिश्रम से अपने परिवार को पोसनेवाले मनुष्य को स्वार्थान्ध एवं लालची लोगों के जाल से मुक्त करनेवाले सन्तों को फूलों की मालाएँ बनाकर ईश्वर के नाम से अर्पण करने पर फूल सार्थक होंगे।

यशवंत फुले : हम सृष्टिकर्ता को भोग चढ़ाकर कैसे तृप्त कर सकते हैं?

ज्योतिराव : सृष्टिकर्ता ने अपनी इच्छानुसार यदि आकाश के अनन्त सौर-मंडल, ग्रह-उपग्रह एवं पृथ्वी के सभी पदार्थ मनुष्य की जीविका के लिए बनाए हैं तो हम इनमें से किस पदार्थ का उलटा भोग चढ़ा सकते हैं?

बलवंतराव : अनुष्ठान तथा जाप करने से सृष्टिकर्ता को कुछ सन्तोष हो सकता है?

ज्योतिराव : नहीं, क्योंकि अनुष्ठान तथा जाप बहुरूपियों एवं धूर्त ठगों द्वारा अज्ञानरूपी अन्धकार में डूबे लोगों को लूटने का कृत्रिम बहाना है।

बलवंतराव : अनुष्ठान करके जप-तप कैसे किया जाए?

ज्योतिराव : सृष्टिकर्ता ने ही सभी पदार्थों का निर्माण किया है। उनमें से कौन-कौन से पदार्थों का और कौन-से स्थान पर उपयोग करना है, इसके बारे में दिन-रात प्रयास कर तल्लीन होकर सोचना होगा।

बलवंतराव : क्या स्वर्ग नहीं है, इस मान्यता के बारे में आपको क्या लगता है?

ज्योतिराव : इसमें कोई सन्देह नहीं कि एकाध मनुष्य स्वर्ग देखने के लिए गया और वह वापस लौट आया हो ऐसा कभी घटित नहीं हुआ है। क्या ऐसा मनुष्य धरती पर मिलेगा?

हम अन्धविश्वास उन्मूलन के कार्य में मनुष्य की उन्नति चाहनेवाले धर्मविश्वास का आदर करते हैं। हम मानते हैं कि यह प्रयास बुद्धि के सहारे सोच-विचार कर हम जो हासिल करना चाहते हैं उसे किसी अन्य मार्ग से पाने का है।

परन्तु कई बार धर्म का व्यावहारिक रूप सीधा-सादा नहीं होता है। उसमें नैतिकता का बोध होने के बावजूद उसमें सशक्त हितसम्बन्धों की परिकल्पनाएँ होती हैं। कई बार तो मात्र परिकल्पनाएँ ही होती हैं। संविधान ने दिशा-निर्देश किया है कि स्वातंत्र्य और समाज जीवन के विनियमन में अन्तर्विरोध की स्थिति में धर्म सुरक्षा कैसे करनी है?

वैयक्तिक उपासना पद्धति, धर्म पालन का पूर्ण स्वातंत्र्य, व्यक्ति-व्यक्ति के बीच धार्मिक भेदाभेद न करना, धर्म पालन सुनिश्चित करने हेतु सरकार की सहायता, प्रतिरोध या हस्तक्षेप ना करना आदि सूत्रों के सहारे संविधानपरक धर्मनिरपेक्षता बनी हुई है। परन्तु धर्माचरण में भी अपवाद हैं। उसकी कुछ मर्यादाएँ हैं। राष्ट्रीय एकता, कानून एवं सुव्यवस्था, सार्वजनीन नीति, सार्वजनीन स्वास्थ्य आदि की रक्षा हेतु उस समय धर्मस्वातंत्र्य को सीमित करने की अनुमति भी संविधान ने दी है। अमृतसर का स्वर्ण मन्दिर सिखों के लिए चाहे जितना पवित्र हो, यदि वहाँ अखंड राष्ट्र में खालिस्तान बनाने का षड्यंत्र एवं साजिश होती है तब राष्ट्रीय एकता के लिए राष्ट्र की सेना का मन्दिर में घुसना संविधान को मंजूर है। व्यक्ति तथा समाज को मन्दिर तथा चर्च बनाने का अधिकार है ही। लेकिन भवन निर्माण के नियमों को किनारे कर, कानून एवं सुव्यवस्था को नकारकर चौराहे पर प्रार्थना स्थल बनाने का अधिकार किसी को नहीं है। हर व्यक्ति को ईश्वर की पूजा का अधिकार है। धर्माचरण के सार्वजनीन नीति से संगत न होने के कारण कर्नाटक राज्य के शिमोगा जिले की नदी में स्नान कर नग्नावस्था में रेणुका-माता के दर्शन करने का परम्परागत चन्द्रगुप्पी का मेला एवं नग्नपूजा सरकार ने हस्तक्षेप कर बन्द की है। पंढरपुर के पांडुरंग की आषाढ़ी वारी वारकरियों का धार्मिक अधिकार है परन्तु कॉलरा का टीका न लगाते हुए पांडुरंग के कृपाप्रसाद पर भरोसा करना स्वीकार्य नहीं है। यदि इस प्रकार की अनुमति दी जाती है तो चन्द्रभागा नदी के किनारों में कॉलरा के फैलने से सार्वजनिक स्वास्थ्य को खतरे की सम्भावना अधिक है। वास्तव में अन्धविश्वास उन्मूलन की धर्मनिरपेक्षता के लिए अपेक्षित सन्दर्भों के कठोर पालन की भूमिका धर्मविषयक निष्पक्षता के अनुरूप एवं सुसंगत है।

धर्म के बारे में बुनियादी सवाल नैतिक अनुभूति का है। इसके बारे में कांट नामक ख्यात दार्शनिक ने महत्त्वपूर्ण बात की है। वह कहता है, "जिन दो चीजों का जितना स्मरण किया जाए, चिन्तन किया जाए उतना ही मन आश्चर्य एवं गम्भीरता से ओतप्रोत होता है। वे चीजे हैं, आकाश का तारामंडल एवं अन्तःकरण का नैतिक विवेक।" जीवन क्षणभंगुर है। सामाजिक व्यवहार के चंचल होने पर भी नीति का शाश्वत मूल्य कहाँ स्थित होता है? सम्पूर्ण विश्व के खिलाफ हो जाने के बावजूद नीतियुक्त जीवन जीने का साहस कहाँ से आता है? नीति-भ्रष्ट करने पर जो भय होता है, वह किसका होता है?

यह दलील अखंड नहीं है। लेकिन वह धार्मिक श्रद्धा, धार्मिक अनुभव एवं संस्कार की पृष्ठभूमि के सकारात्मक परिणाम की ओर निर्देश करती है। मनुष्य की विवेक-बुद्धि सक्षम होकर अन्य मार्ग से इसी उत्तर की तलाश करती है।

मनुष्य की विचार करने की शक्ति को ही स्थूल रूप में विवेक-बुद्धि कह सकते हैं। विवेक-बुद्धि के दो कार्यक्षेत्र हैं। एक है ज्ञान और दूसरा आचरण। विवेक-बुद्धि वैज्ञानिक दृष्टिकोण के सहारे ज्ञान के क्षेत्र में सत्य-असत्य का निर्णय करती है। इसमें प्रत्यक्ष प्रमाण और तर्क शक्ति के सहारे स्थापित वैज्ञानिक सिद्धान्त के सामने धर्म-श्रद्धा को असफलता मिलती है और मिली है। परन्तु महत्त्वूपर्ण बात यह कि मूलतः धर्म-श्रद्धा एवं वैज्ञानिक ज्ञान के बीच संघर्ष नहीं था, जबकि धर्म-श्रद्धा एवं विवेकवाद (रैशनॅलिज्म) के बीच वह था। आधुनिक विज्ञान विवेकवाद का फल है। आचरण के परिप्रेक्ष्य में इष्ट-अनिष्ट तथा भला-बुरा क्या है, इसका निर्णय विवेक-बुद्धि से होता है। विवेकी आचरण की महत्त्वपूर्ण कसौटी है कि वह आत्मकेन्द्रित नहीं होता। उसमें अपना तथा दूसरे का भी विचार होता है। विवेकशील व्यक्ति जहाँ स्वयं के बारे में सतर्क रहता है, वहाँ दूसरों की भावनाओं को कष्ट न हो तथा उस पर अन्याय न हो इसके लिए दक्ष रहता है। दूसरों का मेरे साथ बरताव जो मुझे पसन्द नहीं होगा, मैं वैसा बरताव दूसरों के साथ भी नहीं करूँगा। ये विवेकी विचार मनुष्य के महत्त्वपूर्ण व्यावहारिक नियम होते हैं। बच्चे उम्र के सात-आठ साल तक अत्यधिक आत्मकेन्द्रित होते हैं। मनोवैज्ञानिक विकास से तात्पर्य आत्मकेन्द्रित वृत्ति के समाप्त होकर सामाजिकता का एहसास होने और विवेकशील बनने से है।

मानवी मन की संरचना विशेष जटिल होती है। मनुष्य के आचरण के साथ उपभोग, लालच, कीर्ति, अन्धविश्वास-जैसी अनेक प्रेरणाएँ होती हैं। विवेक-बुद्धि की प्रेरणा भी होती है। परन्तु कई बार उसमें प्रभाव की कमी होती है। उसका प्रभावी होना मतलब विचार एवं व्यवहार से विवेक का समन्वय है। यह समन्वय जीवन के प्रति दृष्टिकोण होता है, जिससे विचार मूल्यों में परिवर्तित होते हैं। विवेकवाद मानवी जीवन का मूल्याधिष्ठित दृष्टिकोण है। वैज्ञानिक दृष्टिकोण तर्कशुद्ध एवं शास्त्रीय होता है। उसे विवेकशील (रैशनल) विशेषण से भी जोड़ा जाता है। विवेकशीलता मनुष्य

जीवन के सन्दर्भ में होती है क्योंकि मनुष्य के प्रत्यक्ष जीवन में उसका आचरण होता है। चातुर्य मतलब विवेक नहीं है, इस बात को ध्यान में रखें। चातुर्ययुक्त आचरण का सम्बन्ध अच्छे या बुरे से नहीं होता। परन्तु विवेक-बुद्धि इस पर विचार करके ही अच्छे को स्वीकार करती है। बुद्धि का दिया निर्णय उचित है या नहीं इसका निर्णय भी विवेकशक्ति करती है। मानवी जीवन में बुद्धि, मूल्य, भावना एवं श्रद्धा इन सभी का विवेक भी विवेक-बुद्धि से ही होता है।

इस कारण से आचरण के रूप में धर्म पर आश्रित क्षेत्र भी बदलता है। निष्कर्ष यह कि धर्मग्रन्थ, रूढ़ि आदि को प्रमाण न मानते हुए विवेक को ही प्रमाण माना जा सकता है। विवेकवाद धार्मिक श्रद्धा के खिलाफ भौतिक तत्त्वज्ञान के रूप में उपस्थित होता है। उसकी बुनियादी कसौटी है कि मनुष्य का हित एवं प्रतिष्ठा ही आचरण के केन्द्र में होती है। सृष्टि की घटनाओं का ज्ञान भौतिक पद्धति से ही होता है और उसमें अपेक्षित होता है कि व्यक्ति तथा मानव विकास की दृष्टि से मानवी व्यवहार, सामाजिक सम्बन्ध एवं संस्थाओं की पुनर्रचना की जाए।

आचरण के क्षेत्र में विवेक-बुद्धि एवं नीति शास्त्र का एक ही विषय होता है। नैतिक कल्पनाएँ स्थान, काल एवं परिस्थिति के सापेक्ष होती हैं। यथासमय उसमें बदलाव आता है। मुस्लिम धर्म में बहुपत्नीत्व नीति-सम्मत होता है। ईसाई धर्म में इसी बात को नीति-विरुद्ध माना जाता है। कुछ जंगली समूहों में स्त्री के अनेक पति होना नैतिक माना जाता था। प्रगतिशील देश में यही बात अनैतिक कही जाएगी। पिछली सदी में सती प्रथा धर्मसंगत नीति थी; इस सदी में वह धर्म और कानून दोनों की दृष्टि से विसंगत है।

सभी धर्म प्रवर्तकों ने अच्छे आचरण का उपदेश दिया है। सच बोलना, हिंसा न करना, दया भाव रखना, प्रेम करना आदि नीति-नियम सामाजिक मूल्य वृद्धि करनेवाले हैं। इन नियमों की उपयोगिता तथा आवश्यकता को नकारा नहीं जा सकता परन्तु कई बार परिस्थिति अनपेक्षित तथा विशिष्ट होती है। नीति-नियमों में व्यवधान उत्पन्न करने के अलावा कोई विकल्प शेष नहीं रहता है। सत्य बोलना ठीक है परन्तु मरीज जब स्वयं के स्वास्थ्य के बारे में पूछता है तब सब सत्य बताना भी नुकसानदायी होने की सम्भावना होती है। घर में जहरीला साँप दिखाई देने पर अहिंसा का पालन उचित नहीं होता। इसी कारण कई बार नीति-नियम तथा प्रत्यक्ष आचरण का तालमेल कठिन होता है। इसलिए इन विसंगतियों का समाधान कर सभी उचित नीति कल्पनाओं को समाहित करनेवाले व्यापक तत्त्व की आवश्यकता है। उपरोक्त नीति-नियमों के पालन का उद्देश्य होता है कि वे नियम अच्छे हैं। विशिष्ट परिस्थिति में सत्य बोलना और न बोलना, हिंसा करें या न करें इसके बारे में मतभिन्नता हो सकती है परन्तु किसी भी परिस्थिति में मनुष्य का आचरण अच्छा होना चाहिए, इसे लेकर मतभेद नहीं होते। कौन-सा आचरण अच्छा है यह बताना तो सम्भव

नहीं है, जबकि 'अच्छे' शब्द से कौन-सा अर्थ प्रस्तुत होता है इसे जानना उपयोगी सिद्ध होगा। 'अच्छा' संज्ञा का अर्थ विवेकवाद का सर्वसमावेशी व्यापक तत्त्व है।

मनुष्य प्रकृतिमूलक तौर पर विचारशील एवं समाजशील प्राणी है। इन विशेषताओं में ही विवेकशीलता का स्रोत निहित है। मनुष्य का अच्छा होना उसके अस्तित्व में और सिर्फ समाज जीवन में ही सम्भव है। सुनसान द्वीप पर अकेले रहनेवाले मनुष्य के विवेकपूर्ण आचरण का कोई अर्थ नहीं है। इसलिए विवेकशीलता के स्रोत को सामाजिक सन्दर्भ के केन्द्र में रखकर ही विवेकी दृष्टि से 'अच्छा' शब्द का अर्थ निश्चित करना चाहिए।

मनुष्य के सामाजिक होने को उसके अस्तित्व की बुनियादी शर्त मानने पर भी उसकी आत्मकेन्द्रितता के समाप्त होकर उसे दूसरों का एहसास होना, उसका दूसरों को अपने-जैसा मानना अर्थात आत्मौपम्य बुद्धि से विचार करना ही उसका अच्छा तथा विवेकी होना है। वह दूसरों को मात्र अपनी आवश्यकताओं की पूर्ति करनेवाले मनुष्य के रूप में नहीं बल्कि अपने साथ मनुष्यता की भावना का अनुभव करनेवाले, जीवन की जटिलता का अनुभव करनेवाले तथा मनुष्यता से बँधे समाज के रूप में देखता है। अच्छाई एवं विवेकशीलता मनुष्य की मानसिक विशेषता तथा सामाजिक जीवन पर आधारित होती है और उसके केन्द्र में सम्पूर्ण मानव जाति का समग्र विकास होता है। आत्मकेन्द्रियता का सामाजिक एहसास में परिवर्तन होना, तात्कालिक स्वयं-सुख की सीमाओं को पार कर व्यापक एवं विश्वात्मक धरातल पर पहुँचना ही विवेकशील होना है।

नैतिकता घोषित रूप से धर्मनिरपेक्ष होती है। मनुष्य की नैतिक भावना प्राकृतिक है। उसका स्रोत धर्म तथा ईश्वरीय शक्ति में नहीं है। यह उत्क्रान्ति में अनिवार्य उन्नत स्वाभाविक प्रेरणा है। मनुष्य समाज में रहता है। उसका भविष्य सामाजिक सहायता पर आधारित होता है। सहृदयता, प्रेम तथा अहिंसा जैसी भावनाएँ प्राकृतिक होती हैं। इन नैतिक भावनाओं द्वारा मानवी जीवन को पुष्ट करने के कारण उत्क्रान्ति के समय एवं समाज निर्माण में उनके स्वाभाविक बनने की सम्भावना अधिक होती है। लोगों का मानना है कि धर्म के अलावा नीति के लिए कोई सहारा नहीं है। मनुष्य स्वाभाविक रूप से स्वार्थी होता है। अकसर बहस होती है कि वह धार्मिक दबाव के अभाव में नैतिकता का साथ नहीं दे सकता मगर नैतिक भावना मनुष्य स्वभाव की एक प्राकृतिक विशेषता होने के कारण यह कहना गलत होगा। (लेकिन प्राकृतिक प्रवृत्ति के निर्माण के लिए आवश्यक सामाजिक स्थिति का अस्तित्व सिद्ध करना बुनियादी बात है, इसे नजरअन्दाज नहीं किया जा सकता।) प्राकृतिक विशेषता की गुंजाइश के कारण नैतिक आचरण वाले लोग सुखी एवं समाधानी होते हैं। दूसरों को पीड़ा पहुँचाने से उन्हें दुख होता है और परोपकार से सन्तुष्टि मिलती है। नैतिकता की नींव से युक्त विवेक-बुद्धि (Conscience) ईश्वरीय देन नहीं है। यह प्राकृतिक

उत्क्रान्ति के समय व्यक्तिगत जीवन की सफलता के लिए निर्मित एक मानसिकता है इस बात को ध्यान में रखते हुए मनुष्य अपनी विवेक-बुद्धि के सहारे नैतिकता को गहनता से समझ सकता है। वैयक्तिक सुख हेतु समाज को नैतिक होना चाहिए यह कार्य-कारण सम्बन्ध हर किसी को उचित लगेगा। विवेकी मनुष्य में नैतिकता स्वयंपूर्ण होती है इसलिए वह स्वतंत्र होकर भी नैतिक हो सकता है। उसकी नैतिकता को धार्मिक डर से पैदा होने की आवश्यकता नहीं है। सभी प्राणियों के बनने में बाह्य परिस्थितियाँ महत्त्वपूर्ण होती हैं। परन्तु मनुष्य ही अकेला प्राणी है जिसके पास विवेक-बुद्धि है। इसलिए वह परिस्थिति का दास नहीं है। वह अपनी आन्तरिक शक्ति एवं बाह्य परिस्थिति को मूल्यात्मक बना सकता है। उसका संकल्प ही उसकी विशेषता है। राजनीतिक दमन तंत्र, तानाशाही, आर्थिक शोषण वाला पूँजीवाद और मानसिक लाचारी के बोझ से धार्मिक रूढ़ि एवं अन्धविश्वास, मनुष्य की स्वतंत्रता छीनना चाहते हैं, मनुष्य की नैतिकता एवं मनुष्यता की नींव ध्वस्त करना चाहते हैं। विवेकवाद इसके खिलाफ लड़ने की इच्छा रखनेवाले अन्धविश्वास उन्मूलन आन्दोलन का हथियार है।

विवेकवाद पारम्परिक ईसाई एवं सामान्यत: धर्मविश्वास के खिलाफ खड़ा होता है। उसका दावा है कि धर्मविश्वास जीवन के सभी क्षेत्रों का व्यावहारिक नियामक तत्त्व है और विवेक-बुद्धि भी सभी जीवन व्यवहारों की नियामक शक्ति होनी चाहिए। विवेकवाद का आग्रह होता है कि नीति में मानवी व्यवहार की बुनियाद समाहित है इसलिए वह विवेकनिष्ठ होनी चाहिए, न की धर्माधिष्ठित। सृष्टि की वस्तुएँ, मानवी कार्य और उसके परिणाम सत्य पर आधारित एवं नीतिसंगत होने चाहिए। जान-बूझकर कहता हूँ कि ये बातें सिर्फ विवेक-बुद्धि के उपयोग से ही सम्भव हैं। समाज के सभी परम्परागत व्यवहार, व्यक्ति, परिवार, राज्य तथा सामाजिक संस्था एवं नैतिक कृत्यों से सम्बन्धित उसका भ्रमित (धार्मिक) स्वरूप ठीक कर उसकी सम्यक व्याख्या तथा स्वरूप स्पष्ट करना विवेक का कार्य है। वास्तविक रूप में आशा की जा सकती है कि उसके व्यवहार में रूढ़ होने में ही विवेकाधिष्ठित नीति है।

आधुनिक विवेकवाद ने धार्मिक श्रद्धा के सम्मुख उपस्थित चुनौतियों को तत्त्वज्ञान की दृष्टि से सुलझाने का प्रयास किया है। धर्म-श्रद्धा के पक्ष में निष्पक्ष भूमिका अपनाने पर अन्धविश्वास उन्मूलन कार्य में अवरोध की सम्भावना नहीं है। यह भूमिका संक्षेप में इस प्रकार है : मनुष्य विश्व का ज्ञाता है, उसके स्वरूप का जो ज्ञान उसे होता है उसके लिए वैज्ञानिक विचार पद्धति का उपयोग अनिवार्य है और उसकी क्षमता भी निर्विवाद है। परन्तु मनुष्य एक नैतिक कर्ता के रूप में उसका उपयोग करता है। उस समय उसके अलग-अलग रूपों का अनुभव मिलता है। नीति के अनुसार आचरण मनुष्य का स्वतंत्र रूप होता है; अपनी इच्छा, वासना, मानसिक प्रवृत्ति का रुझान

एवं दबाव से हटकर एकाध कृत्य करना उसे अपने कर्तव्य के समान लगने लगता है। इसका अर्थ होता है कि वह कृत्य किसी भी शारीरिक, मनोवैज्ञानिक एवं बाह्य शक्तियों के दबाव के अनुरूप निर्धारित नहीं होता, वह व्यक्ति के आत्मनिर्णय पर होता है। यह निर्णय व्यक्ति के मानसिक गठन, उसकी परिस्थिति तथा आकस्मिक इकाइयों पर आधारित नहीं होता, उसका स्वरूप नैतिक कर्ता के रूप में अभिव्यक्त होता है। संक्षेप में कहा जा सकता है कि मनुष्य को नीति, मूल्य एवं नैतिकता की कसौटी प्राकृतिक निरीक्षण से प्राप्त नहीं होती। मनुष्य की वैयक्तिक भूमिका अर्थात एक नैतिक कर्ता का नैतिक निर्णय आत्मानुसन्धान ही होता है।

स्वयं नैतिक कर्ता द्वारा बना नैतिक विश्व इसी ज्ञेय विश्व का अंश है क्योंकि नैतिक कर्ता मनुष्य ही है। लेकिन दूसरे अर्थ में नैतिक विश्व नहीं है क्योंकि जिन तत्त्वों से नैतिक विश्व का विनियमन होता है, उनका विश्व की ज्ञेय वस्तुओं एवं घटनाओं के प्राकृतिक नियमों के साथ कोई सम्बन्ध नहीं है; वह अलग विश्व है। इसका अर्थ यह है कि मनुष्य एक ही समय में दो अलग-अलग विश्वों का अनुभव करता है। वह इसी विश्व, और ईश्वर की सत्ता में रहता है (वह ब्रह्मस्वरूप होता है या धार्मिक कल्पना के अतीत का अंश होता है।) वास्तव में ऐसा माना जाता है कि अतीत-तत्त्व इन्द्रियों की परिधि में नहीं होता परन्तु आत्मज्ञानी नैतिक कर्ता में स्वयं के रूप में मिलता है इसलिए वहाँ अन्तर्विरोध नहीं रहता। मनुष्य में यदि अतीत-तत्त्व है तो विश्व के वस्तु जगत में भी होगा ही। मनुष्य द्वारा किये जानेवाले आत्मानुसन्धान से अतीत-तत्त्व के अनुसन्धान का प्रारम्भ होता है। ईश्वर का मनुष्य को स्वयं की प्रतिमूर्ति के रूप में अतीत-तत्त्व बनाना पारम्परिक विश्वास है और विश्वास से आधुनिक तात्पर्य वैश्विक अतीत-तत्त्व का मनुष्य के शरीर में प्रतिबिम्बित होना है। अर्थात मनुष्य का दोहरा रूप होता है। एक प्राणी के रूप में उसका स्वरूप प्रकृति में पूर्णतः सम्मिलित होता है परन्तु नैतिक कर्ता के रूप में उसका स्वरूप प्रकृति के दायरे में समा नहीं सकता। मनुष्य के इस अलग अतीत रूप का निर्माण अलग स्वरूप के वैश्विक व्यवहार में होता है। वह साथ ही इस अलग विश्व का प्राप्तकर्ता होता है। हम स्वयं नैतिक कर्ता हैं, हमारा आत्मज्ञान प्रमाण है। इसी ज्ञान को श्रद्धा के नाम से समझा जाता है; लेकिन उसका प्रमाण नहीं दिया जा सकता।

सहज ही प्रश्न उठता है कि जिस चीज का प्रमाण नहीं है उसे स्वीकार क्यों किया जाए? अन्धविश्वास उन्मूलन आन्दोलन को लगता है कि यदि नीतिपूर्ण आचरण की अपेक्षा की जाती है तो अतीत-श्रद्धा पर विश्वास कर मूल्याधिष्ठ बरताव किया जाए। और, उसका बरताव उस कसौटी पर खरा उतरता है जहाँ विवाद के लिए कोई गुंजाइश नहीं है तो वास्तव में ऐसा नीतिसंगत आचरण ही महत्त्वपूर्ण होता है। विवेकवान व्यक्ति की निर्णायक कसौटी भी उसके वैज्ञानिक दृष्टिकोण पर नहीं बल्कि उसके आत्मौपम्य (अपने जैसा दूसरे को माननेवाले) बरताव पर निर्भर होती है।

ऐतिहासिक दृष्टि से धार्मिक पद्धति से विचार करने की परम्परा अत्यधिक प्रभावी रही है। ऐतिहासिक काल में आम आदमी श्रम करके पेट पालता था। कवि काव्य रचना करते थे। कलाकार कला-सृजन करते थे और सत्ताधीश राज्य-कारोबार करते थे। लेकिन उस समय धर्म एक सर्वोच्च मूल्य था। उसकी तुलना में अन्य मूल्य गौण थे, वे मात्र वहाँ तक पहुँचने के साधन थे। क्या आज उनकी जरूरत है? धार्मिक मनुष्य जिन मूल्यों के प्रति अन्तस से आस्था रखते हैं क्या उन मूल्यों को मात्र मानवी मूल्य के रूप में परखना नहीं चाहिए? स्वस्थ सामाजिकता, सौन्दर्यात्मक मूल्यबोध, न्याय, कर्तव्य, समता, बन्धुत्व इन मूल्यों को धर्म-कल्पना पर आधारित रहने की आवश्यकता नहीं है। अपने धार्मिक होने या न होने पर भी प्रत्यक्ष अनुभव से मनुष्य अपने दैनिक जीवन को सुधार सकता है। अपने दैनिक जीवनयापन और व्यवहार से ऐसा लगता है कि मुझे स्वयं अपनी सीमाओं को लाँघना चाहिए। इससे अधिक बेहतर ढंग से जीना चाहिए। अतीत का बीतना तथा परतत्त्व स्पर्श जैसी कल्पनाओं में रहस्य का अभाव है। सचेत व्यक्ति स्वयं की मर्यादाओं को समझने और उन्हें लाँघने के लिए नित्य कोशिश करता रहता है। यह बात मनुष्य के बुनियादी स्वरूप से सुसंगत प्रतीत होती है।

एक सर्वांगीण संकट से समाज ग्रस्त है। हिंसा, द्वेष, धर्मान्धता, अत्यधिक उपभोग आदि का तूफान मँडरा रहा है। अन्धविश्वासों की बढ़ती पद्धतियाँ, उनका अभिमान एवं अहं उसका एक रूप है। यह समय अन्तिम सत्य तथा वास्तविक सत्यधर्म के परिप्रेक्ष्य में बनी-बनाई बहस में हल खोजने का नहीं है। प्रत्येक को अपनी क्षमतानुरूप स्वयं से पूछना चाहिए, मैं मानवी मूल्य संघर्ष में क्या योगदान दे सकता हूँ? मानवी मूल्यों को किसी रहस्य के रूप में प्रस्तुत करने की आवश्यकता नहीं है। संघर्ष से अनभिज्ञ लोग इन मूल्यों को जटिल तथा रहस्य समझते हैं। धार्मिक संस्था एवं धार्मिक लोगों के इस जरूरी लड़ाई में सम्मिलित न होने से स्पष्ट होता है कि उनकी धार्मिकता नकली है। विवेकवादियों के आलसी, निश्चिन्त एवं सुखासीन बनने से तथा संघर्ष न करने से विवेकशीलता किताबी एवं दिखावटी साबित होगी। इन मानवी मूल्यों को किसी भी प्रकार का सहारा ढूँढ़ने की आवश्यकता नहीं है। प्रकृति, विज्ञान, परमतत्त्व एवं अतीत आदि में उनके लिए गुंजाइश नहीं है। मानवी मूल्यों के लिए मानव ही एकमात्र कसौटी है।

अन्धविश्वासों से कलंकित मूल्य, उसकी शुद्धता, स्वार्थान्धता आदि के कारण मूल्य प्रतिस्थापना की लड़ाई अत्यधिक कठिन हुई है। असाध्य एवं इच्छित चीजों की प्राप्ति के लिए तथा संघर्ष की तैयारी में, किसी भी शक्ति से श्रेष्ठ मानव-मूल्यों की हिफाजत के लिए कोशिश करनेवाले अनगिनत हाथ सहायता के लिए आगे आएँगे और कलंक मिटाकर मूल्यों तक पहुँचना, परिस्थिति में परिवर्तन लाना भी सम्भव होगा। यह आकांक्षा ही हमारे आन्दोलन को आश्वस्त करती है। उम्मीद

की जा सकती है कि निष्ठावान धार्मिक मनुष्य-समाज भी इस आह्वान से प्रभावित हो सकता है।

कृपया स्वयं के दिल को झकझोर कर देखें। बुद्धि की अनुकूलता तथा प्रतिकूलता को जानने की कोशिश की जाए। यदि वहाँ मूल्यों के प्रति आस्था दिखाई देती है तो इस लोकयज्ञ में सम्मिलित हो जाओ क्योंकि मनुष्य की सहायता सिर्फ मनुष्य ही कर सकता है और मनुष्य ही समाज परिवर्तन कर सकता है।

सोचो तो जानो?

सोचते हुए

प्लैंचेट का बेहयापन

इंजीनियरिंग कॉलेज का भाषण खत्म हुआ। प्रधानाचार्य के साथ गपशप करते काफी समय बीत गया। बाहर आया तो कॉलेज की छात्राओं का जमघट था। उन्होंने एक ही आवाज में पूछा, "प्लैंचेट सही होता या नहीं?"

मैंने हँसकर कहा, "बिलकुल नहीं।"

"हमें रास नहीं आता। हमने परसों ही छात्रावास में प्लैंचेट किया। मुलायम पीढ़े पर अंग्रेजी अक्षर रेखांकित किये। आँकड़े लिखे। बीचोबीच कटोरी उलटी रखी। तीनों ने उस पर उँगलियाँ रखीं। बाद में आत्मा को बुलाया। ताज्जुब की बात यह कि कटोरी अक्षरों पर घूमने लगी। हमारे सवालों के सही जवाब मिल गए। बिलकुल सही।"

"क्या पूछा?" मैंने कहा।

लड़कियाँ शर्माने लगीं। एक-दूसरे की ओर देखने लगीं। उनमें से एक ने साहस के साथ बताया, "परीक्षा में उत्तीर्ण या अनुत्तीर्ण? पति का नाम, दहेज देना पड़ेगा या नहीं?"

मैंने पूछा, "तो इसका क्या सबूत है कि उत्तर सही मिला?"

उन्होंने एक-दूसरे की ओर देखा। थोड़ा-सा सोच लिया और सँभल गईं।

"लेकिन कटोरी अपने-आप कैसे घूमेगी? जिस प्रकार आत्मा की शक्ति ने कटोरी घुमाई उसी प्रकार प्राप्त उत्तर भी सही होंगे।"

मुझे इस बातचीत से आघात तो नहीं लगा, समग्र महाराष्ट्र से यही अनुभव मिला, खेद इस बात का था कि भावी इंजीनियरों ने यह पूछा।

कितनी बातों का पूर्वाभास मान लिया था? मरने के बाद आत्मा रहती है। वह प्लैंचेट द्वारा घर के नौकर के समान बुलाई जा सकती है।

वही आत्मा अशरीरी होने के बावजूद भौतिक परिणाम देती है। लेकिन यह परिणाम देने के लिए उसे इनसान की उँगलियों से करंट देना पड़ता है, उसके बगैर वह सम्भव नहीं है। उँगली रखनेवाले तीनों में से एक देवगण का हो। इसके अलावा उन सभी की उस बारे में श्रद्धा होनी चाहिए। पाखंडीपन न हो। प्लैंचेट से उत्तर अचूक मिलता है। भूत, भविष्य जान सकते हैं। पीढ़ा-कटोरी उठाने पर बेचारी

आत्मा चुपचाप जहाँ से आई थी; वहाँ रहने के लिए वापस जाती है। अच्छा, आत्मा भी सीधे-सादे आदमियों की नहीं है। इनमें ओशो रजनीश से लेकर हिटलर तक सब हैं (और आत्मा न माननेवाले आगरकर, सावरकर की आत्माओं को भी कोई तो पकड़कर रखता ही होगा।)।

मूलत: विज्ञान का मूल नियम यह है कि किसी-न-किसी रूप में बल लगाए बगैर कोई भी चीज जरा भी नहीं हिलती (तो सिलपट पर ठुमकना छोड़ ही दीजिए)। यह है भौतिक सत्य, कड़ी परीक्षा का सामना करने वाला। प्लैंचेट आत्मा से हिलता है, यह भोलापन हो या बनावटीपन मगर वैज्ञानिक वास्तव में निश्चित ही नहीं है। इसका अर्थ यह कि जाने-अनजाने से बल लगाया तो प्लैंचेट हिल सकता है। लेकिन अन्धेपन से प्लैंचेट का अस्तित्व स्वीकार कर लिया तो ये सीधे-सादे सवाल नहीं सूझते और अन्य लोगों द्वारा सूचित करने पर भी स्वीकार नहीं होते। अन्धविश्वास उन्मूलन समिति के तीन कार्यकर्ताओं ने उँगली लगाई तो हिलनेवाला एक भी प्लैंचेट भारत में नहीं मिला। इस पर हमारे कार्यकर्ता के राक्षसगण होने की खोज की जाती है (फिर कहने के लिए अच्छा कि अन्धविश्वास उन्मूलन समिति के कार्य में सभी राक्षसगणों की मंडली होगी।)

उँगली सीधे न लगाते हुए उलटी लगाई तो प्लैंचेट की हलचल धीमी हो जाती है और कई बार रुकती भी है। (उसी अवस्था में प्याले पर बल लगाना कठिन हो जाता है) मगर उसका कारण भी समझ में नहीं आता।

अच्छा ये आत्मा होती कहाँ है? स्वर्ग में या नरक में?

वह हुक्म करने पर आती कैसे हैं?

अज्ञात अन्तरिक्ष से सीमेंट-कंक्रीट के मजबूत घर के अन्दर आनेवाली आत्माओं को माध्यम किसलिए चाहिए?

आत्मा के स्व-अस्तित्व से मानव स्पर्श के बगैर प्लैंचेट की कटोरी एक मिलीमीटर भी हिल गई तो हम पाँच लाख रुपए देकर आन्दोलन खत्म कर देंगे।

इस मामले में बिलकुल भरोसा न रखनेवाले तीन व्यक्ति प्लैंचेट के लिए बैठे तो वह बिलकुल नहीं हिलता! आत्माएँ भाग क्यों जाती हैं? देवगण-राक्षसगण, ये क्या माजरा है? विज्ञान का बिलकुल आधार न होनेवाली कोरी बकवास नहीं है यह? प्रश्नों के अचूक (!) उत्तर भी कैसे :

मृत भाई को प्लैंचेट पर बुलाया जाता है। जवाब-तलब होते हैं।

"भैया क्या तू खुश है?"

"नहीं।"

"तू कहाँ है?"

"धरती पर।"

"मुक्ति मिली क्या?"

"नहीं।"

ये उत्तर सही कैसे? इसकी जाँच कैसे होगी? मानसिकता का अन्दाजा लगाकर दिए गए उत्तर में तथ्य कहाँ हैं? और सचमुच आती भी होगी आत्मा, देती होगी जवाब तो हमारी चुनौती बहुत ही आसान है। यदि दस बन्द लिफाफे का एक-एक शब्द प्लैंचेट ने पहचाना तो हम पाँच लाख की चुनौती राशि देने के लिए तैयार है। लोगों के चन्दे से जमा पाँच लाख रुपए हमारे पास हैं, पर हम लाखों पर उदार हुए धनवान नहीं है। आन्दोलन के सही कार्यकर्ता हैं, पर हमें पक्की गारंटी है, ये बात निश्चित। और आपको भी, यह विचार करने के लिए आपत्ति है?

प्लैंचेट द्वारा अचूक जानकारी मिलनी होती तो नागरिक बस्ती में बम विस्फोट कर विश्वभर की गालीगलौज, श्राप खाने वाली अमरीकन सेना ने इन प्लैंचेट वालों को इराक की छिपी सेना का तल्ला खोजने के लिए विशेष रूप से विमान से जरूर बुलाया होता। और ये सम्भव नहीं हुआ तो कम-से-कम पुलिस के लिए प्लैंचेट का अच्छा उपयोग हो सकता है। आतंकवादियों का सुराग लगाने के लिए आनेवाले प्लैंचेट से हम मिलने के लिए आतुर हैं।

खोजो तो मिलेगा

शरीर पर अचानक भिलावें के निशान दिखाई देते हैं, कपड़े फटने लगते हैं, वस्त्र जलने लगते हैं, घर में पत्थर आते हैं, अनाज में राख मिलती जाती है, वस्तुएँ उलट-पलट होती हैं।

सब कुछ रहस्यात्मक! ऐसा कैसे हो सकता है? क्यों घटित होता है? कौन करवाता है? कुछ भी समझ में नहीं आता। टोना-टोटके का डर नहीं टलता।

अन्धविश्वास उन्मूलन का आन्दोलन इसलिए है कि यह टोना-टोटका कौन और कैसे करवाता है, यह चुनौती हम खोजकर लेते हैं। टोना-टोटका बन्द करवाते हैं। हमारे शिविर में इस पर सोदाहरण प्रशिक्षण दिया जाता है। फिर साहित्य भी उपलब्ध है। लेकिन कभी-कभार क्या होता है, ये सब जानने के बाद इनसान हिम्मत जुटाता है और टोना-टोटके के विरोध में धावा बोल देता है।

एक बार ऐसी ही एक सतर्क महिला मुझे मिली। वह शिविर में शामिल हुई थी। वह टोना-टोटके की भाषा मन से सुनती थी। उसे टोना-टोटका खोज सम्बन्धी सब लेखन भी पसन्द आया था। मगर उसकी प्रामाणिक शिकायत थी कि हमारी ये सब अनुभवसिद्ध एक्सपोजर की टेक्नीक इस्तेमाल करने के बावजूद उसे खुद को सफलता नहीं मिलती थी।

उसने कहा, "आपकी सूचना के अनुसार ऐसी कोई घटना कोई तो इनसान का हाथ ही करवाता है। इसे तर्क की बुनियाद मान लेते हैं।"

प्रत्यक्ष आँखों देखे हाल के प्रसंग का आग्रह किया। हकीकत में पंखवाले कौवे की तरह विवेक उपयोग किया, घर क्री जाँच की, व्यक्तियों के साक्षात्कार लिए, मानसिक तनाव की विकृति के चलते घर का कोई व्यक्ति टोना-टोटका करता होगा, इसका एहसास हो गया।

और ऐसा सब कुछ कर दिया, पर समाधान नहीं हो पाया अपना! ऐसे ही लोग हर जगह मिलते हैं।

क्या कोई यह जानना चाहता है कि भैंस का दूध अचानक कड़ुआ कैसे होने लगा जिसका रहस्य प्रयास के बावजूद नहीं खुलता?

नया तौलिया इस्तेमाल करने पर चार दिन में उसमें छेद कैसे हो जाते हैं? इसी कारण सारी खोजबीन कर हताश कोई चिपलून का डॉक्टर आता है।

कड़ेगाँव में लड़की की आँख में दर्जनों कंकड़ आने के बाद अभिभावक, गाँववाले सब अचरज में पड़ जाते हैं। आँखों से कंकड़ आने के बावजूद लड़कियों को कुछ नहीं होता। यह टोना-टोटका उन्हें रहस्यमयी लगता है। मामला लेकर आनेवाली सारी मंडली वैज्ञानिक दृष्टिकोण की होती है। टोना-टोटके की रामकहानी कहने के लिए उनकी तैयारी होती है। किताबों, लेखों का पाठ कर उस मामले की चीर-फाड़ होती है, कि वहाँ क्या गड़बड़ हो सकती है? बाधा कहाँ आती है?

बाधा यही है कि सब नियम, प्रारूप, तर्क-विचार इसके लिए अपवाद हैं। अन्धविश्वास के मामले में मानव का आचरण तथा प्रकृति के अद्भुत दृश्य बने-बनाए साँचे में नहीं बैठ सकते। हर दिन नए सिरे से तथा खुली आँखों से उसकी खोजबीन करनी पड़ती है।

एक अद्भुत सत्यकथा है। बीस साल की एक युवती जो चेहरे से तथा बरताव से अच्छी लगती है। उसके हाथों में मिट्टी की मनोहारी गुड़िया बनाने की कला देखने लायक है। और अचानक टोना-टोटका शुरू हुआ। उसकी बनाई गुड़ियों के शरीर पर, चेहरे पर तिल के समान काले धब्बे दिखाई देने लगे। उसकी बनाई रंगीन गुड़ियों के मुख तथा शरीर पर, जहाँ-जहाँ उसकी उँगली का स्पर्श हुआ उस स्थान पर, काली रंगोली बनने लगी। लड़की को कुछ नहीं होता था, मगर यह सब इसी स्थिति में नहीं रह सकता था : नौकरी चली जाने की स्थिति। मालिक बेचैन, श्रमिक अचरज में तो परिजन चकित।

गोरे वर्ण के व्यक्ति के शरीर पर विशेषत: बालिगों के चेहरे पर ऐसे दाग दिखने पर अनायास उनके सयाना हो जाने के कारण, शरीर में हो रहे बदलाव का ऐसा परिणाम दिखाई देता है। इसी कारण उस लड़की के चेहरे पर दिखाई देनेवाले दागों पर सवाल नहीं उठ सकता था। इलाज किया जा सकता था, लेकिन वहाँ कोई और ही मामला था। काले दागों का मर्ज लड़की को नहीं बल्कि उसके हाथों से बनाई हुई गुड़ियों को हो रहा था।

क्या भूतबाधा की खोज समाधान की एक सम्भावना हो सकती थी? दूसरी सम्भावना थी, टोने-टोटके की खोजबीन की विधि का इस्तेमाल करना। ये दोनों मामले असफल रहे। फिर क्या पावरफुल टोने-टोटके के लिए अनुमति देंगे? जाँच-पड़ताल करनेवालों ने गम्भीरता से सोचा। क्या लड़की का पसीना गुड़िया को लगने से तो ये नहीं होता?

पसीने के नमूने इकट्ठा किये गए। उनका रासायनिक विश्लेषण किया। इसमें अधिकांश मात्रा में ऑर्गेनिक (सान्द्रीय) सल्फाइड का मिश्रण मिला। लड़की द्वारा बनाई गई गुड़िया के चेहरे पर बने काले दागों के नमूने लेकर उसे विश्लेषित किया

गया। इसमें सल्फर और लौह तत्त्व बड़ी मात्रा में पाया गया। उसके पसीने में ये मिश्रण कहाँ से आ मिला, इसकी खोजबीन की गई। डॉक्टरों ने जान लिया कि लहसुन में ये चीजें बड़ी मात्रा में होती हैं। सहज रूप से उसके खाने में आया लहसुन उसके खून में उतर गया और ये चीजें उसके पसीने में उतर गईं। गुड़िया जिस मिट्टी से बनी थी, उस मिट्टी की लोहे के साथ रासायनिक क्रिया होने से काले दागों की रंगोली तैयार हुई।

इसके बावजूद पूछनेवाले लोग थे ही, "कुछ भी बता रहे हो! लाखों लोग लहसुन खाते हैं, वे अपने पसीने-भरे हाथ में मिट्टी का गोला उठाते हैं तो उस पर क्यों नहीं उठते हैं दाग? सिर्फ उस लड़की के बारे में ये कैसे हुआ है? निश्चित ही कुछ भूतबाधा हुई होगी? शायद टोना-टोटका!" पर यह भी ज्यादा देर तक टिक नहीं पाया। ध्यान में आया कि जब लहसुन से सल्फाइड पेट में या खून में चला जाता है तब आम जन के पेशाब द्वारा उसकी निकासी होती है। लेकिन कोई एकाध इस लड़की-जैसा अपवाद हो सकता है जहाँ सल्फाइड पूरी तरह पसीने से ही निर्गमित होता है। यह लड़की लहसुन की शौकीन थी। आखिरकार गुड़ियों की तबीयत स्वस्थ रहे, काले दागों का टोना-टोटका रुक जाए (और नौकरी भी बच जाए!) इसलिए उसके लहसुन खाने पर पाबन्दी लगानी पड़ी। उन गुड़ियों के गोरे शरीर को काले दागों के रूप में नजर लगना बन्द हुआ आर वे पहले-जैसी चमकने लगीं।

लेकिन, हर बार ऐसा ही होगा और उसमें छिपा रहस्य तुरन्त समझ में आएगा; इसकी कोई गारंटी नहीं है। सत्य जल्दी समझें या देरी से, अपना ठोस भरोसा होना चाहिए कि सही जवाब वैज्ञानिक दृष्टि से ही मिल पाएगा। चाहे जितना समय लगे, जब तक उत्तर नहीं मिलता तब तक खोजबीन जारी रखनी चाहिए। 'लेकिन हो सकता है कुछ तो टोना-टोटका' ऐसी मलिन मानसिकता को बिलकुल आश्रय नहीं देना है।

इससे सम्बन्धित 'टोने-टोटके के घंटानाद' के उदाहरण का भी बोलबाला है :

> मेजर एडवर्ड मूर ऐसी हस्ती हैं जिन्होंने हिन्दू पुराण पर लेखन किया है। ईस्ट इंडिया कम्पनी से सेवानिवृत्त होने के बाद वे सफोक स्थित ग्रेट बिलिंग्ज में रहते थे। उनके मकान में हर कमरे में एक घंटी टँगी हुई थी। रविवार दिनांक 2 फरवरी, 1834 के दिन श्री मूर चर्च से होकर घर लौटे। दोपहर 2 से 5 बजे तक की तीन घंटे की अवधि में उनके भोजन कक्ष की घंटी तीन बार बजी। बाद में हर दिन उनके घर की घंटियाँ बजने लगीं। निश्चित टोने-टोटके की आशंका बनी। किसी के घर में न होने पर घंटी कैसे बजेगी? मगर श्री मूर ऐसी बातों पर भरोसा नहीं करते थे। उन्होंने बारीकी से निरीक्षण किया। क्या घंटी की डोर पर किसी पंछी

के बैठने से उसकी आवाज आती है? क्या चूहे के उस डोर पर चलने से उस घंटी की आवाज आती है? घंटी की डोर घर के बाहर निकाली हुई थी। बाहर से कोई व्यक्ति उस डोर को खींचकर घंटानाद तो नहीं करता? इसका कारण बाहर खेलनेवाले नटखट लड़कों का मजाक करना तो नहीं? कोई नौकर छेड़खानी तो नहीं करता? इन सभी बातों का श्री मूर ने ध्यान रखा मगर रहस्य नहीं खुल पाया।

2 फरवरी, 1834 से 27 मार्च, 1834 तक यह घंटानाद जारी रहा। इसमें एक विशेषता यह रही कि घंटियाँ तीन से पाँच बार बजती हैं। लटकन और हंडी जोर-जोर से हिलती है। श्री मूर ने डोरी खींचकर इस अजीब बात की पुनरावृत्ति करने का प्रयास किया। घंटानाद होता था मगर लटकन और हंडी नहीं हिलती थी।

इस टोने-टोटके का रहस्य खोलने के लिए श्री मूर ने अखबार में एक पत्र छाप दिया। उन्हें इंग्लैंड के सभी विभागों से पत्र प्राप्त हुए और उन्हें आश्चर्य हुआ क्योंकि ऐसा ही घंटानाद पूरे इंग्लैंड में होता था। कुछ लोगों ने इस घटना का वर्णन 'इंग्लैंड का टोना-टोटका' नाम से किया है।

श्री मूर के पास लगातार जानकारी इकट्ठा हो रही थी। 1834 से 1941 यानी तकरीबन सात साल तक उन्होंने इन सभी जानकारियों की छानबीन कर एक किताब लिखी। उसमें पत्र द्वारा सूचित घटनाओं के विभिन्न प्रकार थे। इस बात का एहसास हो रहा था कि इनमें कुछ काल्पनिक थे, तो कुछ व्यक्तियों के कथन में घंटानाद का वर्णन न करते हुए खुद के मकान के भूत-पिशाच से ग्रसित होने का वर्णन था। कई घटनाएँ सन्देहास्पद थीं मगर 30 घटनाएँ निस्सन्देह रूप से विश्वास्य थीं। कई सालों तक इन सभी घटनाओं का कोई भी उचित विश्लेषण नहीं हो सका। इंग्लैंड के टोने-टोटके का समाधान नहीं मिल सका।

पहला विश्वयुद्ध 1914 में शुरू हुआ। स्कॉटलैंड में ग्रीनक नामक बन्दरगाह है। वहाँ कई पुराने मकान थे। मकानों की छतों में घंटियाँ टँगी हुई थीं। इन पुराने मकानों की घंटियाँ आधी रात में अपने-आप बजने लगती थीं। यह सिलसिला कई सालों तक चलता रहा। लोग घबरा गए थे। युद्धकाल होने के कारण यह किसी के बस की बात नहीं थी; आधी रात हो रहे घंटानाद के टोने-टोटके की खोजबीन के आदेश जारी हुए।

क्या मिला?

ग्रीनक बन्दरगाह में जहाज बनाने के कारखाने नए सिरे से शुरू किये गए थे। जहाज के लिए तैयार किये गए डीजल इंजन की जाँच का कार्य रात में

होता था। नाइट शिफ्ट के श्रमिक आधी रात में इन जहाजों के डीजल इंजन शुरू करते थे। एक ही समय शुरू हुए इन जहाजों की खड़खड़ाहाट की तरंग ग्रीक के पुराने मकानों में टँगी घंटियों पर पड़ती थी। घंटियाँ जोर-जोर से हिलती थीं। स्वभावत: लटकन भी हिलते थे। अपने-आप बजनेवाली घंटियों का टोना-टोटका शुरू हो जाता था!

लेकिन टोने-टोटके का पता चलने तथा उसके खत्म होने में 1834 से 1914 यानी तकरीबन 80 साल लगे लेकिन काफी समय तक इसके कारणों का पता तो नहीं चला था। सवाल यह है कि ऐसे समय पर हम क्या करेंगे? टोने-टोटके पर मुहर लगाकर चुप्पी साधेंगे या रहस्य खोजने के लिए संघर्ष करेंगे? या फिर 'खोजो तो मिलेगा' कहते हुए, कदमों को आगे बढ़ाते हुए, संघर्ष करते रहेंगे?

परीक्षा साँप की और खुद की

सृष्टि के प्राणियों में सबसे विकसित एवं बड़े मस्तिष्क वाले इनसान के मन में बिलकुल छोटे मस्तिष्क के साँप के बारे में जितना अन्धविश्वास होता है, उतना अन्य किसी के बारे में नहीं :

'साँप बैर रखता है।'
'साँप दूध पीता है।'
'नागराज के मस्तिष्क पर मणि होती है।'
'भुजंग के शरीर पर बाल होते हैं और वह धन की रक्षा करता है।'
'घर में आस्तिक लिखने से साँप घर में नहीं आता।'
'साँप के काटने पर मानो सौ साल पूरे ही हुए।'
'मंत्र से साँप का जहर उतर जाता है।'

ऐसा अनुमान है कि भारत में हर साल औसतन 30 हजार लोग साँप काटने से मरते हैं। इनमें से अधिकांश लोगों की मौत इलाज के पहले मांत्रिकों द्वारा 'भूतपिशाच' के इलाज करवाने से होती है। इसमें इलाज न होने की स्थिति में आधुनिक इलाज के लिए पहुँचने से पहले ही मृत्यु हो जाती है। लेकिन यह बात कैसे गले से उतर सकती है? सम्भवतः खुली आँखों से कार्य करते हुए विचार करने की आदत डालनी चाहिए।

अन्धविश्वास उन्मूलन समिति के कार्यकर्ताओं ने इससे सम्बन्धित जो कार्य किया, उसकी एक कहानी है। पायाप्पाची बाड़ी यह मिरज तहसील का गाँव। इस गाँव के लोगों को सहसा साँप नहीं काटता था। कारण बिलकुल सीधा-सादा है : गाँव के मन्दिर के प्रांगण की बालू और पुजारी द्वारा दिया गया भस्म मंत्रित कर उससे घर के सामने रेखा खींची जाती है। साँप वह रेखा पार करके घर में प्रवेश नहीं कर सकता। सम्भवतः साँप द्वारा इस तरह का प्रयास हुआ तो उसके शरीर में असह्य जलन होगी। वह चुपचाप वापस चला जाता है।

गाँव में पंचलिंग का मन्दिर (तायाप्पा का) है। यहाँ के लोगों की धारणा है कि उस गाँव में तथा आसपास के किसी भी व्यक्ति को साँप के काटने पर उसे

मन्दिर में लाकर नीम का रस पिलाया जाता है और मन्दिर का चक्कर लगाने पर जहर उतर जाता है।

एक बार कुछ अजीब ही हुआ। एक महीने में साँप के काटने से गाँव के दो लोगों की जान चली गई। डोंगरवाड़ी की श्रीमती चव्हाण को खेती में काम करते समय साँप ने काटा। दो किलोमीटर से दौड़ते-हाँफते हुए वह मन्दिर में आई। पुजारी ने रूढ़ि-परम्परा के अनुसार मंत्र-तंत्र किये। नीम का रस पिलाया। मन्दिर के चक्कर लगवाए। दो चक्कर पूरे होने के पहले ही उसने अन्तिम साँस ली। इसी गाँव के श्री सालुंखे को दोपहर नींद में ही सर्पदंश हुआ। उन्हें भी मन्दिर में लाया गया और कुछ भी इलाज न होने की स्थिति में श्मशान में पहुँचाया गया।

नजदीक के खंडेराजुरी स्थित चिकित्सा अधिकारी और अन्धविश्वास उन्मूलन समिति के कार्यकर्ता डॉ. डी.एस. एक्कलदेवी ये खुद सर्पमित्र हैं। इसलिए उन्होंने लोगों को साँप और सर्पदंश के बारे में समझाने का प्रयास किया। लोगों का अपने ईश्वर पर अन्धविश्वास था। उन्हें गारंटी थी कि सर्पदंश के बाद ईश्वर उन्हें बचाता ही है। अधिकांश साँप जहरीले नहीं होते इसलिए लोग बच जाते थे। उन्हें यह दलील भगवान की अवमानना लगी। उनके नसीब में दो लोगों की मौत का विचार कोई मुद्दा नहीं था। उनका सवाल था कि तकदीर की डोर टूट गई तो उसमें मन्दिर का पुजारी क्या करेगा?

अन्धविश्वास उन्मूलन समिति के सलगरे गाँव की शाखा ने पायाप्पा की बाड़ी में एक साँप विषयक समारोह का आयोजन किया। गुरुवार के दिन अचानक मूसलाधार बारिश शुरू हुई। कार्यकर्ता बसस्टॉप से दो किलोमीटर की दूरी से भीगते हुए पैदल गाँव में आए। उस छोटे गाँव में बारिश में भी जिज्ञासावश पाँच सौ से अधिक लोग इकट्ठा हुए। साउंड सिस्टम नहीं था। वाद-विवाद चालू था। गाँववाले अपने इरादे पर पक्के थे। मन्दिर के प्रांगण की बालू और भस्म की सामर्थ्य पर उनका पक्का भरोसा था। उनकी यह धारणा ठोस थी कि साँप बालू को पार नहीं कर सकता। उन्हें इस बात की गारंटी थी कि बालू पार करने पर साँप के शरीर में जलन होगी। स्वभावतः उन्हें इससे सम्बन्धित मंत्र से साँप का जहर उतारने वाले उनके जाग्रत देवस्थान तथा पुजारी का विश्वास एवं गर्व था।

बहस को कैसे आगे बढ़ाया जा सकता था? एक कार्यकर्ता के कुशल दिमाग में एक युक्ति आई। "अगर बालू और पुजारी के दिए गए भस्म का गोल बनाया और उसमें साँप छोड़ दिए तो क्या होगा? वे बाहर आएँगे या गोल में फँस जाएँगे?" गाँववालों को विश्वास था कि साँप गोला पार नहीं कर सकता। सलगरे शाखा के पास खुद का सर्पोद्यान है। वे समारोह को जाते समय 10-12 जहरीले तथा बिना जहर वाले साँप साथ लेकर गए। इसी कारण बहस प्रत्यक्ष जाँच-पड़ताल पर आई। पुजारी दो बाल्टी बालू खुद लाए। उसमें भारी मात्रा में भस्म मिलाई। उसी से ही

गोला खींच दिया। कार्यकर्ताओं ने कहा, "आपकी बालू, आपके भक्त, आपका मन्दिर, आपका पुजारी, सिर्फ साँप हमारे। उन्हें गोल में छोड़ेंगे। आपको सोचकर निर्णय देना है।"

गाँववालों की जिज्ञासा बहुत प्रबल हो गई। कार्यकर्ताओं ने थैली से दस साँप धीरे-धीरे बाहर निकाले और गोले में लाकर छोड़ दिए। रेंगने वाले साँप गोले में पल भर भी नहीं रुके। उन्हें इस बात का एहसास भी नहीं हुआ कि रेत का गोला अपने आसपास है। वे बगैर जलन से गोला पार कर गए और दसों दिशाओं में रेंगने लगे। कार्यकर्ताओं ने कुशलता से उन्हें उठाकर थैली में बन्द कर दिया।

लोग कुछ देर तक खामोश रह गए, मगर ध्यान में आते ही उन्होंने बड़ी आवाज में तालियाँ बजाईं। उसके बाद गाँववालों को जहरीले तथा बिना जहरवाले साँपों की जानकारी दी गई, सर्पदंश के उपाय बताए गए और उनकी समस्याओं का समाधान किया गया।

मूसलाधार बारिश के साथ लोगों का अन्धविश्वास भी बह गया। अब सर्पदंश वाले व्यक्ति को पुजारी खुद अस्पताल में भेज देता है।

फ्रिज में गणपति

भगवान अवतार लेता है और अज्ञानी गरीबों को दर्शन देता है। उसकी महिमा ऐसी कि वह खम्भे से, पत्थर से, फल से या कहीं से भी, कैसे भी, कभी भी प्रकट हो जाता है। स्वयंभू कहलवाकर सम्मान से इतराता है।

इस धूमधाम में हम 'तीर्थ हैं पत्थर-पानी, सच्चा भगवान सज्जनता में' के सन्त वचन को भी अपनी सुविधानुरूप भूल जाते हैं।

क्यों नाहक विरोध करें? मान लिया तो, हाथ जोड़कर पूजा की तो क्या कुछ बिगड़ जाएगा? हाँ, बिगड़ जाएगा।

यह हाथ जोड़ना भगवान के लिए नहीं होता। वह सम्मान होता है : अपने अन्धेपन का।

वह पूजा होती है अपनी मानसिक गुलामी की।

परभणी जिले की हिंगोली तहसील के अंभोरी गाँव में थोड़ी दूरी पर ग्यानबाराव सातव के खेत में एक पेड़ है। पेड़ का नाम किसी को पता नहीं है। गाँववालों ने उसका नामकरण ऋषि के पेड़ के रूप में किया। लोगों का ठोस भरोसा था कि पेड़ बोलता है। लोगों को इस बात की पूरी गारंटी थी कि, पुसद के. गंगा महाराज के साथ पेड़ की बातचीत हुई है। वैसे तो यह पेड़ बहुत पुराना है, मगर 1993 के सावन महीने में गाँव के कुछ लोगों के नेतृत्व में इसी पेड़ के नीचे ज्ञानेश्वरी ग्रन्थ वाचन सप्ताह सम्पन्न हुआ। इस सप्ताह बहुत बड़ा लंगर (भंडारा) हुआ। आठ-दस हजार लोग प्रसाद (मुफ्त में) खाकर गए।

देखते-देखते ऋषि के पेड़ की अफवाहें आसपास के गाँवों के साथ मराठवाड़ा-विदर्भ से होते हुए आंध्र प्रदेश तक पहुँच गई :

इस पेड़ की यात्रा करने से सन्तानहीन दम्पती को सोलह साल बाद बच्चा हुआ। टूटी हुई शादी जुड़ गई, पेड़ के फेरे लगाने से अपाहिज चलने लगा, अन्धे को दृष्टि मिली, गूँगा बोलने लगा।

किस-किस पर असर हुआ, इसका पता नहीं लेकिन अपनी-अपनी बीमारी के इलाज के लिए बीमार औरतों, बच्चों-शिशुओं की भीड़ उमड़ने लगी। कोई पेट-दर्द

से बीमार तो कोई हृदय विकार से (दिल का मरीज), किसी को जोड़ों का दर्द तो किसी को श्वेतकुष्ठ की बीमारी थी।

ऋषि के नाम से जाने जानेवाले पेड़ तले हर सोमवार को मेले का आयोजन होने लगा। तीन-चार लोग इकट्‌ठा होने लगे। पेड़ के आसपास तथा पेड़ के तने की पूजा के लिए भी चबूतरा बनाया गया। पड़ोस में दानपेटी रखी गई।

इन्दिरा कांग्रेस के विधायक मारुति शिंदे ने यात्रियों के लिए पीने के पानी की सुविधा हेतु दो रोटेक्स टंकियाँ भेज दीं।

फिर भाजपा के हिंगोली के विधायक बलीराम पाटील कैसे पीछे रहेंगे? उन्होंने तो अंभेरी में जाकर पेड़ की विधिवत पूजा की। इस कल्पवृक्ष की यात्रा करने के लिए परिवहन निगम ने पुसद, नांदेड, वाशीम, परभणी से सीधे बस सेवा शुरू की। इसके अलावा ट्रक, जीप से अवैध यातायात करनेवाले वाहनों का जो बोलबाला रहा, वह अलग। लोककथा, अफवाहें और स्वार्थान्धों के चलते इस अन्धविश्वास का बहुत ही बोलबाला हुआ। कई महिलाएँ पेड़ के आसपास अभुआने लगीं। ऐसी सम्भावना पैदा हुई कि थोड़े ही दिन में भूतपिशाच, टोना-टोटका, भूत उतारने के स्थान के रूप में ऋषि का पेड़ ख्यात हो गया।

वास्तव में माजरा क्या था? वनस्पति विशेषज्ञों की राय क्या थी? साइंस कॉलेज, नांदेड के वनस्पति विभाग के विशेषज्ञ के अनुसार वह पेड़ रुद्राक्ष के कुल का था लेकिन रुद्राक्ष नहीं था। वैज्ञानिक भाषा में पेड़ का कुल ऋषि का तो नहीं, स्टरलोलीयन प्रकार का था। पेड़ का फूल नाजुक होता है। देश के कुछ इलाके में इसे निष्फल पेड़ कहा जाता है। मूलत: विश्व में ईश्वरीय शक्ति और अजूबा ही नहीं होता और किसी पेड़ में तो उसके होने की बिलकुल सम्भावना नहीं होती। मराठवाड़ा में इस प्रकार का पेड़ कभी-कभार पाया जाता है, इसी कारण अन्धविश्वास फलने-फूलने में अत्यधिक आसानी हो जाती है।

वास्तव में सदियों से भयावह गरीबी, अज्ञान, कुपोषण और विभिन्न शारीरिक बीमारियों, पारिवारिक अप्रतिष्ठा जैसे कारणों से औरतों की मानसिकता बाधित हो जाती है। अत्यधिक तनाव के कारण मन टूट जाता है। इसका इलाज हो सकता है और समिति के मनोवैज्ञानिक इसे नि:शुल्क करते हैं। सच तो यह है कि ऋषि के पेड़ के पास बड़े भक्तिभाव से लाए गए सभी पीड़ितों की बीमारी के कुछ-न-कुछ कारण होते हैं। उन कारणों की खोजबीन की जा सकती है और उन्हें दूर किया जा सकता है। लेकिन एक ओर अन्धविश्वास तो दूसरी ओर अज्ञान, ज्यादती, गरीबी आदि के कारण इलाज समझना और अपने बजट में करवा पाना मुश्किल हो जाता है। इसके अलावा बीमारी के कारणों की बहस अलग से होती है जबकि ऋषि पेड़ की परिक्रमा करना पारम्परिक तथा आसान होता है।

साधु, बाबा, कब्र, पेड़, उनकी यात्राएँ या परिक्रमाएँ अफवाहों पर आधारित

होती हैं। सच में तो कुछ मात्रा में आराम मिल जाता है लेकिन सम्बन्धित व्यक्ति की बीमारी का कारण ज्यादातर मानसिक ही होता है। ऐसे समय पर उस व्यक्ति के अन्तर्मन को दिए गए सकारात्मक संकेतों का मन सहज स्वीकार करता है और उसी प्रकार उसका व्यवहार होने लगता है। मनुष्य को कुछ समय के लिए राहत जरूर मिलती है। ऐसे व्यक्तिनिष्ठ अनुभव को सार्वत्रिक बनाकर दैवी, अजीब एवं अर्थहीन कथाओं का प्रचार-प्रसार किया जाता है। फिर स्वभावतः कुछ लोगों के धन्धों को तथा अन्धविश्वास को बढ़ावा मिल जाता है जिसमें स्वार्थान्ध खुशहाली रहती है। परभणी के जिलाधीश एस.एस. सन्धू को इस मामले को आगे बढ़ने से रोकने का श्रेय जाता है। अन्धविश्वास के इस बढ़ते मामले की भनक लगते ही उन्होंने अंभेरी के पंच, सरपंच, पुलिस पाटील, कल्पवृक्ष के खेत के मालिक को बुलाया और हिदायत दी। 'सुनार द्वारा कान चुभ जाने' पर सरपंच किशन नागरे, पुलिस पाटील घुगे ने बताया कि सम्बन्धित पेड़ में कोई दैवी शक्ति नहीं है। उसके आसपास निर्मित की गई अद्‌भुतता का घेरा झूठा है, उस पेड़ का दैवीकरण न करें, उसके बारे में फैलाई जानेवाली अफवाहों पर विश्वास न करने की अपील की। खुद जिलाधीश ने इस घटना की आलोचना की। नांदेड जिले का प्रमुख दैनिक *लोकपत्र* ने वैज्ञानिक पंचनामा किया और कल्पवृक्ष का फिर पेड़ में रूपान्तरण हो गया।

मगर हर बार ऐसा ही नहीं होता है। अद्‌भुत या चमत्कार का क्रेज अपने जनमानस में इतना प्रभावी रहा है कि प्रत्यक्ष बुद्धिदाता गजानन भी इसमें से खुद को मुक्त नहीं कर सकता। इसका अर्थ यह नहीं कि वह अपने भक्तों को इससे बाहर निकलने की बुद्धि देता है। 1993 की बात है। गणेशोत्सव हाल ही में खत्म हुआ था। कोल्हापुर जिले के गढ़हिंग्लज गाँव की गुणेगल्ली के कुराडे की लड़की बाजार से पपीता लाई और उसे काटते ही 'अहो आश्चर्यम्!' उसमें से गणेशमूर्ति अवतरित हुई। पपीते के मगज में श्रीगणेश का मुखौटा, मस्तिष्क, सूँड़ ये सब कुछ स्पष्ट दिखाई दे रहा था। कुराडे बाई ने चार-पाँच पड़ोसियों को यह दिखाया। हर देखनेवाले ने श्रद्धा से नमन किया। एक स्फूर्तिप्रद भक्त ने आँखों में दो बिंदी लगाकर और शुंडाकार त्रिशूल बनाकर मूर्ति का ईश्वरत्व पूरा कर दिया। देखते-देखते कुराडे के घर के सामने लम्बी कतारें लगने लगीं। उनमें स्त्री-पुरुष, छोटे-बड़े, साक्षर और निरक्षर सभी प्रकार के लोग थे। जिन-जिन लोगों ने गणेशमूर्ति को देखा था वे इस आश्चर्य के बारे में दूसरों को बताते रहे। आमतौर पर पपीते में सैंकड़ों बीज होते हैं लेकिन इस पपीते में एक भी बीज नहीं निकला। गणेशजी की मूर्ति प्रकट हुई, इसे अजूबा नहीं तो क्या कहेंगे?

निरंकुश भीड़ को ध्यान में रखते हुए आखिरकार गाँव के चौराहे में पंडाल लगाकर श्री विनायक की स्थापना की गई। मूर्ति का महाभिषेक किया गया। सत्यनारायण की पूजा कर तीर्थप्रसाद बाँटा गया। पैसों का ढेर जमा होने लगा।

इस मामले पर स्थानीय अन्धविश्वास उन्मूलन समिति ने वैज्ञानिक हस्तक्षेप किया। साथ ही गाँव में समिति के विरोध में फलक-पोस्टर भी लगाए गए। लेकिन क्या सच्चाई को नजरअन्दाज किया जा सकता है? वह क्या था? इसे छिपाया नहीं जा सकता था।

आजकल बीजरहित फल आम बात बन गई है। कई बीजरहित फलों की प्रजातियाँ विकसित हो रही हैं। जिस पपीते में गणपति प्रकट हुआ वह भी ऐसे ही फलों में से एक था। फल पकने के दौरान उसमें से बीज नष्ट होने के अलावा उसमें से एन्टीपोडल नामक कोशिकाओं में अनपेक्षित वृद्धि हुई थी और इन कोशिकाओं का विभाजन होने के बजाय वे संगठित रहीं। इसी कारण उसे गणपति का आकार प्राप्त हुआ। कभी-कभार यह आकार साँप के फन के समान होता है। मजाक की बात यह कि वनस्पति विज्ञान की किताब में भी जिस मूर्ति को सोदाहरण प्रस्तुत किया गया था; वह सीधे पंडाल में रखे गजानन के समान दिखाई दे रही थी। वैज्ञानिक दृष्टि से सुसंगत तथा विस्तार के साथ सब जानकारी सप्रमाण प्रस्तुत करने के बावजूद भक्त मंडली का समाधान नहीं हो पाया। गजानन की पूजा जारी रही और रात के समय मूर्ति को पंडाल से उठाकर निरन्तर मुकाम बनाए रखने के लिए घर के फ्रिज में रखा गया।

गोलमाल है भाई

प्रामाणिकता के साथ लिखा एक पत्र मुझे प्राप्त हुआ। उस पत्र का मजमून इस प्रकार था :

> आपके फलितज्योतिष के बिलकुल प्रखर विरोधी होने के कारण आपको यह पत्र लिखा है। फलितज्योतिष खगोलविज्ञान से अत्यन्त कठिन विषय है। सभी ज्योतिष विद्याओं को करतार (कर्त्ता) ज्योतिष कहने में कोई आपत्ति नहीं है। फिर भी इन सभी ज्योतिषों ने अलग-अलग ग्रहों का धरती पर होनेवाला असर देखकर उसके अनुसार 1991 के आरम्भ में इस धरती का फलित ज्योतिष अनुमानित किया है। वह यह कि 1991 की शुरुआत से 2000 तक यानी कुल दस साल, पूरी धरती के लिए लाभदायी नहीं है। यानी पहले के किन्हीं भी दस सालों की तुलना में यह प्राकृतिक आपदा अधिक तीव्र है। उदाहरणस्वरूप :
>
> 1. भूचाल होना।
> 2. भूकम्प।
> 3. कुछ देशों में बाढ़।
> 4. अलग-अलग छोटे-बड़े देशों में छोटे-बड़े युद्ध होना।
> 5. पग-पग पर विमान दुर्घटना तथा रेलवे दुर्घटना होना।
>
> गत छह-सात महीनों के अखबारों का जायजा लेने पर इस सच्चाई का पता चलता है। अर्थात और नौ-साढ़े नौ साल बीतने शेष हैं। हम इस अवधि के बीत जाने पर तथा आँकड़ों का पता चलने पर कुछ तो बता सकते हैं। हमारे अभी से 1991 से 2000 तक के इस फलज्योतिष के बारे में कुछ बहस-केन्द्रित आलेख लिखने पर 9 सालों बाद उसकी पड़ताल की जा सकती है। यह बात मुझे सूचित करें कि आप अपना आलेख कब, कहाँ प्रकाशित करेंगे?

इस प्रतिनिधि लेखन को निष्ठापूर्वक अज्ञान कहने में कोई आपत्ति नहीं थी। धरती का भविष्य प्रस्तुत करनेवाले ज्योतिषविद ने उसका जन्म-समय कौन-सा मान

लिया, हम इस कठिन सवाल को दूर ही रखेंगे। फिर भी पत्र लेखक को महसूस होनेवाली भविष्यवाणी की सच्चाई में कौन-सा रहस्य है? अलग-अलग छोटे-बड़े देशों में युद्ध होते हैं। इस भविष्य को जानने के लिए ज्योतिषविद क्यों चाहिए?

आगामी दशक में भारत में राजनीतिक उथल-पुथल होगी। जर्मनी-जापान जैसे देश सारे विश्व पर राज करेंगे। प्रदूषण बढ़ जाएगा। हिंसा भड़क उठेगी, यह भविष्यवाणी की गई। प्रतिदिन अखबार पढ़नेवाला कोई भी सामान्य पाठक इस तरह से बात करेगा या नहीं? वह सही होगा या नहीं? विज्ञान के रूप में दावा करने पर बताना चाहिए कि भूचाल कहाँ होगा? कितनी तीव्रता के साथ होगा? कौन-सी तिथि में? ग्रह-तारों के कौन-से गणित के आधार पर यह समझ में आएगा? इस गणित का उपयोग कर इस दशक में ही नहीं अपितु आनेवाली सदी के भूचाल का समय भी सही आएगा या नहीं, इस बात का पता चलेगा?

सच तो यह है कि एकाध मामला वैज्ञानिक मापदंड पर टिक पाएगा या नहीं? इसके विश्वमान्य मापदंड हैं। जानकारी इकट्ठा कैसे की जाए? उसका प्रस्तुतीकरण कैसे किया जाए? निष्कर्ष कैसे निकाले जाएँ? यह विज्ञान बहुत विकसित हो चुका है लेकिन दो हजार सालों का इतिहास बतानेवाले ज्योतिषशास्त्र ने इसके बारे में विज्ञान का कहाँ और कैसे इस्तेमाल किया है?

विज्ञान को कितना बढ़ावा दिया है?

वास्तव में यह कितना आसान है!

तय किया कि सौ नवजात अर्भकों की जन्मपत्री प्रस्तुत करनी है। उनका भविष्य लिखना है। चुनिंदा महत्वपूर्ण बातें : शिक्षा कितनी? नौकरी कौन-सी? विवाह कब? सन्तान कैसी? पैसा? दुर्घटना? कुछ अन्य विशेष? इन सभी बातों की जानकारी रखेंगे। बताई गई घटनाओं का जिक्र करेंगे। सौ लोगों की जानकारी इकट्ठा करने के लिए व्यवस्था करनी पड़ेगी; मगर सैकड़ों रुपए फीस वसूलने वाले ज्योतिषों के लिए वह व्यवस्था करना कठिन नहीं है। किसी प्रकार की व्यवस्था न होने की स्थिति में अन्धविश्वास उन्मूलन समिति तो यह काम करेगी ही। दो हजार सालों की वैज्ञानिक परम्परा सिद्ध करने के लिए क्या पाँच-पचास सालों का वैज्ञानिक अध्ययन करने में दिक्कत है?

भविष्य कैसे होगा?

मुझे गारंटी है, ज्योतिष मंडली आगे नहीं आएगी और आएगी तो भविष्य किस तरह बताएँगे :

शिक्षा? जरूरत के हिसाब से मिल जाएगी।

नौकरी? समाधानकारक मिलना कठिन है।

विवाह? उचित समय पर होगा।

सन्तान? कुंडली के बुरे ग्रहों का संयोग टल जाने पर योग की सम्भावना है।

दुर्घटना? छोटी-बड़ी दुर्घटना होने की सम्भावना है।

अब मुझे बताइए, आगामी दस सालों में विश्व के कुछ स्थानों पर भूचाल, कुछ स्थानों पर भूकम्प, कुछ देश में बाढ़ के कारण प्राणहानि, वित्त हानि, अलग-अलग छोटे-बड़े देशों में युद्ध, विमान और रेलवे दुर्घटना इन भविष्यवाणियों और उक्त भविष्य-कथनों में उलटा-सीधा करने-जैसा क्या है? एक बहुचर्चित गीत याद हैं : 'गोलमाल है भाई सब गोलमाल है।'

कुंडली का मृत्युयोग

पुणे में अखिल भारतीय ज्योतिष निगम ने एक परिसंवाद आयोजित किया था। उसमें भारतभर से पाँच सौ से अधिक लोग शामिल हुए थे। ज्योतिष विद्या के सही और सारगर्भित स्वरूप को लेकर वक्ता आवेश में आकर मुद्दों को विश्लेषित कर रहे थे। 'स्वास्थ्य और फलित ज्योतिष' विषय पर आयोजित संगोष्ठी की अध्यक्षता सुप्रसिद्ध स्त्रीरोग विशेषज्ञ डॉ. पुरंदरे ने की। ज्योतिष एक विज्ञान है, इस कल्पना का गुब्बारा बहुत फूला हुआ था। अन्धविश्वास उन्मूलन समिति द्वारा प्रस्तुत एक छोटी चुनौती से उस गुब्बारे की हवा निकल गई।

हमारी चुनौती बिलकुल सीधी-सादी और सरल थी।

फलित ज्योतिष को वैज्ञानिकता का मामला माननेवालों की एक परीक्षा के लिए आग्रह किया गया। हम एक सेकंड अन्तराल के दस-दस प्रकार के जन्म-समय देंगे। उसकी कुंडली बनाई जाए। पहली दस कुंडलियों में से स्त्रियों की कुंडलियाँ कौन-सी और पुरुषों की कुंडलियाँ कौन-सी; और दूसरी दस कुंडलियों में से कौन-से दस व्यक्तियों की मौत हो चुकी है और उनमें से कौन जिन्दा है; बस! सिर्फ एक-एक प्रश्न का उत्तर देना है। यदि वह सही निकले तो हम चुनौती जीतने वाले उस ज्योतिषी को एक लाख रुपए देंगे और अपना ज्योतिषों के खिलाफ आन्दोलन बन्द कर देंगे। वास्तव में यह चुनौती भी बहुत पुरानी है। डॉ. अब्राहम कोवूर द्वारा यह चुनौती घोषित किये अब दो दशक हुए। इतना ही नहीं, हम इस चुनौती को साथ लेकर महाराष्ट्र में सक्रियता के साथ खड़े हैं।

फलित ज्योतिष विज्ञान है, यह सिद्ध करने के अच्छे और प्रत्यक्ष अवसर का लाभ उठाने के लिए एक भी ज्योतिषविद आगे नहीं आ सका, इसके विपरीत उन्होंने प्रमाण के साथ बहाना ढूँढ़ते हुए अखबार में उसका आशय घोषित किया कि फलित ज्योतिष विज्ञान है मगर पूरी तरह से नहीं, उसकी सीमा है। उनमें से एक सीमा यह कि जन्म-पत्रिका से व्यक्ति का लिंग बताया नहीं जा सकता। साथ ही वह जिन्दा है या मृत; इसका भी फैसला नहीं किया जा सकता। क्या यह समझ में नहीं आ जाता कि इस प्रमाण के साथ-साथ उनका खोखलापन अपने-आप सिद्ध होता है? सच में तो लड़का या लड़की के लिंगभेद पर जिन्दगी के कई निर्णय अपने-आप तय हो

जाते हैं। भारत-जैसे देश में लड़के के रूप में जन्म लेने पर मानो कई प्रताड़नाओं से जन्मतः छुटकारा मिल जाता है। लड़की के रूप में जन्म लेने पर उसके साथ होते बरताव, शिक्षा, अवसर, भविष्य के सन्दर्भों में अपने-आप उथल-पुथल हो जाती है।

जीवन के इतने महत्वपूर्ण फैसले के बारे में भविष्य को लेकर अन्य सारी कयासबाजी करनेवालों ने चुप्पी साध ली है। क्या इससे यह सिद्ध नहीं होता कि वे कितने पानी में हैं?

अस्तित्व मिटा देनेवाली मौत यह तो जीवन का बहुत ही बुनियादी हिस्सा है। उसके बाद भविष्य के रूप में कुछ नहीं बचता। 2000 वर्षों के अध्ययन के बाद भी इस बुनियादी सीमारेखा के भविष्य-दर्शन में कोई फर्क नहीं पड़ा; उस ज्योतिष को विज्ञान कैसे कहें, यह प्रश्न बना रहता है।

कोई भी अजूबा सिद्ध करने पर चुनौती राशि हमने एक लाख से दो लाख तक बढ़ा दी। इससे भविष्यवाणी की चुनौती फिर एक बार ताजा हो गई। अंग्रेजी अखबार में चुनौती छपकर आई। *साइंस टुडे* के मान्यता प्राप्त मासिक के साक्षात्कार में भी यह चुनौती ठोस रूप से सामने आई। उसके बाद मुम्बई के सान्ताक्रुज के नरेन्द्र शहा का पत्र आया। पत्र में उन्होंने इस बात का खेद जताया था कि 'विज्ञान के रूप में ज्योतिष कितना आगे है, सम्भवतः यह मेरा अज्ञान हो सकता है।' उन्होंने पत्रिका के माध्यम से सीना तानकर यह बताने की तैयारी भी दिखाई थी कि व्यक्ति का लिंग कौन-सा है तथा वह व्यक्ति जिन्दा है या मृत? मैंने उन्हें चुनौती प्रक्रिया का ब्यौरा सूचित किया। उनसे अग्रिम राशि दो हजार रुपए भरने की विनती की। इस पर उनका पत्र आया। मैं इसे विज्ञान सिद्ध करने के लिए तैयार हूँ, चुनौती-प्रतिचुनौती में मुझे रुचि नहीं है इसलिए मैं अग्रिम राशि जमा नहीं कर सकता।

मैंने हमेशा की पद्धति को लगाम कसकर वह भी मान लिया। उन्हें जन्म-समय के अलग-अलग कुल दस-दस के दो बंडल भेज दिए। उन्हें सूचित किया कि उनमें से पहले बंडल के जन्म-समय से आप व्यक्ति के लिंग बताएँ और दूसरे के जन्म-समय से आप व्यक्ति के लिंग तो बताएँ ही। दूसरे बंडल के जन्म-समय से मृत या जिन्दा होने का भी फैसला करें। इसके लिए आपको चाहे जितने दिनों का समय लगे। मैंने यहाँ आपके उत्तर बन्द लिफाफे में रखे हैं। आपके उत्तर लेकर आते ही आपके सामने बन्द लिफाफा खोला जाएगा और फैसला भी खुलेआम होगा।

नरेंद्र शहा ने बड़े उत्साह के साथ एक महीने में निर्णय देना कबूल किया। लेकिन दो-ढाई महीने बाद उनका पत्र मिला। उसमें पारिवारिक दिक्कतों के चलते निर्धारित समय का पालन न होने के कारण अवधि बढ़ाने की बात थी इसलिए खुशी से अवधि बढ़ा दी गई थी। वह मियाद भी खत्म हुई। फिर से दूसरा पत्र, दूसरी दिक्कत और समय-सीमा बढ़ाना। उसकी भी हामी भर दी। उसे भी अब छः महीने बीत गए। मेरे पास अब तक वह सीलबन्द लिफाफा है।

कुछ लोगों के मन में सवाल उठता है कि किसलिए यह चुनौती-प्रतिचुनौती? लोगों को लगता है कि यह आपके लिए फुरसत का खेल है। लोग दो पल मनोरंजन के रूप में ज्योतिष देखते हैं। मुझे यह सुरक्षित उतना नहीं जितना गम्भीर लगता है। कुंडली से अलग-अलग प्रकार के भविष्य का दावा करनेवाले नरेंद्र शहा क्या सच बताते हैं?

कुंडली यानी आपके जन्म-समय के नौ ग्रहों का नक्शा। उस आधार पर बताया जाता है व्यक्ति मृत है या जिन्दा। इसका अर्थ है कि आपके जन्म के समय ही आपकी मृत्यु का समय तय हो गया। विधाता ने जो तय किया, उस नियति के संकेत ग्रहों के द्वारा कुंडली से प्रकट होते हैं। उन्हें पढ़कर लोगों को बताने का कार्य ज्योतिष और उनका विज्ञान करता है। इसका अर्थ यह कि जब व्यक्ति का जन्म होता है तब प्राक्कर्म तय होता है। चाबी वाली गुड़िया की तरह इस खेल में व्यक्ति का बरताव ही महत्त्वपूर्ण होता है। इसका सूत्रधार दिखाई नहीं देता लेकिन उससे कुंडली में स्पष्टता से व्यक्त संकल्प टाला नहीं जा सकता।

एक फटकार में मनुष्य के कार्य को काटकर नसीब के हवाले करनेवाली कुंडली मनुष्य के पुरुषार्थ से इनकार करती है और असत्य को प्रतिष्ठा दिलाती है। गत कुछ दशक में स्वास्थ्य व्यवस्था में सुधार आया है। भारतीयों की आयुसीमा दोगुनी हो गई। चालीस साल पहले जिनके नसीब के रूप में कुंडली में (औसतन) उम्र के तीस साल होने पर मौत निश्चित थी, लेकिन उन सभी के लिए पचासी पार करना सहज सम्भव हुआ। यहाँ नियति पर भरोसे की बात नहीं है। कुंडली के मृत्युयोग मानो जल्द ही बदल गए हैं क्योंकि उसके मुताबिक सत्य यही कि 'खुदी को कर बुलन्द इतना कि हर तकदीर से पहले, खुदा बन्दे को खुद पूछे बता तेरी रजा क्या है?'

डेढ़ सौ साल पीछे ले जानेवाला पुरस्कार

इंडियन साइंस कांग्रेस एसोसिएशन, भारत के सभी वैज्ञानिकों की एक शीर्ष संस्था है जो विगत 65-66 वर्षों से अस्तित्व में है। हर वर्ष उसके अधिवेशन आयोजित होते हैं। भारत की सभी शाखाओं के वैज्ञानिक हजारों की तादाद में इसमें शामिल होते हैं। इसकी महान परम्परा है कि बिना भूले प्रतिवर्ष प्रधानमंत्री इसका उद्घाटन करते हैं।

यह अधिवेशन 3 से 8 जनवरी, 1993 को पणजी-गोवा में सम्पन्न हुआ। मुझे वहाँ संगोष्ठी में 'साइंस और चमत्कार' विषय पर भाषण देने हेतु आमंत्रित किया गया था। मैं इस आयोजन एवं व्यवस्था के प्रयोजन से अपरिचित था। नामचीन वैज्ञानिकों को यह दिखाना था कि महाराज मंत्रों से अग्नि कैसे प्रज्ज्वलित करते हैं, हल्दी से भभूत कैसे बनाते हैं, शरीर में ईश्वरी शक्ति का संचार हुई महिला आग कैसे खाती या उससे खेलती है, सिक्कों से भभूत बाहर आने का चमत्कार कैसे होता है। इसे समझाना मुझे बचकाना प्रतीत हुआ। फिर भी एक दृष्टि से मुझे इसमें भी अवसर नजर आया और मैंने उन्हें पत्र लिखा :

> आपके पत्र से यह स्पष्ट नहीं होता कि मुझे भाषण किन लोगों के सामने देना है। रासायनिक क्रियाएँ, यंत्रों का करिश्मा और हाथ की सफाई से बाबा, बापू, महाराज के कथित चमत्कार नामचीन वैज्ञानिकों के सामने दिखाना मुझे ज्यादा जरूरी या उचित नहीं लगता। संगोष्ठी के औचित्य ठहराने पर नियमित लोगों के सामने ऐसे प्रयोग करने हों तो मुझे आने की जरूरत नहीं। हमारी मुहिम ने अब तक इस प्रकार के कई प्रयोगों को हजारों जगहों पर प्रदर्शित किया है। इसके लिए अच्छे और प्रशिक्षित कार्यकर्ता हैं, उसमें से कोई भी आ सकेगा। मुझे आपका ध्यान एक अलग ही मुद्दे की ओर आकर्षित करना है।
>
> विज्ञान के कार्य-कारण सम्बन्ध से खुलेआम विसंगति रखनेवाली कई बातें आज जनमानस में मान्यता प्राप्त कर चुकी हैं और शान से इतरा रही हैं। ज्योतिष को शास्त्र के रूप में समझाते हुए भोले-भाले लोगों में आपसी व्यवहार जारी है। तथाकथित चमत्कारों की वैज्ञानिक पृष्ठभूमि जान लेने पर भी भोले-भाले ठगे जानेवाले लोग, कुछ मात्रा में क्यों न हों, सजग भी

होंगे लेकिन उच्चशिक्षित समाज की कई इकाइयाँ चमत्कारों पर खुलेआम विश्वास करती हैं। उनका मानना होता है कि विज्ञान से भी ये सम्भव है लेकिन बाबा जो करता है वह अपनी ईश्वरी शक्ति से ही, और इसलिए उस बाबा, गुरु महाराज के सामने नतमस्तक होना ही उचित है। हमारे देश के संविधान में 'वैज्ञानिक दृष्टिकोण का विकास और आग्रह' मार्गदर्शक तत्त्व है। क्या इस प्रकार का आग्रह इंडियन साइंस कांग्रेस एसोसिएशन जैसी समूचे भारत में व्याप्त संस्था के लिए सम्भव है? इसके लिए ज्योतिष की विज्ञानशास्त्र के रूप में निरर्थकता, चमत्कारों की आड़ में बाबाओं की जालसाजी का क्या वह स्पष्ट शब्दों में उल्लेख करेगी? लोगों से उससे दूर रहने के लिए आवाहन करेगी? मैं इन प्रश्नों के उत्तर दे नहीं सका हूँ।

लेकिन प्रत्यक्ष जवाब गोवा कांग्रेस में उलटे अर्थ में ही दिया गया।

इंडियन साइंस कांग्रेस में हर वर्ष प्रतिष्ठित राजदत्त क्रिसो पुरस्कार दिया जाता है। विज्ञान क्षेत्र का यह नामचीन पुरस्कार इस वर्ष श्री भंडारी को दिया गया।

उनका परिचय? उनका कार्य?

श्री भंडारी : कोलकाता।

व्यवसाय : चार्टर्ड अकाउंटेंट।

सामाजिक कार्य : रहस्य विद्या प्रतिष्ठान के अध्यक्ष।

पुरस्कार का स्वरूप : दस हजार रुपए। पुरस्कार प्राप्त विजेता का शास्त्र के क्षेत्र में उस वर्ष केन्द्रवर्ती विषय पर कांग्रेस में भाषण का सम्मान।

श्री भंडारी के व्याख्यान का विषय 'ज्योतिष की शास्त्रीय नींव और ग्रहों का मानवी जीवन पर परिणाम' इस विषय पर सम्पन्न अनुसन्धान कार्य रहा। भारत की अंटार्टिका की प्रथम मुहिम के प्रमुख एस.जेड. कासिम ने नेशनल साइंस कांग्रेस के उस वर्ष के अध्यक्ष तथा नियोजन मंडल के सदस्यों की नियुक्ति की। उनका इस जिम्मेदारी से छुटकारा नहीं क्योंकि इस पुरस्कार के लिए समिति का गठन नहीं किया जाता, अध्यक्ष खुद की जिम्मेदारी पर उसका ऐलान करते हैं।

खासियत क्या है? इंडियन साइंस कांग्रेस से सम्बन्धित विषयों की सूचना 1992-93 में प्रकाशित पुस्तिका में है जिसमें फलज्योतिष का जिक्र नहीं।

हमारा समाज वैसे तो सहनशील और उदार, सहजता से अनदेखी करनेवाला है। लेकिन सन्तोष की बात यह कि विज्ञान क्षेत्र की ही टाटा इन्स्टिट्यूट ऑफ फंडामेंटल रिसर्च और आयुका (इंटर यूनिवर्स सेंटर फॉर ऑस्ट्रॉनॉमी एंड ऑस्ट्रॉफिजिक्स) इन दो प्रतिष्ठित भारतीय संस्थाओं ने इसका विरोध किया।

टाटा इन्स्टिट्यूट ऑफ फंडामेंटल रिसर्च ने पुरस्कार का निषेध करनेवाला पत्रक निकाला। 170 से अधिक नामचीन वैज्ञानिकों ने उस पर हस्ताक्षर किये हैं।

पुरस्कार के द्वारा अशास्त्रीय विषय को मान्यता देने की गम्भीर बात की ओर ध्यान आकर्षित किया है।

इंडियन साइंस कांग्रेस एसोसिएशन के अध्यक्ष और सदस्यों को मद्देनजर रखते हुए उनके प्रस्ताव का सार संक्षेप में इस प्रकार है :

> 'इंडियन साइंस कांग्रेस एसोसिएशन' जैसी देश की महत्त्वपूर्ण और केन्द्र सरकार के सहयोग से स्थापित शास्त्रीय (वैज्ञानिक) संस्था ने शास्त्रीय विकास के लिए ही इस वर्ष का पुरस्कार फलज्योतिष को दिया। इससे हमें बड़ा धक्का लगा है। फलज्योतिष का कोई भी शास्त्रीय आधार नहीं और उसकी अन्वेषण पद्धति भी शास्त्रों से मेल नहीं रखती। दुनिया की किसी भी मान्यताप्राप्त शास्त्रीय अनुसन्धान संस्था ने फलज्योतिष को शास्त्र के रूप में मान्यता नहीं दी। फिलहाल इस अवधि में शास्त्रीय जगत में ऐसी कोई भी विशेष प्रगति नहीं हुई जिससे साइंस कांग्रेस को अपने वैज्ञानिक शास्त्र पुरस्कार के स्थायी निष्कर्ष ही बदलने पड़े हैं।

प्रमुख वैज्ञानिक डॉ. एस. मुखी ने एक और गम्भीर और अलग मुद्दे की ओर ध्यान आकर्षित किया है। उनका कहना है, "कुछ बहुत महत्त्वपूर्ण शास्त्रीय विषयों के बहस-परिसंवाद के लिए सरकार बहुत कम पैसा देती है। जैसे, परमाणु ऊर्जा, 'हाय एनर्जी फिजिक्स' के बेहद महत्त्वपूर्ण विषय पर आयोजित संगोष्ठी के लिए सरकार ने महज एक लाख रुपए मंजूर किये। इसमें दो सौ वैज्ञानिक शामिल हुए थे। दूसरी बात यह कि अखिल भारत स्तर की इंडियन साइंस कांग्रेस के अधिवेशन पर्यटन सफर की तरह सम्पन्न होते हैं। सीमित आर्थिक सुविधा के कारण हमारे यहाँ समारोहप्रियता और मामूली अनुसन्धानों पर खर्च किया जाता है और स्तरीय अनुसन्धान का लक्ष्य दूर रह जाता है। फलज्योतिष को दिए गए इस पुरस्कार को किसी भयावह बीमारी के रूप में देखा जा सकता है।"

फलज्योतिष शास्त्र क्यों नहीं है? इस बहस में शिरकत करने की जरूरत नहीं। लेकिन डेढ़ सौ वर्ष पूर्व महात्मा फुले द्वारा पूछा सीधा कार्य-कारण सम्बन्ध का सवाल हमारे दिमाग में क्यों आता नहीं? फुले ने पूछा, "हरेक युद्ध पर मुहूर्त करनेवाली पेशवाई क्यों डूबी और गोरे साहब का जीतना कैसे हुआ? पत्रिका में छत्तीस गुणों का मिलान होनेवाली हमारी बहनों के नसीब में वैधव्य आता है और गोरी मैडमों के संसार खुशहाल कैसे होते हैं?" महात्मा फुले का कार्य-कारण सम्बन्ध बिलकुल स्पष्ट था। युद्ध के फैसले उसके सामर्थ्य की ताकत पर होते हैं न कि ग्रहों-तारों के गणित पर। जो अल्पायु में शादी होगी और बालमृत्यु का मात्रा भी ज्यादा होगी (ये दो बातें महात्मा फुले के जमाने में थीं) तो आनेवाला वैधव्य कुंडली में सम्मिलित गुण कैसे टालेगा? डेढ़ सौ वर्षों के बाद हम किस दिशा में बढ़ रहे हैं?

रहस्यशास्त्र से तात्पर्य है भूतबाधा, पिशाच, चुड़ैल, टोना-टोटका, यंत्र-तंत्र-मंत्र और ऐसा तथाकथित अनगिनत ज्ञान। एक चार्टर्ड अकाउंटेंट इसकी संस्था स्थापित करता है और फलज्योतिष पर पेपर लिखता है। उसे हम बड़े सम्मान के साथ बड़ा विज्ञानशास्त्रीय पुरस्कार देते हैं। यह उन्नति है या विनाश?

स्थिति ऐसी विचित्र बनी है कि देश की बड़ी-बड़ी हस्तियों के कार्य देखने पर केवल संभ्रम बढ़ता जा रहा है। 24 जनवरी, 1993 के *इंडियन एक्सप्रेस* में छपी खबर है कि प्रधानमंत्री नरसिंहराव ने कई दिनों से प्रलम्बित अपने मंत्रिमंडल का विस्तार किया। राष्ट्रपति भवन पर शपथग्रहण समारोह का आयोजन किया गया। राष्ट्रपति भवन के सभी महत्त्वपूर्ण सरकारी समारोह तिरंगे झंडे को सूर्यास्त के समय सम्मानपूर्वक तथा जन-गण-मन की धुन बजाकर उतारने से पहले सम्पन्न कराने की परम्परा है। लेकिन यह शपथग्रहण समारोह शाम 7 बजे राष्ट्रध्वज उतारने के बाद सम्पन्न हुआ। वैसे तो इसके पूर्व ऐसा कभी नहीं हुआ क्योंकि शपथग्रहण समारोह के लिए दो घंटे समय की जरूरत थी। श्रीलंका के अध्यक्ष आर. प्रेमदास का राष्ट्रपति भवन से दोपहर सवा तीन बजे प्रस्थान होनेवाला था। वैसे तो 4 से 6 बजे तक समारोह सम्पन्न हो जाता लेकिन समस्या यह हुई कि उस दिन 4.30 से 6 बजे तक का समय राहु ग्रह से प्रभावित अशुभ समय था। उस समय शपथग्रहण समारोह कैसे होता?

मूलत: राहु ग्रह अस्तित्व में ही नहीं है। भ्रमण केन्द्रों के काल्पनिक उच्छेद बिन्दुओं को राहु और केतु नाम दिए हैं। लेकिन उनके अस्तित्व की कल्पना करके सभी पुरानी प्रथाओं को तिलांजलि देकर राष्ट्रध्वज उतारने के बाद शाम 7 बजे शपथग्रहण करने का निर्णय हुआ। प्रधानमंत्री और राष्ट्रपति का देश के सर्वोच्च नेता के रूप में यह बरताव किस दिशा की ओर संकेत करता है? क्या महात्मा फुले का विचार डेढ़ सौ वर्ष आगे या पीछे ले जानेवाला है?

इसका तर्कसंगत विस्तार और परिणाम ऐसा ही होगा कि कुंडली और मुहूर्त केवल शादी के समय ही क्यों देखें? अस्पताल से ज्योतिषी को जोड़ना अच्छा होगा। ऑपरेशन करने से लेकर सूई लगाने तक शुभ समय का पता चलेगा। दसवीं, बारहवीं के नतीजों का डर स्कूलों, छात्रों और उनके अभिभावकों भी होता है। बच्चों को परीक्षा फॉर्म शुभ मुहूर्त पर जमा करने को कहेंगे तो उन्हें उतनी ही राहत मिलेगी। (वैसे तो चुनाव फॉर्म भी मुहूर्त पर ही भरे जाते हैं कि नहीं) हवाई जहाज का सफर कभी खतरे का तो कभी वह गिर जाता है तो कभी उसका अपहरण भी हो जाता है। तब हवाई जहाज की उड़ान के लिए विशेष समय की जानकारी देने हेतु हवाई यातायात में भी ज्योतिषियों की नियुक्तियाँ करने में कोई आपत्ति नहीं। इतने ज्योतिषी कहाँ से लाएँगे यह प्रश्न महत्त्वपूर्ण नहीं है। अखिल भारतीय ज्योतिषशास्त्र महानिगम द्वारा स्कूलों में ज्योतिष विषय के अध्यापन की पुरजोर

माँग हो रही है। देश के 40 प्रतिशत प्राथमिक स्कूलों में पहली से चौथी कक्षा तक एक अध्यापक पढ़ाता है। इन स्कूलों की प्रत्येक कक्षा को स्वतंत्र अध्यापक कब मिलेंगे पता नहीं लेकिन शिक्षा विभाग को फलज्योतिष पढ़ानेवाले अध्यापकों के वेतन के लिए करोड़ रुपयों का प्रावधान करना पड़ेगा। इस बात को समझना जरूरी है कि कल अगर पाकिस्तान से युद्ध करने की नौबत आ जाए तो क्या युद्ध शुरू करने का योग्य निर्णय भी युद्धशास्त्र विशेषज्ञों द्वारा लें या कुंडली में आंकड़ों की जोड़-तोड़ करनेवाले जोतिर्भास्कर से लें? ज्योतिष द्वारा बताया गया समय युद्धशास्त्र के अनुसार सुविधाजनक न हो तो क्या करेंगे? युद्धशास्त्र की सुविधा के अनुसार युद्ध शुरू करेंगे और 'साथ ग्रहों का शूरों को, दासी पैरों की बनेगी विजयश्री' कहते हुए ग्रहकुंडली को दरकिनार करेंगे? या फिर 'मुहूर्त अच्छा नहीं' इसी खौफ के साथ युद्ध करेंगे? या फिर ग्रहों की आड़ में युद्धशास्त्र को किनारे करते हुए युद्ध का समय फलज्योतिष के सहारे तय करेंगे?

महत्त्वपूर्ण बात यह कि देश की कुंडली ही कैसे बनाएँ? भारत राष्ट्र कब पैदा हुआ? 15 अगस्त, 1947 को भारत का विभाजन हुआ लेकिन इससे हजारों वर्ष पूर्व यह राष्ट्र था। मगर, कुंडली के लिए उसकी जन्मतिथि कौन-सी लेंगे? इन सवालों से केवल संभ्रम के अलावा कुछ भी हासिल होनेवाला नहीं था।

लेकिन देश के वैज्ञानिक, सर्वोच्च पदों पर आसीन राष्ट्रपति तथा प्रधानमंत्री भी इसी मार्ग को अपनाना चाहते हैं तो यह संभ्रम लाखों की तादाद में बढ़ सकता है। विज्ञानशास्त्र अनुसन्धान का बजट (अनुदान) रहस्य-अध्ययन शाखाओं को मिल सकता है। शिक्षा क्षेत्र में फलज्योतिष के लिए जनता की मेहनत के करोड़ों रुपए खर्च हो सकते हैं। देश, व्यक्ति, समाज तथा जीवन के महत्त्वपूर्ण फैसले बेबुनियादी प्रभाव के दबाव में लिए जा सकते हैं।

भारतीय संविधान में नागरिकों के मार्गदर्शक तत्त्वों में वैज्ञानिक दृष्टिकोण को बड़ी सजगता से शामिल किया है। इसका क्या अर्थ है? इसका सीधा, सरल अर्थ है, विशिष्ट पद्धति से जाँच-पड़ताल करना, निष्कर्ष निकालना। यह सच है कि सभी सवालों के जवाब नहीं मिलते। उनका अनुसन्धान जारी रखना है लेकिन व्यवहार केवल प्रत्यक्ष प्रमाणों के आधार पर ही करना है। इन सभी में ज्योतिष कहीं भी स्थान नहीं पा सकता। संविधान की दृष्टि से वह गलत ही होगा। वास्तव में, कासिम को या तो भंडारी को दिया पुरस्कार वापस लेना चाहिए या खुद इस्तीफा देना चाहिए। या फिर उनके वरिष्ठों को वह उनसे माँग लेना चाहिए। लेकिन यह किससे कहा जाए? प्रधानमंत्री को? वे सम्भवत: मुहूर्त पर सत्यसाईं बाबा से मुलाकात करके उनकी सलाह माँगेंगे और राष्ट्रपति सिर हिलाकर साथ देंगे।

विज्ञान युग की ओर उड़ान भरनेवाला हमारा प्रिय भारत देश किस रास्ते पर जा रहा है?

अब तो मेरी ओर ध्यान दो

> डॉक्टर, अब आँखों से देखा इसलिए भरोसा करना है। रात सोते समय तो बेटी ठीक थी। सुबह उठी तो उसे लकवा मार गया। एक बाँह लूली पड़ गई थी। गाँव के डॉक्टर ने भी जाँच की, दवा दी, इंजेक्शन भी लगवाया। एक्सरे भी किया और मालिश की। लेकिन असर नहीं हुआ। जवान बेटी की शादी चार महीने पहले ही हुई थी। सारे उपाय करके थक गए। तब पीरवाड़ी के अच्छे तथा पावरफुल देवऋषि (बाबा) के पास गए। लगातार तीन दिन उनके पास ले गए। गंडा-तावीज, भभूत सब कुछ किया। तीसरे दिन शरीर पर हाथ फेरकर कहा, 'उठो बेटी, सब अच्छा होगा' और चमत्कार ही हुआ। लकवा मारी बेटी अपने पैरों पर खड़ी हुई। क्या इसे चमत्कार नहीं कहेंगे?

मैं समझ गया कि वह चमत्कार नहीं था, क्योंकि मिरज से एम.बी.बी.एस. करते समय मैंने बिलकुल ऐसा ही मरीज देखा था : हाल ही में शादी हुई लड़की को अचानक लकवा मार गया था। उसके हाथ-पैरों की ताकत चली गई थी। उसे गाँव में सभी उपाय करके मिशन अस्पताल में लाया गया। नामचीन मनोवैज्ञानिक डॉ. देबसिकदार हमें पढ़ाते थे। उन्होंने जाँच की। शरीर की तथाकथित बीमारी का कारण मानसिकता से जुड़ा हुआ था। दरअसल बात यह थी कि लड़की का किसी के साथ प्रेम था और उसके घरवालों ने उसकी शादी किसी दूसरे से कराई थी। इससे वह उदास रहती थी। लेकिन उसके लिए अपनी नाराजगी व्यक्त करना मुमकिन नहीं था। पति-पत्नी के शारीरिक सम्बन्ध मानो पति का अधिकार ही है। उसे टालना मुमकिन नहीं था। फिर उसके मन और शरीर ने एक साथ विद्रोह किया। शरीर को लकवा मार गया। शारीरिक सम्बन्ध अपने-आप बन्द हुए। कुछ समय मन के दिए स्पष्ट इनकार का वह पैरालीसिस, शारीरिक (अस्थायी) प्रतिक्रिया थी। कारण समझ में आ गया। उसे समझाने की कोशिश की गई। उसका मन सँभल गया। विचारों में बदलाव आया। हाथ-पैरों की ताकत वापस आई। वह ससुराल चली गई। उसका परिवार बस गया।

मरीज तथा उसके माता-पिता का जिस बाबा, महाराज, भगत तथा देवऋषि पर भरोसा होता है तो वह भी कभी भभूत से तो कभी शब्दों से लड़की को सहारा दे सकता है। लेकिन दुबारा उस घूमने-फिरने वाली लड़की के कारण बाबा की ख्याति सुदूर पहुँचती है, उसे चमत्कार में शुमार किया जाता है।

दुनिया में सब कुछ हमारी इच्छा के अनुसार नहीं होता। कुछ लोगों को अपनेपन का अनुभव कम मात्रा में होता है। घर तथा नौकरी के स्थान पर हमेशा किसी-न-किसी के साथ नोंक-झोंक होती है और सब कुछ मन के विपरीत होता है। हमेशा दूसरों से कम आँका जाना जारी रहता है। इसका असर धीरे-धीरे मन पर भी पड़ता है। मन निराश होता है। स्वयं में निहित हीनता की भावना मन को कुरेदने लगती है।

ऐसे लोगों की स्थिति बहुत दयनीय होती है। उन्हें लगता है कि कोई उनका साथ दे। परिवार के लोगों की सहानुभूति का विचार उनके मन में आता है। लेकिन परिवार के अन्य लोग उसकी ओर क्यों ध्यान देंगे? एकाध शारीरिक बीमारी होने पर परिवारवालों का अनायास उसकी ओर ध्यान देना मुमकिन है लेकिन ऐसे लोगों की मानसिकता अपने ही शरीर को 'बीमार बनो' इस प्रकार का आदेश देती है। शरीर और मन दोनों का बहुत करीबी नाता होने से शरीर मन का आदेश मानता है।

सुधा के साथ भी यही हुआ था। सुधा के प्रातिनिधिक उदाहरण के माध्यम से इस घटना को समझने में कोई दिक्कत नहीं होगी। स्थितियाँ अलग-अलग हैं लेकिन मूल भाव वही है।

सुधा के पति ने मुम्बई की नौकरी छोड़ दी और वह अपने गाँव वापस आया। मुम्बई में राजा-रानी की तरह घर बसानेवाली सुधा अब सही मायने में ससुराल में आई थी। वह स्वभाव से बिलकुल गरीब गाय की तरह ही थी। लेकिन झगड़ालू सास और उसमें अनबन होने लगी। पति भी सास का पक्ष लेकर आते-जाते उसे हड़काने लगा।

गौरी-गणपति त्योहार के अवसर पर घर में बहुत मेहमान आए थे। सास ने सुधा को एक साथ बहुत काम बताए। शाम को हल्दी-कुमकुम के लिए कई महिलाएँ आई थीं। अचानक सुधा को मिर्गी का झटका आया। खड़े-खड़े वह लुढ़क गई। उसे कहीं चोट नहीं आई लेकिन उसके दाँत जम गए। दस-बारह मिनट तक वह हिल रही थी। सभी का ध्यान उस पर ही था। चार जनों ने उसे कसकर पकड़ा था। एक ने प्याज फोड़कर उसे सूँघने को दिया। दूसरी ने उसके मुँह पर पानी छिड़का। धीरे-धीरे वह होश में आई। आई हुई महिलाओं ने उसकी बड़ी आत्मीयता से पूछताछ की। 'सँभल के रहो' की सलाह सास के सामने दी गई। बाद में सुधा ने भी दो दिन आराम किया।

सभी के साथ खुद सुधा को भी ऐसा एहसास होने लगा कि फिट का झटका आया था। लेकिन, यह सच नहीं था। सुधा को खुद को भले ही पता न हो लेकिन

उसने अनजाने में एक नाटक ही किया था। मिर्गी के असली झटके से इनसान के धप्प से लुढ़कने पर उसे चोट आती है। वह घायल होता है। दाँत जम जाने पर जबान के चोटिल होने पर उससे खून आता है। बेहोशी में कपड़ों में पेशाब होने का पता नहीं चलता। इन सभी लक्षणों को जानने पर सुधा को मिर्गी का दौरा नहीं आया था। लेकिन उस पर गुस्सा होना उचित नहीं। उसने जान-बूझकर नाटक नहीं किया था। उसके बीमार दयनीय मन ने उसे यह नाटक करने के लिए जाने-अनजाने तैयार किया था। सुधा के लिए हर 10-15 दिनों के बाद ऐसा झटका आना एक बीमारी बन गई।

मन के तनाव और संघर्ष को शरीरगत लक्षणों द्वारा व्यक्त करनेवाली इस बीमारी को कहते हैं, 'हिस्टिरिकल कनवर्जन'। यह विकार महिलाओं में कम-अधिक मात्रा में होने के साथ वह पुरुषों में भी पाया जाता है। ये मरीज लूले हो जाते हैं या अन्धे हो जाते हैं, विकलांग बनते हैं। लेकिन ये शारीरिक बीमारियाँ नहीं होतीं। शरीर के अंगों में दोष नहीं होता। इसका कारण मानसिक तनाव में होता है। मरीजों के अंतर्मन के संघर्ष का रूपान्तरण शारीरिक लक्षणों में होता है।

मन के भाव, विचार और शब्दों के साथ शरीरगत हाव-भाव भी व्यक्त होते हैं। हम भौंहें उठाकर सवाल पूछते हैं। कन्धे उठाते, माथे पर बल चढ़ाते हुए नाराजगी जताते हैं। गुस्से से थर-थर काँपते हैं। मानसिक सदमे के शारीरिक परिणामों का वर्णन कहावतों में भी किया जाता है। जैसा कि हाथ-पैर ठंडे पड़ना, कमर बैठना, अवाक होना, होश खोना आदि। 'हिस्टिरिकल कनवर्जन' मानसिक द्वंद्व का शारीरिक लक्षणों में रूपान्तर होनेवाला ऐसा ही एक मार्ग है। मरीज अप्रिय या असाध्य भावना तथा इच्छाओं को मन में दबाना चाहता है। लेकिन उसका रूपान्तरण जाने-अनजाने मरीज के शारीरिक लक्षणों में होता है। स्वरयंत्र या जिह्वा को बिना कोई नुकसान पहुँचे व्यक्ति गूँगा होता है। आँखों की रचना अन्दर और बाहर से ठीक होने के बावजूद व्यक्ति अन्धा होता है। एपिलेप्सि की तरह उन्हें फिट्स आते हैं। जिस तरह सिर में चोट लगा मरीज बेहोश होगा उसी तरह हिस्टिरिकल व्यक्ति भी बेहोश होता है। तंत्रिका-तंत्र की बीमारी की तरह उनके हाथ-पैर लूले या विकलांग होते हैं।

विगत शताब्दी में पाश्चात्य देशों में शिक्षा और सुधारों के प्रसार से सरेआम पाए जानेवाले इस प्रकार के रूप कम हुए हैं। भारत में भी शिक्षित, सुसंस्कृत वर्ग में ऐसे लक्षण कभी-कभार पाए जाते हैं। दुख व्यक्त करने के कई मार्गों में यह एक पथरीला मार्ग है। सबसे ज्यादा दमित महिलाओं और बच्चों में यह बीमारी ज्यादा पाई जाती है। भारत में अधिकांश महिलाएँ आज भी बहुत ही मुश्किल जीवन जी रही हैं। वे शिक्षा का अभाव, वैचारिक पिछड़ेपन, अन्धविश्वास के प्रभाव, पुरुष-वर्चस्व आदि दबावों के साथ परावलम्बी जीवन जी रही हैं। इन बातों का प्रत्यक्ष निषेध स्त्री नहीं कर सकती। या फिर निषेध करने का विचार भी उसके मन में कम

मात्रा में आता होगा। फिर क्या ऐसे दुखों को अलग राह से प्रकट किया जाता है? कुछ समय के लिए ये लक्षण अस्थायी प्रतिशोध का साधन भी बनते हैं। लेकिन कई बार उस स्त्री का खामोश होना सही अर्थों में, 'मेरी ओर अब तो ध्यान दो' के रूप में निकला एक चीत्कार होता है, जिसमें व्यथा और दयनीयता का भाव होता है।

मुसीबतों का सामना करने का यह दाँव, भगोड़े मरीज अनजाने ही सीखते हैं। इस कारण यह बीमारी बार-बार सिर उठाती है। अकसर हम बेहोशी का अनुभव पानेवाले लोगों को देखते हैं। डॉक्टरों के पास ले जाने के बाद भी बार-बार दिखनेवाले इन लक्षणों से इसके भूत-पिशाच का मामला होने का सन्देह उनमें बढ़ जाता है। (आधे-अधूरे ज्ञान से व्यवसाय करनेवाले डॉक्टर मित्र भी उन्हें खाद-पानी से सींचते हैं, यह खेदजनक लेकिन सत्य है।) ऐसे ही हिस्टिरिकल मरीजों के कारण मांत्रिक, बाबा, भगत आदि को ख्याति मिलती है और उनका बोलबाला होता है। यह सवाल केवल अन्धविश्वास का नहीं है। समाजसुधार, स्त्री शिक्षा, स्त्री को समान अधिकार और उनका आदर-सम्मान, उनके खुलेपन आदि से यह प्रमाण निश्चित कम होगा। मरीज मानसिक संघर्ष से निजात पाने के लिए ऐसे नाटकीय लेकिन निष्फल मार्ग के बजाय उचित वैचारिक मार्ग को स्वीकार करने लगेंगे। लेकिन सभी के सहयोग से यह कार्य पूरा किया जा सकता है।

बुलबुले भ्रम के

अन्धविश्वास उन्मूलन का कार्य करते समय बार-बार एक सवाल पूछा जाता है : अनगिनत लोगों का साक्षात्कार हुआ, सन्तों को भगवान मिले, यहाँ तक की रामकृष्ण परमहंस के साथ तो उनकी बात भी हुई; क्या ये सब लोग झूठ बोलते हैं?

ये सभी लोग ईमानदार हैं, इसमें कोई सन्देह नहीं। निर्मल मन के, उदार सन्त झूठ नहीं बोलेंगे। लेकिन वास्तव में होता क्या है? पहले पाखंडी बदमाशों का प्रश्न हल करते हैं। 'मुझे भगवान दिखाई देता है, देवी मेरे कानों में बोलती है और मीठी आवाज में सन्देश देती है', ऐसा धन्धा करनेवाले गाँव-गाँव मिलते हैं। थोड़ा टटोलने पर उनका असली चेहरा सामने आता है। लेकिन इससे कुछ अलग हो सकता है तो वह यह कि कभी मनोविकृति तो कभी स्वसम्मोहन की प्रगाढ़ अवस्था प्राप्त होती है।

वंदना की दसवीं की परीक्षा के लिए एक पखवाड़े का समय था। तब उसके कानों में स्पष्ट आवाज सुनाई दी, "वंदना किसलिए परीक्षा में बैठ रही हो, फेल तो होगी ही।" माँ-बाप के उसे अच्छे-से समझाने पर भी वंदना परीक्षा में उपस्थित नहीं रही। परीक्षा तो चूक ही गई। वंदना की सहेली सुधा ने कहा, "घर में खाली बैठकर क्या करेगी? मेरे साथ सिलाई-कढ़ाई सीखने आया कर।" वंदना के अन्तर्मन की आवाज ने स्पष्ट किया, "तुम्हे सिलाई-कढ़ाई नहीं आएगी।" पाँच-छ: महीने के बाद उसके मामा ने उसके लिए अच्छा लड़का देखा। लेकिन अन्दर की आवाज यहाँ भी बीच में आई और उसने कहा, "तुझे नकार मिलनेवाला है।" वंदना ने मामा से कहा, "लड़के को यहाँ मत बुलाना।" अन्दर की आवाज ने कहा, "तूने मामा की बात नहीं मानी, बड़ा अच्छा किया।"

फिर वंदना के परिवारवालों ने भभूत, गंडा-तावीज, नीबू-नारियल सब कुछ किया लेकिन कोई असर नहीं हुआ। कान में आवाज आती ही रही।

हेमा के स्कूल से उसका घर दो मील की दूरी पर था। हेमा रोजाना अकेली पैदल आती-जाती और परीक्षा के दिन भी नजदीक आ गये थे। एक दिन सड़क किनारे के पीपल के पेड़ पर एक सफेद परछाईं हेमा को दिखाई दी। एक महिला जिसने अपने बाल खुले छोड़ दिए थे, वह हेमा को हाथ से इशारा कर रही थी, 'आओ-आओ' कहकर बुला रही थी। भयभीत होकर हेमा वापस भाग गई। उसने

स्कूल जाना छोड़ दिया। एक बार साहस बटोर कर उसने फिर से स्कूल जाने का प्रयास किया। फिर वही हुआ। उसके बाद हेमा को उसके घरवालों ने फिर से स्कूल भेजने का साहस नहीं किया।

गोखले बाई की घर-गृहस्थी खुशहाली से चल रही थी। तीन बच्चे थे। पति को अच्छी नौकरी थी। लेकिन एक दिन अचानक उसकी समझ में आया, घर में उसके साथ एक परछाईं घूम रही है। थोड़े ही दिनों में उस परछाईं की हरी साड़ी, तेजस्वी चेहरा स्पष्ट दिखाई देने लगा। कुछ दिनों बाद वह परछाईं उसके साथ बोलने भी लगी, "अरे, मुझे पहचाना नहीं, मैं झाँसी रियासत की कुलस्वामिनी। तुम्हें कुछ बताने आई हूँ। तुम्हारा इसके पूर्व का जन्म, झाँसी की रानी लक्ष्मीबाई का है। तुम अचानक शहीद हुईं। मेरे धार्मिक संस्कार नहीं हो पाए थे। इस जन्म में तो उन्हें पूरा करो।" गोखले बाई को अपना पूर्वजन्म जैसे पूरा याद आ गया। एक ओर उसने अपने पूर्वजन्म का अनुभव बखान शुरू किया तो दूसरी ओर धार्मिक क्रियाकर्म शुरू किये।

वंदना को आदेश देनेवाली आवाज, हेमा को इशारा करनेवाली सफेद परछाईं, गोखले बाई को आत्मा से मिलनेवाली सूचना : ये सब क्या है? ये सभी बातें उन व्यक्तियों की दृष्टि से सच्ची हैं। फिर भी वह भूतबाधा या टोना-टोटका नहीं, साक्षात्कार नहीं, इसे समझना है। यह केवल गम्भीर स्वरूप के मनोभ्रम और उससे होनेवाले आभास हैं।

ऐसे आभास कैसे होते हैं?

स्वस्थ व्यक्ति को सुनाई देने का प्रक्रिया उसके मस्तिष्क की एक खासियत होती है। दूर कहीं सीटी बजी, उसकी आवाज होती है। इससे हवा में ध्वनि-तरंगें उत्पन्न होती हैं। ये तरंगें आकर कान के परदे तक आकर पहुँचती हैं और कान का परदा हिलने लगता है। कान के परदे का यह कम्पन एक सूक्ष्म विद्युत सन्देश में रूपान्तरित किया जाता है। श्रवणेंद्रिय की नस (नर्व) यह सन्देश मस्तिष्क तक पहुँचाती है। मस्तिष्क इस सन्देश को फिर से आवाज में रूपान्तरित करता है। अब मस्तिष्क की यह विशेषता हुई कि आवाज हमारे कानों को सुनाई देने पर भी कान में निर्मित न होकर उसके उद्गम से (सीटी बजानेवाले के मुँह से) आती महसूस होती है। स्किजोफ्रेनिया (तथा अन्य कुछ बीमारियों में भी) आवाज का, अन्य इन्द्रियों की संवेदनाओं का आभास होता है। इसका बिगड़ना मस्तिष्क में होता है। परिस्थिति के कारण व्यक्ति के मन पर पड़े असह्य तनाव से या ऐसा कारण न होते हुए भी मस्तिष्क के कुछ रासायनिक तरल पदार्थों के अभाव के कारण ऐसे आभास होते हैं। मस्तिष्क की इसी खासियत के कारण यह आवाज एवं चित्र बाहर से आने का आभास होता है। इस कारण मरीज को लगता है कि खिड़की से बाहर दूर दिखाई

देनेवाले लोग अपने बारे में ही कुछ कह रहे हैं। कान में ऐसा खुसफुसाना, सन्देश आना, न होनेवाले लोग दिखना ये सब इसके ही परिणाम हैं। बहुत अधिक समझाने, चिल्लाने, पीटने तथा विनती करने पर भी ऐसे भ्रमित विचारों में परिवर्तन नहीं आता।

लेकिन ऐसा नहीं कि हर बार यह भ्रम यानी मनोविकृति ही होगी। वह प्रगाढ़ सम्मोहन अवस्था भी हो सकती है। सम्मोहन कोई अद्‌भुत बात नहीं होती। जिस प्रकार होश, नींद, स्वप्न, बेहोशी की मनोदशाएँ हैं उसी तरह सम्मोहन भी मन की एक अवस्था ही है। इस अवस्था की यह विशेषता है कि इसमें इन्द्रियों में भ्रम उत्पन्न होते हैं। प्रगाढ़ रूप से सम्मोहित व्यक्ति करेले को भी कैडबरी समझकर खाता है। केरोसिन को इत्र समझकर सूँघता है। प्रत्यक्ष चींटियाँ न होने पर भी उसे उनके काटने का एहसास होता है, फूल के अभाव में भी सुगन्ध की बौछार का एहसास होता है तथा भगवान के दर्शन के लिए आदेश करने पर सम्मोहित व्यक्ति बड़े भक्ति भाव से हाथ जोड़कर माथा टेकता है। साथ ही सम्मोहित व्यक्ति नमस्कार करते हुए जिस भगवान के दर्शन किये उसका रसयुक्त वर्णन भी करता है।

सम्मोहन से तात्पर्य ध्यानावस्था से है। इसकी विशेषता यह कि ध्यानावस्था सूचनाओं-प्रेरणाओं से सम्बन्धित होती है। जैसे ही सूचनाओं का स्वीकरण होता है, वैसे ही भ्रम उत्पन्न होना शुरू होता है। लेकिन हर बार दूसरों की सूचनाओं से सम्मोहित होने की जरूरत नहीं होती। स्वयं के जाने-अनजाने सूचना पाकर भी व्यक्ति स्वसम्मोहन का अनुभव कर सकता है।

मन्दिर में होनेवाली आरती का अखंड नाद, आँखों को चौंधियानेवाली बिजली, धूप-अगरबत्ती की सुगन्ध, मन्दिर के आसपास भक्ति की मदहोशी में झूमने वाले महिला-पुरुष आदि में से किसी एकाध परिणाम से भी आस्तिक व्यक्ति सम्मोहन अवस्था अनुभव कर सकता है। इन सभी बातों के मेल से तो कुछ और ही अनुभव हो सकता है। इस अवस्था में देवता-देवी शरीर में प्रवेश कर सकते हैं। लगन, निरन्तर नामस्मरण, व्रत-उपवास आदि बातों से भी स्वसम्मोहन अवस्था प्राप्त हो सकती है। इनसान इन सभी जानकारियों को इस सदी में अभी-अभी समझ रहा है।

इस सदी से पूर्व ऐसा माना जाता था कि पानी तो सभी ओर होता है। कुओं, झरनों, नदी, सागर में लेकिन उफान आता है केवल सागर में ही। उसी तरह मन भी सभी के पास है लेकिन साक्षात्कार द्वारा जीवन को प्रज्ज्वलित करनेवाली मानसिक उफान की स्थिति एकाध सन्त-महात्मा को ही प्राप्त होगी। स्वाभाविक है कि उस महान पुरुष को होनेवाले एहसास से उस व्यक्ति की सच्चाई पर निर्भर सभी लोगों को सत्य का आभास होता है।

यह विचार कोई नहीं कर सकता कि 'सभी को दर्शन का अनुभव करानेवाला देवों का देव का नाक, कान, आँख और मुँह इनसान के शरीर की तरह वाला कैसे हो सकता है?' वास्तव में ईश्वर का रूप इनसान से बिलकुल अलग होना चाहिए।

साक्षात्कार में महसूस किया हुआ भगवान का रूप वैसा नहीं और होना मुमकिन भी नहीं। लेकिन 'देव-दानव को इनसान ने बनाया है, यह सभी लोगों को समझना चाहिए।' जब तक यह घोषित नहीं होता तब तक मनुष्य को स्वयं की आलोचना करने की आवश्यकता नहीं है। वास्तव में हम विवेकानन्द को (और उसी पंक्ति के सभी महापुरुषों को) श्रेष्ठ मानते हैं, वह किसलिए? मुझे नहीं लगता कि इसलिए कि उन्हें भगवान ने दर्शन दिया। विवेकानन्द की भाषा में कहें तो, "अगले पचास सालों में इस देश में भगवान की पूजा नहीं होगी तो चलेगा लेकिन यहाँ के दीन-दलितों की पूजा होनी ही चाहिए।" यह विचार महत्त्वपूर्ण है कि हरेक शोषित, पीड़ित तथा उपेक्षित में ईश्वर के रूप को देखने की आवश्यकता है। शेष सभी बातों में मात्र भ्रम के बुलबुलों का अनुभव किया जा सकता है।

यज्ञों की संस्कृति या संस्कृति का अज्ञान

तुकाराम महाराज ने तीन सौ साल पहले स्पष्ट और कड़ुवा सवाल उठाया था कि यदि मनौती मानने से पुत्र प्राप्ति होती है तो पति किस काम का? लेकिन हमने उससे क्या सीखा? वास्तव में यह सवाल तुकाराम महाराज की दूरदृष्टि का परिणाम था। उन्हें लगता था कि क्या हम कभी कारण तथा परिणामों की जाँच-पड़ताल करेंगे या नहीं? उनका आग्रह था कि कार्य-कारण सम्बन्ध से उसकी जाँच-पड़ताल होनी चाहिए। लेकिन विज्ञान युग कहे जानेवाले इस युग में हमारा समाज किस दिशा में जा रहा है?

प्राकृतिक चमत्कारों से डर का अनुभव करते आदिमानव को लगा कि विश्व में एक 'यातू' शक्ति समाहित है। इस शक्ति को प्रसन्न करने के लिए किये जानेवाले कर्मकांडों को ही 'यातू क्रिया' के रूप में सम्बोधित किया जाता है। अश्म युग के मनुष्य ने इन क्रियाक्रमों से फल की प्राप्ति को कर्मकांडों के साथ जोड़ दिया। यज्ञ भी इन्हीं में से एक है। स्वर्ग, पुत्र, पशु, स्वास्थ्य, ऐश्वर्य, पाप का नाश आदि इच्छितों की फल प्राप्ति हेतु अग्नि, इन्द्र आदि देवताओं को सम्बोधित कर अग्नि में मंत्रों के साथ आहुति देकर धार्मिक कर्मकांड करना ही स्थूल रूप में यज्ञ का स्वरूप है। एक जमाने में यज्ञ के अवसर पर होनेवाली पशुओं की हिंसा एवं अन्य घिनौने प्रकार कालानुरूप बन्द हो गए, लेकिन इस यज्ञ संस्कृति की समर्थक उच्चवर्णीय सांस्कृतिक मानसिकता बनी रही। इतिहास गवाह है कि वैषम्ययुक्त परम्परा के स्थायी रूप में बनाए रखने के लिए यज्ञ-जैसी रूढ़ियों को बढ़ावा मिला है। यज्ञ सदा से उच्चवर्णियों की धर्म-संस्था रहा है।

गीता की प्रस्तावना रही है कि द्रव्ययुक्त यज्ञ की अपेक्षा ज्ञानमय यज्ञ श्रेष्ठ है। मुंडकोपनिषद का स्पष्टीकरण है कि यज्ञरूपी नाव टूटी हुई है, आरण्यकों एवं ब्राह्मण ग्रन्थों का कहना है कि अश्वमेध यज्ञ की अपेक्षा मानसिक व्रतों का महत्त्व बढ़ गया है। कहना जरूरी नहीं कि चार्वाक, बौद्ध और जैन मतों के यज्ञ संस्था पर लगाए आरोपों से यज्ञों की वास्तविकता का पता चलता है। अवैदिक दर्शन के रूप में इन आरोपों को नजरअन्दाज करने पर भी वैदिक परम्पराओं की उपनिषद के खिलाफ रही भूमिका को नकारा नहीं जा सकता। उपनिषदों ने यज्ञ का परिणाम

मोक्ष के समान शाश्वत न होने के कारण उसका विरोध किया। वर्तमान में समता और विज्ञान के जमाने में इसे समझने में क्या दिक्कत है?

लेकिन बात इतनी सीधी, आसान और सरल भी नहीं है; क्योंकि यज्ञों के बारे में सन्देह निर्माण होने पर वेदों की विश्वसनीयता का सवाल उठता है। सबसे पवित्र, प्राचीन, अपौरूषेय एवं सर्वश्रेष्ठ ग्रन्थ मतलब वेद हैं। इन ग्रन्थों के भक्तों की अपील है कि हाल के आधुनिक विज्ञान का सार भी उसमें समाहित है। इन सारे प्रश्नों के हल होने से पहले ही कहा जाता है कि सभी प्रश्नों के उत्तर वेदों में मिल जाते हैं। हमारा काम है कि सन्तान प्राप्ति और निश्चित पुत्रप्राप्ति, सम्पूर्ण मानव जाति की मंगलकामना, सम्पूर्ण विश्व प्रदूषण-मुक्त करना आदि और ऐसे कई मर्म जो वेद संस्था में छिपे हैं, उन्हें समझना और उसे आचरण में लाना है।

इसीलिए तो केरल में धूमधाम से पुत्रकामेष्टि यज्ञ सम्पन्न हुआ। नागपुर में देव संस्कृति अश्वमेध यज्ञ का आयोजन होता है और सूर्यास्त और सूर्योदय के समय घर-घर अग्निहोत्र प्रज्वलित करने के लिए मुहिम चलाई जाती है।

अभी-अभी केरल में वाल्मीकि रामायण के बालकांड में विस्तार से दी कई सूचनाओं का सटीकता से पालन करते हुए एक बहुत बड़ा पुत्रकामेष्टि यज्ञ सम्पन्न हुआ। अस्सी वर्ष के वासुदेवन अक्कितिरिपद ने सम्पूर्ण यज्ञ संस्कार का कार्य पूरा किया। उनकी सहायता के लिए कुल तीन प्रमुख नम्बुदरीपाद और एक सौ आचार्य थे। यज्ञ के लिए बड़ा शामियाना, हजारों गायों का सैकड़ों टन शुद्ध घी, उत्कृष्ट चावल तथा अग्नि की दृष्टि से सुलभ लकड़ी का उपयोग किया गया। जनवरी, 1994 में नागपुर में सम्पन्न अश्वमेध यज्ञ तो अभूतपूर्व ही था। हरिद्वार के शान्तिकुंज के वेदमाता गायत्री ट्रस्ट द्वारा 5 तथा 9 जनवरी को ऐसा ही समारोह सम्पन्न हुआ। यज्ञ के प्रमुख संयोजक एम.टेक. उपाधि प्राप्त व्यक्ति कालीदास शर्मा ने अपना सम्पूर्ण जीवन इसके लिए समर्पित किया है। उनका दावा था कि इसके पहले दस स्थानों पर यह यज्ञ पूर्णतः सफल रहा है। इस यज्ञ में कुल 1008 दम्पती सम्मिलित हुए थे। दूसरी ओर यज्ञ के चलते हजारों लोग कतार में प्रतीक्षारत थे। संस्कारशाला, जात कर्म, अन्नप्राशन, विवाह संस्कार, वानप्रस्थ दीक्षा आदि के लिए अलग से मंडप बने थे। संयोजकों ने दावे के साथ कहा कि प्रत्येक मंडप में चार दिन में तीन लाख संस्कार सम्पन्न हुए। सम्पूर्ण देश से गायत्री ट्रस्ट के एक लाख से अधिक सदस्य आए थे। इस यज्ञ कर्म में हर दिन लगभग तीन लाख लोग सम्मिलित हुए थे। इसके लिए बारह सौ डेरों की व्यवस्था की थी। मंगल कलश यात्रा में पाँच हजार महिलाओं को अपने सिर पर कलश उठाकर चलना था लेकिन वास्तव में बहुत बड़ी संख्या में महिलाएँ होने के कारण उन्हें बिना कलश के ही यात्रा में सम्मिलित होना पड़ा था। इस कलश यात्रा पर हवाई जहाज से पुष्पवृष्टि की गई।

अश्वमेध यज्ञ के संयोजकों ने सभी से आह्वान किया था कि कोई भी दूसरों के दिल को ठेस पहुँचनेवाला व्यवहार न करे। इसके अलावा उन्हें यह स्वीकार नहीं था कि यह यज्ञ ब्राह्मण संस्कृति को पुनर्जीवित करनेवाला है। उनके मतानुसार महर्षि वाल्मीकि ही मूलत: इन मंत्रों के जनक है। वाल्मीकि ने आसमान से उतरे मंत्रों को सँभाला था। यज्ञ संयोजकों का इतना ही काम था कि उसे लोगों तक पहुँचाना था। यज्ञ में प्रमुख सोलह पंडितों में से दस पुरोहित ब्राह्मणेतर थे इसका जान-बूझकर उल्लेख होता था।

पुत्रकामेष्टि यज्ञ के आयोजकों का कहना था कि यज्ञ शास्त्र का ही एक अंग है। उसमें सम्मिलित होनेवाले हर दम्पती पर कुछ शारीरिक तथा खानपान से सम्बन्धित कड़े बन्धन डाल दिए थे। यज्ञ के पहले दो सप्ताह और बाद में दो सप्ताह ऐसे कुल मिलाकर चार सप्ताहों तक वैज्ञानिकों और ज्योतिषविदों ने इन दम्पतियों पर सूक्ष्मता से ध्यान केन्द्रित किया था क्योंकि इस यज्ञ में कहीं भी अन्धविश्वास का समर्थन नहीं था बल्कि इसमें तो विज्ञानशास्त्रीय ज्ञान एवं उसकी आलोचना थी।

पुत्रकामेष्टि यज्ञ से सम्बन्धितों की गोद न भरने पर भी उनके जीवन में सुख, शान्ति, समृद्धि तथा समाधान तो निश्चित ही मिलनेवाला था। संयोजकों की निश्चित धारणा थी कि सम्पूर्ण देश के सभी धर्मों के लोग इसलिए तो इसमें सम्मिलित हुए थे। देव संस्कृति तथा अश्वमेध यज्ञों का दावा तो और भी बड़ा था। असम, पंजाब व कश्मीर के आतंकवाद, जाति-धर्म, प्रान्त के विवाद के कारण निर्मित गृहयुद्ध की स्थिति, राजकीय नेताओं में इच्छाशक्ति का अभाव और सबसे महत्त्वपूर्ण बात यह कि इन सभी में निहित 'राष्ट्रीय वृत्ति का अभाव' और इन्हें दूर करने के लिए राष्ट्रीय उपासना की सर्वाधिक प्रचलित प्रक्रिया यज्ञ ही थी। इसके बहाने संयोजक विवेक-बुद्धि जाग्रत करना चाहते थे। यह कुप्रथा एवं कुप्रवृत्ति-जैसे बुरे दुर्गुणों के 'अश्वों' की बलि देनेवाला अश्वमेध यज्ञ था। लम्बे अन्तराल से सम्पन्न इस यज्ञ से विश्व एवं देश को मानवतावादी व्यवहार के लिए आवश्यक विवेक प्राप्त होनेवाला था, जिससे अपनी संस्कृति एवं संस्कारों का पुनर्जीवन होनेवाला था।

वास्तव में यहाँ कौन-से संस्कारों को पुष्टि मिली?

पुत्र ही चाहिए, उसके बिना जन्म बेकार है, यह कौन-सा संस्कार है? अच्छा चावल और सैकड़ों क्विंटल घी विधिपूर्वक जलाना यह कौन-सी प्रवृत्ति? श्रुति द्वारा श्रौत यक्ष और स्मृति द्वारा यज्ञ के दो प्रकार बताए हैं। श्रुति और स्मृति इन दोनों पर उच्चवर्णीयों का अधिकार है। सवाल यह है कि इन कर्मकांडों को सामाजिक समता के साथ जोड़ने की कोशिश करनेवाले क्या राजनीतिक दाँव खेलते हैं, या स्वयं ही उसमें फँस जाते हैं? यज्ञ संस्था के ऐसे दो भेद किये जाते हैं : प्रकृति और विकृति। शास्त्रों में जब यज्ञ विविध का सर्वांगीण विवेचन किया जाता है तब

उस यज्ञ को 'प्राकृत याग' कहा जाता है। कभी-कभार यज्ञ से सम्बन्धित जानकारी प्रस्तुत करते समय जो विशेष या नई जानकारी प्राकृत याग में नहीं होती वह शेष जानकारी 'प्रकृति याग' से प्राप्त करनी पड़ती है, तब उसे 'विकृति याग' कहा जाता है। इन भेदों में समाहित न होनेवाले यज्ञों को सरल रूप में 'विकृति' कहा जाता है। अश्वमेध यज्ञ में रानी को खुलेआम मृत शरीर के साथ सम्भोग करना होता है, इस कारण इस यज्ञ को विकृति की कोटि में ही रखा जाना चाहिए। क्या देव तथा संस्कृति दोनों के उदात्तीकरण में इसका सुदूर आपसी सम्बन्ध है?

स्त्री को पुत्र प्राप्ति ही हो यह बात आज की वैज्ञानिक प्रगति में तो सम्भव नहीं है। पुत्रकामेष्टि यज्ञ तथा धर्मसंकल्पना एवं कर्मकांडों के समर्थन के अलावा ऐसा कौन-सा रहस्य है जिससे ये चमत्कार घटित होते हैं?

अब यज्ञ सम्पन्न हुए दो साल हो रहे हैं। क्या किसी ने कोई प्रायोगिक सांख्यिकी घोषित की है? राष्ट्रीय एकता की कमी का दूर होना और राष्ट्रीय एकता का प्रभाव अनुभव करना, यह जादू की छड़ी यदि किसी देव संस्कृति वाले अश्वमेध यज्ञ में होती तो इसके अलावा देश को और क्या चाहिए?

हर युग तथा समाज में वाहियात लोग होते ही हैं। लेकिन वास्तविक दर्द यह है कि लोगों का उल्लासपूर्ण झुकाव उन्हीं के साथ कैसे रहता है? समूची बुद्धि गिरवी कैसे रखते हैं? भारत के सबसे पहले साक्षर तथा शिक्षा की अत्यधिक मात्रा वाले राज्य में पुत्रकामेष्टि यज्ञ के बारे में लोगों में अत्यधिक आकर्षण क्यों है? लोग वर्तमान प्रश्नों के उत्तरों की खोज धर्मशास्त्र तथा वेदपुराणों में भक्तिभाव से करते हैं, सम्मान के साथ घूमते हैं और प्रश्न करने पर क्रोधित होते हैं। यह मानसिकता धर्मान्ध राजनीति की उर्वर भूमि का निर्माण करती है जिससे वास्तविक प्रश्न अलक्षित रहते हैं। संयोजक के विचार से इस यज्ञ से देश में मनुष्यतापूर्ण व्यावहारिक बुद्धि बनने की अपेक्षा बुद्धि को गिरवी रखने का राजपथ खुला होता है और विकास के बदले विनाश की ओर रास्ता लेना होता है।

वेदों से प्राप्त, देश तथा विदेश के घर-घर में पहुँचा यज्ञ का विशेष घरेलू सशक्त पाठ मतलब अग्निहोत्र। इसके बारे में कहा जाता है कि परम सद्गुरु श्री गजानन महाराज ने यज्ञ संस्था को पहले स्थान पर रखते हुए 1944 में दशहरे के दिन सम्पूर्ण विश्व को वेदों के सार से युक्त सप्तश्लोक का धर्मोपदेश करते हुए पंचसाधन मार्ग बताए हैं। वायुमंडल की शुद्धि से लेकर पूजा के सिद्धान्त तक सभी घटकों पर यज्ञ का प्रभाव रहा है। ऋग्वेद के अनुरूप यज्ञ में समयानुरूप सहज परिवर्तन करते हुए आम जनता को अत्यन्त सीधी पद्धति से अग्निहोत्र उपासना बता दी है।

कुल उपासना विधि में एक सीधा, सहज, सरल ताँबे तथा मिट्टी का तीन पैर वाला पिरामिड के आकार का बरतन लेना होता है। उसमें गाय के गोबर के उपले का टुकड़ा रखा जाए। गाय के घी में गीली की हुई बाती रखकर अग्नि को

प्रज्ज्वलित किया जाए। थोड़े-से चावल घी में भिगोकर कुछ विशेष मंत्र उच्चारण के साथ सूर्योदय और सूर्यास्त के समय उसकी आहुति दी जाए। बस इतना ही करना है। विधि छोटी और संक्षिप्त है परन्तु उसका परिणाम बहुत ही अच्छा और सम्पूर्ण मानव जाति पर उपकार करनेवाला है। इस उपासना का केन्द्र होनेवाले शिववपुरी अक्कलकोट के इन्स्टिट्यूट फॉर स्टडीज इन वैदिक साइंस संस्था के मुखपत्र *अनादि* में इस उपासना के कारण होनेवाले चमत्कारों के विवरणों की टिप्पणी विचारणीय है :

> अग्निहोत्र को सूर्योदय और सूर्यास्त के निश्चित समय पर न करने से फलदायी परिणाम नहीं मिलता। सूरज निकलते समय सम्बन्धित परिवेश का वातावरण ऊर्जा से प्रभावित होता है। उसी समय किये हुए अग्निहोत्र से सूर्यमालिका की चैतन्यशक्ति पृथ्वी की ओर अधिक प्रभावी रूप से आकर्षित होती है। सूर्यास्त के समय परिवेश में कीटों-जन्तुओं की भयंकर वृद्धि होती है। इसे रोकने के लिए अग्निहोत्र बहुत ही प्रभावी होता है।
>
> रूसी वैज्ञानिकों को पता चला कि गाय के गोबर के रेडियोधर्मी विकिरणों में संरक्षण की क्षमता होती है। इटालियन वैज्ञानिकों को पता चला कि गाय के गोबर की मात्र गन्ध से मलेरिया एवं ज्वर नष्ट होता है। अग्निहोत्र के लिए भी गाय का ही घी होना चाहिए। केवल गाय के शुद्ध घी से ही जिस स्थान पर अग्निहोत्र होता है वहाँ के जन्तु नष्ट होते हैं। यह विधि गाय के शुद्ध घी के अभाव में सम्पन्न होने से मनुष्य एवं परिवेश के लिए घातक होती है।
>
> गाय के घी लगे चावल की समंत्र आहुति देने से गाय का गोबर, गाय का घी, मंत्र एवं निश्चित समय के समन्वित प्रभाव से जो वायु तैयार होती है वह वातावरण में सबसे ऊपर तक जाती है और ऊपर जाते समय वह जहरीली एवं अस्वच्छ हवा को स्वच्छ करती है। अग्निहोत्र प्रदूषण के प्रतिरोध में सबसे प्रभावी हथियार है।

अग्निहोत्र की भस्म का खेती में फसल की वृद्धि के लिए अत्यधिक प्रभावी उपयोग होता है। इन सबमें से क्या सिद्ध हुआ? कब हुआ? कैसे हुआ? कहाँ हुआ? सामान्य तर्कों से जो विसंगत है वह एकाएक वैज्ञानिक शास्त्रीय दृष्टि से स्वीकार्य कैसे हो गया?

सूर्योदय के समय परिवेश ऊर्जा शक्ति से प्रभावित होता है और सूर्यास्त के समय परिवेश में जहरीले जन्तु अधिक मात्रा में रेंगते हैं इसका प्रमाण क्या है?

गाय के घी में (और गोबर में भी) अद्‌भुत सामर्थ्य होती है और भैंस के घी या गोबर से अग्निहोत्र करने पर वातावरण एवं मनुष्य को नुकसान पहुँचता है, इस विधान को किस प्रयोगशाला में प्रमाणित किया जाएगा?

अग्निहोत्र की राख से फसलों में अत्यधिक वृद्धि होती है, ऐसा किस कृषि विश्वविद्यालय में पढ़ाया जाता है? इसमें कौन-सी समझदारी है कि शुद्ध घी और चावल के जलने पर उसकी राख से फसल की वृद्धि के लिए उर्वरक मिलेगा?

किसी भी ज्वलनक्रिया में प्राणवायु का उपयोग होता है एवं कार्बनडायऑक्साइड बाहर आती है। परिणामत: प्रदूषण बढ़ जाता है। अग्निहोत्र की ज्वाला में ऐसा क्या है जिसके कारण जलने पर भी प्रदूषण कम होता है?

कुछ क्षणों के लिए मानते हैं कि अग्निहोत्र से वातावरण शुद्ध होता है परन्तु थोड़े-से चावल और थोड़े-से घी से कितना क्षेत्र प्रदूषण-मुक्त होता है? इतनी छोटी-सी विधि दिन में सिर्फ दो बार करने से वह पृथ्वी पर व्याप्त प्रदूषण के प्रतिरोध का सबसे प्रभावी इलाज कैसे हो सकती है? अग्निहोत्र के साधक तथा उनके आलोचकों को समन्वित प्रयोग के लिए क्या दिक्कत है?

प्रस्तुत विचार मुक्त तरंग नहीं हैं। आन्दोलन में हमने यह प्रश्न अग्निहोत्रों के प्रवक्ताओं के सामने उपस्थित किये हैं।

क्या प्रतिक्रियाएँ मिलीं?

विज्ञान की कसौटी के घेरे में आने के लिए कोई तैयार नहीं होता। मोटे तौर पर इस प्रकार के उत्तर मिलते हैं : प्रश्न विश्वास का है, ज्ञान वेदों का है; और अन्तस में जलन होती है कि इसे प्रश्नचिह्नांकित ही कैसे करते हो? साक्षात वेदों को चुनौती देते हो?

जिसे सत्य का सामना करना है वह कई चुनौतियों को स्वीकार करता है, जिस कारण सत्य पर कोई भी असर नहीं पड़ता क्योंकि वह सत्य ही होता है। बात बिगड़ती तब है जब विशेषत: तथाकथित ज्ञान के बहाने पुत्रप्राप्ति, विश्वशान्ति एवं पर्यावरण की रक्षा के दावे किये जाते हैं। उसकी जाँच-पड़ताल करनी ही पड़ती है।

हर भारतीय को श्रद्धापूर्वक आचरण और भक्ति करने की आजादी है। उसका आदर करना चाहिए। लेकिन अन्य सभी को भी विचार-स्वातंत्र्य है। उसका क्या? नरहर कुरूंदकर ने एक जगह पर अच्छा विवेचन किया है : "समाज में यदि वास्तविक स्वतंत्रता को समझना है तब वह दोहरी प्रक्रिया है। एक ओर हमें सहनशील और दूसरी ओर जिम्मेदार रहना पड़ता है। सहनशीलता की सीमाएँ स्वयं से अलग विचार करनेवालों के प्रति उदासीन होती हैं। सहनशीलता की सही परख इससे होती है कि हम अपनी श्रद्धाओं पर आघात करनेवाले विचारों के प्रति कितने सहनशील होते हैं। हमारी सहनशीलता की यात्रा ऐसी रही है कि कोई किसी के दिल को ठेस नहीं पहुँचाएगा तथा आपस में सभी अन्धविश्वास को पोसते रहेंगे। मूलत: यह दिशा ही गलत है।" सभी को हर बात की आलोचना करनी चाहिए और इस आलोचना से श्रद्धा पर चाहे जितना आघात हो, सहनशीलतापूर्वक व्यवहार की दिशा से अपनी यात्रा होनी चाहिए। दूसरी ओर आजादी का सवाल जिम्मेदारी से भी सम्बन्धित है। विचार

प्रस्तुतकर्ता को "मैं नकल नहीं करूँगा, प्रतिकूलता नहीं अपनाऊँगा, असत्यालाप नहीं करूँगा, सत्य का नकार नहीं करूँगा, खंडन विचारों का करूँगा व्यक्ति का नहीं," ऐसी जिम्मेदारियाँ स्वीकार करनी पड़ती हैं। हम जिम्मेदारी और प्रामाणिकता के साथ वेदान्तियों के आगे आने की प्रतीक्षा में ऐसे सत्य की तलाश के लिए लालायित हैं।

कोड़ा भी चाहिए

“आप क्यों खून-पानी एक कर रहे हैं? क्या कुछ लाभ है? हमें तो पाखंड, ओझा, तावीज, टोटका, जादू-टोना सारा मजे के साथ जारी दिखाई देता है।”

“ये सिर्फ चल नहीं रहा है, ये लोग काफी फँसाते हैं। हजारों रुपयों का घाटा होता है, समय एवं श्रम की बरबादी तो और ही होती है।”

“मनुष्य ही मूर्ख है, इतना भी नहीं समझता?”

“आपका अन्धविश्वास उन्मूलन आन्दोलन है न? तो जल्दी हमारे यहाँ आइए। एक ओझा ने उत्पात मचाया है!”

ये वे अंश है जिन संवादों की कानों को आदत हो गई है। कुछ लोगों को लगता है कि अन्धविश्वास की आग बुझाने के लिए हमें फायर ब्रिगेड के समान सदा तैयार रहना चाहिए।

कुछ लोगों को लगता है इस काम से क्या लाभ है? क्या अन्धविश्वास कहीं कुछ कम हो रहा है?

लगभग सभी लोगों के सामने सात्विकता का संकट होता है कि अन्धविश्वास के पैरोकार दिनदहाड़े डाका डालते हैं। आँखों के सामने धन-सम्पत्ति ही नहीं, कभी तो प्राणों को भी लूटते हैं।

जिस जहरीले, प्राणघातक सर्पदंश एवं श्वानदंश पर प्रतिबन्धात्मक इंजेक्शन लगवाने की आवश्यकता होती है, वहाँ कुछ अलग ही उपाय सुझाए जाते हैं और ये उपाय सरेआम किये जाते हैं।

मानसिक बीमारी को भूतपिशाच समझकर औरत को बालों से खूँटी पर लटकाया जाता है, उसे जूतों का गंदा पानी भी पीना पड़ता है, उसकी बाँस की लाठी से अत्यधिक पिटाई होती है।

चश्मे का नम्बर मिटाने के लिए कोई दवा उपलब्ध नहीं है। फिर भी पुणे-जैसे शहर में कोई चश्मा उतारनेवाला बाबा लोगों के चश्मे का नम्बर मिटाने की दवा देकर मालामाल होता है। कोई छठी कक्षा में अनुत्तीर्ण शेख बाबा महात्मा ज्योतिबा फुले के घर के बगल में ही बहत्तर असाध्य बीमारियों पर रामबाण औषधि देता है जोकि पेशवा पार्क के शेरों का मूत्र मात्र होता है।

सार्थक वैज्ञानिक अनुसन्धान का विज्ञापन कर कोई मधुसूदन पटवर्धन भाग्यरत्न के नाम पर पच्चीस पैसे के ॲगेट के पत्थर के टुकड़े पच्चीस रुपए में बेचता है। कुछ सालों में ही पाँच-छ: लाख पत्थर के टुकड़े बेचकर करोड़, दो करोड़ रुपए कमाता है।

गाँव के मेलों में कुछ लोग अन्धश्रद्धा के अनेक घातक एवं पैशाचिक प्रकार सम्मान के साथ दिखाते फिरते हैं। इसमें लोग खुलेआम फँसते हैं, भयंकर दिग्भ्रमित भी होते हैं जिससे प्राणों पर आफत भी आ जाती है। कभी-कभार तो प्राण भी चले जाते हैं।

आन्दोलन कहाँ-कहाँ पहुँचेगा? प्रबोधन कितना पर्याप्त होगा? हर जिले में मति भ्रष्ट करनेवाले और क्रुद्ध अन्धविश्वासों के कई प्रकार दिखाई देते हैं।

सातारा जिले के 'बड़ी माँ' के प्रकार को लीजिए। मनुष्य के शरीर पर एकाध फोड़ा आ जाता है, गाँठ आ जाती है, जख्म फैलने लगता है, डॉक्टर के पास जाने से पहले ही सुगबुगाहट होने लगती है कि कहीं बड़ी माँ का असर तो नहीं है?

संगीत के साथ बड़ी माँ की सजावट (मांड) की विधि की जाती है। शामियाना होता है, गीत बजते हैं, बैंड बजता है और भोज भी खिलाया जाता है। उस जख्म अर्थात फोड़े पर हल्दी-कुमुकुम चढ़ाया जाता है। सात सुहागिनों के लिए चोली-साड़ी दी जाती है। धूमधाम से मांड नदी में छोड़ दिया जाता है। पड़ोसियों की नींद हराम करते हुए रात भर कोलाहल चालू रहता है। पाँच-पचास रुपए में खत्म होनेवाली बीमारी के लिए दो-तीन हजार का नुकसान होता है। क्या उससे राहत मिलती है?

प्राकृतिक दृष्टि से ठीक होनेवाले जख्म एवं फोड़ों को अपवादस्वरूप छोड़ दें तो इसके संक्रमण के कारण बहुत-कुछ विलक्षण होते हैं। जख्म ठीक न होने के और भी कुछ गम्भीर कारण हो सकते हैं जैसे मधुमेह, कैंसर लेकिन उन्हें अक्षम्य रूप से दुर्लक्षित किया जाता है। उचित समय पर होनेवाले इलाज से व्यक्ति उपेक्षित रहता है। मनुष्य मूर्ख नहीं है लेकिन सतही होता है। ओझा डर दिखाते हैं कि बड़ी माँ के लिए मांड के बजाय दवा-पानी करने से कोप होगा। इस कारण बीमार और उसके सगे-सम्बन्धी डर जाते हैं। मांड भरनेवाले आवारा भी होते हैं, उनका आतंक बना रहता है। इसके अलावा अन्धविश्वासों को पालने-पोसनेवाले पड़ोसी कि इससे कई बार व्यक्ति मृत्यु के बाद ही निजात पाता है। यह बात सातारा जिले में सूदूर फैली हुई है।

यह सब क्या है? क्या यह लोगों के स्वास्थ्य पर एवं समय आने पर प्राणों पर बीतनेवाला गम्भीर संकट नहीं है? इसके खिलाफ लड़ते समय कितनी साँस उखड़ती है? ताकत कितनी पर्याप्त होगी? जिला बदलता है। अन्धविश्वास के प्रकार भी बदलते हैं। शोषण का केन्द्र वही रहता है। अपनी आँखों के सामने गम्भीर घटना घटित होने पर मैं सम्भवत: उसका प्रतिरोध भी करूँगा। लेकिन मेरा वास्तविक

काम पुलिस को सूचना देना है। वह इन डकैतों की पूछताछ का काम करती है। उन्हें पकड़ा जाता है। दंड के प्रावधान की दृष्टि से प्रयास भी किये जाते हैं क्योंकि आरोप हस्तक्षेप लायक होते हैं।

समाज में अन्धविश्वास के भयंकर एवं पैशाचिक रूपों के कारण कई घातक आरोप होते हैं। आज का कानून ऐसे गुनहगारों का कुछ भी बिगाड़ नहीं सकता है क्योंकि आज अन्धविश्वासों के खिलाफ कानून ही नहीं है। इस प्रकार का कानून बने, इसके लिए हम अत्यधिक प्रयास करते हैं लेकिन वे अधूरे हैं।

इसके लिए आप हमारी क्या सहायता कर सकते हैं?

केवल अपने परिक्षेत्र के विधायक को पन्द्रह पैसे का कार्ड भेजकर इससे सम्बन्धित कानून की ठोस माँग करेंगे?

आन्दोलन की भलाई के लिए कमर की लंगोट देने की तैयारी तो होनी ही चाहिए लेकिन वह भी पर्याप्त नहीं है।

यहाँ सन्त तुकाराम के सन्देश 'बदमाशों के माथे पर लाठी की मार' का स्मरण जरूरी है।

प्राणशक्ति का छायांकन

"लेकिन योग के बारे में क्या किया जाए?"

यह प्रश्न महाराष्ट्र में अनेक स्थानों पर बार-बार पूछा जाता है। शारीरिक तथा मानसिक स्वास्थ्य के लिए योगासनों का उपयोग होता है, यह बात सर्वमान्य है। परन्तु प्रश्नकर्ताओं (और अन्य कई के) मन में वास्तविक प्रश्न इस प्रकार होते हैं :

वे पूछना चाहते हैं, कुंडलिनी के सामर्थ्य का क्या? किरलियान फोटोग्राफी में कितना सत्य, कितना असत्य? व्यक्ति की त्रिकास्थि के नीचे साँप-जैसी कुंडली मारकर कुंडलिनी स्थित होती है। ध्यान धारणा से वह जाग्रत होती है। रीढ़ की हड्डी से मस्तिष्क तक के षट्चक्रों को पार कर वह मस्तिष्क से बाहर आती है और बाद में सम्पूर्ण विश्व का ज्ञान प्राप्त होता है।

योगशास्त्र की यह कल्पना विश्वास की है या अन्धविश्वास की? स्पष्ट रूप से अन्धविश्वास की है जिसे आधुनिक विज्ञान का कोई आधार प्राप्त नहीं है।

किरलियान फोटोग्राफी तो इससे भी आगे है।

यह शास्त्रीय जानकारी आम जन को कैसे अचम्भित करती है? डॉ. स्वानन्द घाटपांडे, पुणे का रविवार *सकाल* 19 मार्च, 1989 के अंक में लिखा 'योग ज्ञान की जली मशाल' आलेख देखिए। यह जानकारी प्रस्तुतिकरण का एक उत्तम उदाहरण है। आपको किरलियाान फोटोग्राफी के बारे में इस प्रकार का लेखन कई जगहों पर मिलेगा।

प्रास्ताविक इस प्रकार है :

> भारतीय विज्ञान में योगशास्त्र की नींव रखवाले महान ऋषि पतंजलि की परम्परा को विज्ञान की कसौटी पर कसनेवाले इस समय के महर्षि मतलब 'बिहार स्कूल ऑफ योगा' के स्वामी सत्यानन्द सरस्वती है। बिहार के मुंगेर शहर में गंगा के किनारे ढाई-तीन मील परिवेश में उनका आश्रम बसा है। स्वामी जी के विश्व में फैले आश्रमों से अनेक विदेशी विद्धान शिष्य यहाँ संन्यस्त जीवन जीते हैं। अस्थमा की बीमारी और यौगिक उपचार विषय पर आयोजित संगोष्ठी के लिए डॉ. घाटपांडे वहाँ गए थे और उनका किरलियान फोटोग्राफी तंत्र से परिचय हुआ। डॉ. घाटपांडे

लिखते हैं, 'एक स्वीडिश मनोवैज्ञानिक विदुषी (?) ने मानसिक अवस्था का, व्यक्ति के शरीर के तेजोवलय पर परिणाम का आज प्रयोगावस्था में किरलियान फोटोग्राफी विषय पर अत्यन्त मनोरंजक एवं जानकारीयुक्त निवेदन प्रस्तुत किया। इस तंत्र ने सिद्ध किया है कि प्रत्येक सजीव वस्तु का स्वयं का प्रभामंडल है। सजीव में बीमारी के काफी पहले इस प्रभामंडल में बदलाव आता है। योग की दृष्टि से सजीव दिखाई देनेवाला यह प्रभामंडल उसकी प्राणशक्ति का द्योतक होता है। शरीर में बीमारी होने से पहले उसकी प्राणशक्ति कम होती है और बाद में रोग निर्मित होता है। इसका अर्थ यह है कि किरलियान तंत्र से किसी भी रोग के शरीर में प्रत्यक्ष शुरू होने से पहले उसे समझ सकेंगे और योग की सहायता से प्राणिक शक्ति बढ़ाकर उसको शरीर तक पहुँचने से पहले ही रोका जा सकता है। इस विशेष खोज की जानकारी प्राप्त होने पर मेरा सभी दिक्कतों का सामना करते हुए यहाँ आना सार्थक लगा। मैं उस संस्था का आभारी हूँ जिसने मुझे यह ज्ञान दिया।'

उपनिषदों में अन्नमय, प्राणमय, मनोमय, विज्ञानमय एवं आनन्दमय कोशों का वर्णन हुआ है। वे कोश आज भी भारतीय अनुसन्धान के पिछड़ेपन के कारण कोषावस्था में ही हैं। किरलियान फोटोग्राफी को इस कोषावस्था से बाहर लाने के लिए मनुष्य द्वारा उठाया गया पहला कदम कहा जा सकता है। लेकिन खेद का विषय है कि वे कदम भारत में नहीं बल्कि रूस में उठाए गए।

साप्ताहिक *सकाल* 16-22 मार्च, 1990 के अंक में बालासाहब धोपेश्वरकर ने 'अदृश्य प्राणशक्ति का छायाचित्रण' शीर्षक से लिखे आलेख के इस अंश में, 'भौतिक वैज्ञानिकों ने इसका वैज्ञानिक विश्लेषण किया है। लेकिन किरलियान फोटोग्राफी की पद्धति के बारे में कहना हो तो एक जटिल एवं बोझिल वैज्ञानिक विषय होगा। उसकी प्रायोगिकता सिद्ध करने के लिए अत्यधिक तांत्रिक वर्णन करना पड़ेगा...' किरलियान फोटोग्राफी की अनुशंसा की है।

यह सब पढ़ने पर सामान्य जन को क्या लगेगा?

यह यौगिक प्राचीन काल से महनीय (वास्तविक अद्‌भुत) शास्त्र है। उपनिषदों में इसके बारे में उल्लेख प्राप्त होता है। विदेशी मनोविज्ञान जैसे विषयों पर रूस-जैसे देश अनुसन्धान करते हैं। आधुनिक वैज्ञानिक परिभाषा में आज न सही तो कल सत्य उजागर हो जाएगा।

संक्षेप में, अन्धविश्वास उन्मूलन के विचारों से अन्धे बने कंगाल लोग इस महान सत्य को नहीं समझते? इसे जान-बूझकर क्यों अलक्षित करते हैं? क्यों अपनी उज्ज्वल परम्परा की विरासत को नकारते हैं?

वास्तव में किसी भी सत्य के बारे में यह सवाल नहीं उठाया गया। सत्य वहीं होता है जो नित्य जाँच-पड़ताल के लिए तैयार रहता है। प्रत्यक्ष जाँच-पड़ताल में जो टिकता है उसे स्वीकार करना ही पड़ता है और जो नहीं टिकता है उसे नकारना पड़ता है। इस प्रकार वैज्ञानिकों ने किरलियान फोटोग्राफी तंत्र की पहले ही जाँच-पड़ताल की है। लेकिन उसमें क्या मिला?

आर्लिन वैटकिन्स व विलियम बिकेल ने प्रत्यक्ष प्रदर्शन से सिद्ध किया है कि किरलियान फोटोग्राफी से दिखाई देनेवाले प्रभामंडलों का मनुष्य की शारीरिक तथा मानसिक स्थिति से कोई सम्बन्ध नहीं है। उसके प्रत्यक्ष प्रदर्शन से स्पष्ट होता है कि यह फोटोग्राफी सौ प्रतिशत सत्य एक सीधी-सादी प्राकृतिक घटना है। उच्च विद्युत प्रवाह के बाहर निकलने के कारण पदार्थ-परिधि के वात में ऊर्जा का एक मंडल तैयार होता है। उसका दृश्य स्वरूप तथा फोटोग्राफी से प्राप्त छाया ही किरलियान मंडल है। उसके लिए किसी विशिष्ट वायु की ही आवश्यकता न होकर मात्र हवा में भी ऐसा वलय निर्मित होता है। वलय का रंग हवा की इकाई, हवा का दाब, जिस पदार्थ का फोटोग्राफ लिया जाता है उसकी शुद्धता, ऊर्जाशक्ति और विद्युत प्रवाह आदि पर आधारित होता है। उचित ढंग से प्रत्यक्ष प्रदर्शित कर, फोटोग्राफिक कागज पर एकाध पदार्थ रखकर उसमें से उच्च ऊर्जाशक्ति (15,000 से 60,000 वोल्ट) और उच्च तरंग निर्मित होने पर पदार्थों के आसपास एक प्रभामंडल उत्सर्जित होता है। वह हमारी आँखों को अस्पष्ट बैगनी रंग का, नीले प्रकाशीय वलय के रूप में दिखाई देता है। उच्च ऊर्जाशक्ति के प्रवाहित होने पर, वायुकण विद्युत जाग्रत होकर उद्दीप्त होते हैं और उसमें से प्रकाश उत्सर्जित होता है। वर्णपट विशेषज्ञों (Spectroscopists) ने बहुत पहले उद्दीप्त वायु से उत्सर्जित किरणों के प्रसारित होने का अध्ययन किया है।

फोटो फिल्म कितने समय के लिए प्रकाशित की जाती है, विद्युत दाब, फोटो फिल्म का प्रकार, पदार्थ का दाब, पदार्थ का नम होना, फोटो फिल्म पर प्रक्रिया के लिए लगनेवाला समय और पदार्थ की उष्मीय वाहकता पर वलय का आकार, रूप, तीव्रता, रचना आदि निर्भर होती है। इसके कारण किरलियान वलय को प्राणी और वनस्पतियों की 'लाइफ एनर्जी', बायोप्लाज्मिक एनर्जी, 'प्राणमय कोश', 'लाइफ कोर्स' जैसे शब्दों के साथ जोड़ना उचित नहीं है। साथ ही कोई ऐसा कहता है कि इस वलय का आकार, रूप, तीव्रता, रचना भी व्यक्ति के स्वास्थ्य, भावना, मानसिक स्थिति, मानसिक शक्ति आदि पर अवलम्बित होती है तो इसके लिए कोई वैज्ञानिक आधार नहीं है। ये वलय मनुष्य की किसी भी प्रकार की जानकारी नहीं देते। वैज्ञानिकों ने इस पद्धति से अन्य वस्तुओं के फोटोग्राफ्स दिखाए हैं जैसे सिक्के, तार, पानी की बूँद, दंतीचक्र, धातु की छोटी चकत्ती, पेपर क्लिप, पीतल का दंतीचक्र आदि के। यदि वलय सजीव वस्तुओं की 'फोटो एनर्जी' तथा 'बायोप्लाज्म'

दिखाता है तो वह निर्जीव यांत्रिक वस्तु के पास कैसे पहुँचता है? किरलियान वलय सजीवों-सदृश्य मृत तथा निर्जीव वस्तुओं के पास भी दिखाई देता है, इस कारण तो उसके साथ बायोप्लाज्म का सम्बन्ध स्थापित नहीं किया जा सकता।

वस्तुतः किरलियान वलय पदार्थों की उष्मीय वाहकता और उष्णतावाहक भूभाग की संरचना आदि दो बातों पर विशेष निर्भर होता है। इस कारण जहाँ इन दो चीजों का सम्बन्ध आता है सिर्फ वहाँ यह पद्धति उपयोगी होगी; अन्यत्र नहीं। किसी पत्थर के भूभाग को पॉलिश करके उसे मुलायम बनाने और उसका फोटोग्राफ खींचने पर उसमें निहित उष्णतावाहक खनिज एवं उष्णतारोधक खनिजों के आकार अलग-अलग होने पर भिन्न-भिन्न खनिज कणों की सीमाएँ हम निश्चित कर सकते हैं। हम बता सकते हैं कि पत्थर में किस-किस प्रकार के खनिज और कितनी मात्रा में उपलब्ध होते हैं।

किरलियान फोटोग्राफी का तंत्र मुश्किल नहीं है। साथ ही इस तंत्र का उपयोग कर खींचे फोटोग्राफ ऊपरी तौर पर गूढ़ प्रतीत होते हैं, इसी कारण विज्ञान से परे भी। जिनकी ऐसी धारणा होती है कि 'कुछ तो है', उन्हें इसका आकर्षण होता है। वैज्ञानिक आधार लेकर परम्परागत गलतफहमी एवं अन्धविश्वास दूर किये जा सकते हैं लेकिन यदि कोई विज्ञान और वैज्ञानिक परिभाषाओं के झूठे आधार लेकर ऐसी गलतफमियाँ फैलाता है तो?

वास्तव में यदि प्राणशक्ति के छायांकन की खोज हुई होती तो पहले इन महोदयों का छायांकन करके उनके झूठ की पोल खोली जाती।

ईसा का कफन

आतंकवादियों ने हजरतबाल दरगाह में प्रवेश किया था। भारतीय सेना ने दरगाह को पूरा घेर लिया था। सम्पूर्ण भारत के जनसामान्य में ही नहीं अपितु कई इस्लामी राष्ट्रों में आतंक की लहर पहुँच गई थी।

क्यों इतने चिन्तित हुए?

मस्जिद हो या मन्दिर, गुरुद्वारा हो या गिरजाघर जहाँ कहीं राष्ट्रविरोधी साजिशों के अड्डे कार्यरत हैं, उन्हें जड़ों के साथ मिटाना ही चाहिए।

धर्मपालन की संवैधानिक आजादी उसके बिलकुल आड़े नहीं आती। राष्ट्रीय एकता और प्रार्थनास्थलों की स्वतंत्रता में टकराव की स्थिति में दोनों में से चुनाव किसका करना है इसका निर्देश संविधान में भी स्पष्ट है।

लेकिन हजरतबाल की घटना अलग थी। वह कहीं असंख्य दरगाहों में से एक नहीं था। उसका पावित्र्य विलक्षण था, महत्त्व अन्तर्राष्ट्रीय था। क्योंकि...? क्योंकि अल्लाह के अन्तिम प्रेषित पैगम्बर साहब का पवित्र बाल उस वास्तु में मौजूद था।

यह बाल पैगम्बर का ही कैसे? वह कहाँ से आया? इसे सच माना जाए? जाँच-पड़ताल कर खोज की जाए? सत्य लोगों के सामने रखा जाए?

ऐसा विचार करना भी महापाप है। ऐसे व्यवहार से तो दुनिया पर भारी संकट छा जाएगा। इसलिए चुपचाप स्वीकार करना है, जो होगा उसे सहन करना है।

सावधान, एक बाल (भी) बाँका हुआ तो!

और यह एकाधिकार किसी एक धर्म का नहीं है।

ज्ञानेश्वर माऊली की समाधि को किसी प्रकार का नुकसान न पहुँचाते हुए उसके अन्तरंग को जानने की मात्र वैज्ञानिक जिज्ञासा का भी उसके निष्ठावान भक्तों ने हाल ही में ऐसा ही तीखा विरोध किया था।

ईसाई धर्म के अनुयायी तो सम्पूर्ण विश्व में फैले हुए हैं, ईसा पर असीम श्रद्धा रखनेवाले। लेकिन हाल ही में उनके सर्वोच्च धर्मगुरु ने सप्रमाण सत्य की तलाश के लिए मर्मांतक पीड़ा हो ऐसा अनुसन्धान किया। वह था, दुनिया के ईसाइयों की श्रद्धानुसार आसमान के पिता ने मानव उद्धार के लिए अपने जिस इकलौते पुत्र को धरती पर भेज दिया उसके पवित्र कफन (प्रेतवस्त्र) की सत्यता।

मार्क तथा लूक नामक *नए नियम* के लेखकों ने बयान किया है कि योसेफ अरिमथिकर ने पिलातों की सम्मति से प्रभु ईसा की मृत काया क्रूस से उतारकर, और वस्त्रों में लपेटकर कब्र में रख दी :

> बताया गया कि शाम होने पर ईसा का एक अनुयायी अरिमथाई गाँव का योसेफ नाम का अमीर व्यक्ति पिलातों के पास जाता है और उससे ईसा के मृत शरीर को अपने कब्जे में देने की विनती करता है। पिलातों ने ईसा का शरीर कब्जे में लेने की अनुमति दी। योसेफ ने ईसा का शरीर ले लिया। एक साफ 'पटसन के वस्त्र' से लपेट दिया और अपने खुद के घर में पाषाण में नई कब्र खुदवाकर उसमें रख दिया। उसने कब्र के दरवाजे पर एक बड़ी शिला धकेल दी और वहाँ से चला गया।

इटली के तुरीन शहर में सेंट जॉन बैप्टिस्ट चर्च में पवित्र वेदी पर एक फौलाद का शोकेस रखा है। बुलेटप्रूफ काँच में निष्क्रिय नाइट्रोजन वायु के वातावरण में एक कफन रखा हुआ है। यही वह पटसन का वस्त्र था जिससे योसेफ ने ईसा के मृत शरीर को लपेटा था। 14 फीट 6 इंच लम्बा, 4 फीट चौड़ा। इसे अंग्रेजी में श्राऊड कहते हैं। यह तीसी के तन्तुओं और रुई के धागे से बना मिश्रवस्त्र है। इसमें प्रयुक्त कपास के तन्तु मध्यपूर्व एशिया में उगनेवाली कपास की जाति के हैं। बदलते शासन एवं निरन्तर युद्धों के कारण यह पवित्र वस्त्र अनेक शहरों में रहा है। अन्त में वह तुरीन के बड़े चर्च में ताले के अन्दर बन्द कर दिया गया। लगभग चार सौ वर्षों से इस कफन को तुरीन में सुरक्षित किया गया है। भक्तों की नितान्त श्रद्धा है कि वह ईसा का ही है। 1978 में उसे दर्शन के लिए रखा गया था। तब विश्व के 30 लाख भक्तों की उसके दर्शन के लिए तुरीन में भीड़ उमड़ी थी।

वर्ष 1978 में पिआ नामक नवसिखुए फोटोग्राफर ने इस वस्त्र के फोटो खींचे। कहा जाता है कि तब उसे इस वस्त्र में किसी फोटोग्राफिक फिल्म के गुण दिखाई दिए। उसके फोटो की निगेटिव में अतिसूक्ष्म बारीकियाँ दिखानेवाली पॉजिटिव प्रतिमा साफ दिखाई देती थी। छायाचित्र डेवलप करने के पश्चात उसे आश्चर्य हुआ कि वह प्रतिमा ईसा की ही थी, और इससे शेष ईसाई जन भी अचम्भित रहे।

इस फोटो के अनुसार इस कफन पर सामान्यत: 5 फीट 11 इंच ऊँचाई की एक पुरुष प्रतिमा है। इस प्रतिमा में बाइबिल कालीन यहूदी पुरुष के समान दाढ़ी और लम्बे बाल दिखाई देते हैं। इस प्रतिमा में वजनदार बोझ के कारण भुजाएँ झुकी हुई लगती हैं। (क्रूस पर चढ़ाने से पहले ईसा ने अपने कन्धे पर क्रूस का बोझ ढोया था।) प्रतिमा में हाथ तथा पैरों के तलुए पर छेद दिखाई देते हैं। (ईसा के क्रूस पर चढ़ने पर हाथ तथा पाँवों में कील भोंक दी गई थीं।) प्रतिमा में मानवाकृति के सीने पर पाँचवीं तथा छठी पसली में तिरछा गढ्ढा

दिखाई देता है। (क्रूस पर लटकाने पर ईसा के सीने में एक यहूदी सैनिक ने बरछा भोंक दिया था।)

पहले वाला ईसा का कफन! और उसमें यह चमत्कार! फिर तर्कों में और उफान आया। अपराध विशेषज्ञ मैक्स फ्रे ने नव वर्ष पर कफन का सूक्ष्म अध्ययन करके निष्कर्ष निकाला कि कफन की धूल में प्राप्त परागकण फिलिस्तीन के मृत सागर के आसपास प्राप्त परागकणों के साथ मेल खाते थे। उन्होंने स्पष्ट किया कि वह वस्त्र दो हजार वर्ष पुराना और ईसा के समय का है। रे रॉर्ज जैसे अमेरिकन थर्मल रसायनज्ञ के मतानुसार यह प्रतिमा अचानक उत्पन्न प्रकाश के कारण निर्मित हुई होगी। ईसा के पुनरुत्थान के पारम्परिक चित्र में प्रकाश की लौ-जैसा कब्र से उठता हुआ तेजोमय ईसा हमें दिखाई देता है। स्वाभाविक रूप से उस समय एकाएक निर्मित हुई प्रकाश लौ से कफन के वस्त्र पर ईसा की प्रतिमा का निर्माण होना तर्कसंगत लगता है।

कुछ अन्य अमेरिकन विद्वानों ने प्रतिमा का विश्लेषण किया और निष्कर्ष निकाला कि इस वस्त्र के नीचे एकाध शरीर ढका हुआ होगा और उसके कारण यह प्रतिमा दिखाई दी होगी।

ब्रिटेन के वस्त्रोद्योग विशेषज्ञ डब्ल्यू. बी. बेस्ट-जॉर्डन ने ऐसा तर्क दिया कि प्रस्तुत प्रतिमा सम्पर्क छाया (कॉन्टैक्ट-इमेज) होगी। तन्तु से लेकर वस्त्र तैयार होने तक उस पर अनेक तांत्रिक एवं रासायनिक प्रक्रियाएँ होती हैं। इसके कारण तन्तु में निहित घटकों में कम-अधिक मात्रा में बदलाव आता है। तन्तुओं के रासायनिक घटकों के परिवर्तन के सारे रूपों का वैज्ञानिकों को पता नहीं होता है। उसमें से कुछ रासायनिक घटक विशेष होते हैं और वे अब भी अज्ञात हैं। क्योंकि प्रस्तुत घटकयुक्त वस्त्रों का किसी के भी साथ सम्पर्क आने पर उसमें तुरन्त कुछ भी परिवर्तन दिखाई नहीं देता। लेकिन कुछ अन्तराल के बाद हवा की नमी के सान्निध्य में आई हुई वस्तु की प्रतिमा वस्त्र पर यथावत दिखाई देती है। जॉर्डन महाशय ने उपयोग की हुई असंख्य वस्तुओं पर इसके बारे में प्रयोग करके ही प्रस्तुत निष्कर्ष दिया है।

तुरीन का कफन नामक अपनी पुस्तक में ब्रिटेन के ख्यातकीर्त पत्रकार-इतिहासविद आयन विल्सन ने ई.सं. 50 से इस कफन के इतिहास पर परामर्श दिया है :

> आरम्भ में इस प्रतिमा को एकाध मध्ययुगीन चित्रकार की कृति के रूप में मान्य किया गया परन्तु वैज्ञानिक विश्लेषण में इस प्रतिमा में रंगों के सूक्ष्म कण तक दिखाई नहीं देते हैं। कुछ लोगों का मानना है कि यह प्रतिमा ईसा के जख्मों से बहे खून के धब्बों से अंकित हुई है। वस्त्र की शास्त्रीय जाँच-पड़ताल में खून के संकेतों की निश्चितता का पता मिलेगा

या नहीं इसके बारे में मतभिन्नता है। जिन्हें खून के धब्बों के निशान दिखाई दिए उन्होंने तो मुहर लगाई कि ये ईसा का ही कफन है। ईसा का बहुत अधिक पुनरुत्थान हुआ! (मतलब कब्र में कफन में लिपटी हुई स्वयं की मृतदेह से ईसा का उठकर बाहर आना हुआ।) असंख्य भक्तों को यह वस्त्र उसका प्रमाण ही लगता था।

वैटिकन के किसी भी पोप ने इस कफन की अधिकृतता के बारे में कुछ भी विधान नहीं किया है परन्तु 'वह ईसा का नहीं है' ऐसा निर्णायक प्रमाण प्राप्त न होने के कारण उसकी अनधिकृतता के बारे में भी कुछ नहीं कहा है।

वैज्ञानिक इस पहेली को सुलझाने के लिए आगे आए ही थे। 1987 में तुरीन के कार्डिनल बालेस्तेरों ने 'बैटरी परीक्षण' के लिए अनुमति दी। वास्तव में वैज्ञानिकों को कार्बन परीक्षण करना था। परन्तु उसके लिए वस्त्र का बड़ा हिस्सा काट लेना जरूरी था। बहुसंख्यकों की पक्की समझ थी कि यह ईसा का ही दफन वस्त्र है इसलिए कार्डिनल तैयार नहीं हुए। वास्तव में इस सदी के प्रारम्भ (1903) में फादर हर्बट यर्स्टन धर्मगुरु ने इस 'श्राउड' का अध्ययन जारी रखा। उन्हें प्राप्त जानकारी भयंकर थी। वह इस प्रकार की थी :

> ई.सं. 1389 में ट्रॉय के बिशप पिए डर्चिस ने पोप सप्तम क्लेमेंट को एक खरीता भेज दिया। उसमें उन्होंने कहा था, "अधिक श्रम उठाकर और कसौटी पर कसकर पॉर्थियर के बिशप हेनरी ने कफन की हास्यास्पद पृष्ठभूमि की खोज की। एक कलाकार ने कबूल किया है कि 'यह चित्र मैंने रँगाया है उसमें चमत्कारिक कुछ भी नहीं है।'" कैथरीन एमेरिष नामक धार्मिक प्रवृत्ति की औरत का एक दृष्टान्त है। उसके किये वर्णन के आधार पर चित्रकार ने अरब तथा यहूदी दिखाई देनेवाले व्यक्ति का चित्र बनाया था। वह लोगों की श्रद्धा का लाभ उठाकर पैसे हड़पने का एक प्रकार था।

लेकिन सत्यकथन करनेवाले फादर यर्स्टन के लेखन का लोगों पर कोई असर नहीं हुआ। 'वह ईसा का ही कफन है' यह श्रद्धा जनमानस में इतनी दृढ़ हुई थी कि यह लेखन पूर्णतः नजरअन्दाज किया गया। चर्च को अत्यधिक आर्थिक लाभ मिलने के कारण धर्माधिकारियों ने भी इसे नजरअन्दाज किया।

यह पूरा इतिहास जानने के बाद भी वैटिकन के प्रगतिशील पोप द्वितीय जॉन पॉल ने इस मामले का निबटारा करना तय किया। कालगणना की नई पद्धति कार्बन-14 अस्तित्व में आने के कारण परीक्षण के लिए वस्त्र का थोड़ा-सा टुकड़ा पर्याप्त था। इस कारण जाँच-पड़ताल का कार्य अधिक आसान हुआ। 14.5 फीट लम्बाई

के मूल वस्त्र के निचली दाईं ओर साढ़े तीन गुणा आधा इंच का छोटा टुकड़ा इस परीक्षण के लिए काटा गया। बाद में उसके दो टुकड़े किये गए। फिर उसके पोस्ट टिकट के आकार के तीन टुकड़े किये गए। ब्रिटिश म्यूजियम के अनुसन्धान प्रमुख डॉ. माइकेल टाइट और कार्डिनल बालेस्तेरो की उपस्थिति में तीन छोटी बोतलों में वे अवशेष सीलबन्द किये गए और उन्हें कोड नम्बर्स दिए गए। साथ ही पहली सदी और मध्ययुग के अवशेषों के टुकड़ेवाली दूसरी बोतलें तैयार की गईं और उन्हें भी सांकेतिक क्रमांक दिए गए। सभी नमूने जाँच के लिए आरिझोना (अमरीका), झुरिक (स्विट्जरलैंड) और ऑक्सफोर्ड (इंग्लैंड) की ख्यातनाम प्रयोगशालाओं में भेज दिए गए। वैज्ञानिकों ने रासायनिक पद्धति से नमूने साफ किये और टुकड़ों को कार्बन-14 की कसौटी पर कसा। तीनों प्रयोगशालाओं ने स्वतंत्र रूप से प्रतिवेदन दिए कि वह कफन ई.सं. 1000 से 1500 के समय का है। स्वाभाविक रूप से ईसा की मृत्यु के लगभग हजार वर्षों बाद जिस वस्त्र की निर्मिति हुई है उस वस्त्र का ईसा का कफन होना असम्भव था।

पोप द्वितीय जॉन पॉल ने तुरीन के कार्डिनल को आदेश दिया और यह खबर विश्व में फैल गई।

एक रहस्य का पर्दाफाश हुआ, यह मानकर वैज्ञानिक दृष्टि के धर्माधिकारियों ने राहत की साँस ली परन्तु अनेक श्रद्धालु भक्तों को यह निर्णय उचित नहीं लगा। अनेक तर्क-वितर्क किये गए।

कफन पर बेस्टसेलर लिखनेवाले श्री आयन विल्सन ने कहा, '1532 में आग में कफन मिला था। आग बुझाने के लिए पानी के फव्वारे का उपयोग किया था। इसी कारण और पुनरूत्थित ईसा के शरीर से निकली किरणों (रेडिएशन) के कारण कार्बन परीक्षण पर हुए विपरीत परिणाम को नकारा नहीं जा सकता।' परीक्षण करनेवाले वैज्ञानिक पूर्वग्रह दूषित थे; उसका परिणाम उनके प्रतिवेदन पर होने का और एक आरोप था। कुछ लोगों का आग्रही प्रतिपादन था कि कालक्रम पद्धति विज्ञान में सर्वमान्य नहीं है।

ऑक्सफॉर्ड के कार्बन कालक्रम विशेषज्ञ प्रो. हॉल ने इन सारी बातों का उचित उत्तर दिया :

> उनके मतानुसार विशेषज्ञों को इस बात का पता था कि 1532 की आग में कफन के जले हुए हिस्से पर कपड़े का नया टुकड़ा चिपका दिया था इसलिए उन्होंने उस हिस्से को छोड़कर जहाँ ऊपर से नीचे तक सीधे धागे थे उस हिस्से का नमूना लिया था। प्रो. हॉल ने यह भी कहा था कि इसमें ए.एम.एस. (एक्सल-रेटेल मास स्पेक्ट्रोमेट्री) नामक अद्यतन कसौटी का उपयोग किया। इस कसौटी के लिए केवल छोटे नमूने पर्याप्त होते

है एवं इन्हें अब विश्वसनीय मान लिया गया है। तब यह कहना गलत है कि विज्ञान में कार्बन कालक्रम पद्धति सर्वमान्य नहीं है। उन्होंने अपने अनुभवों से यह भी कहा कि उन्होंने अब तक दो हजार तिथियाँ निश्चित कीं और उसमें एक भी गलती नहीं हुई है। 100-200 वर्ष की अवधि कम-ज्यादा हो सकती है परन्तु 1000 वर्षों की अवधि कम-ज्यादा होना सम्भव नहीं है। इसके साथ ही उन्होंने यह भी कहा कि परीक्षणकर्ताओं में अमरीका के वैज्ञानिक डोग डोनाहू निष्ठावान कैथोलिक हैं। उन्हें विश्वास था कि यह कफन दो हजार वर्ष पूर्व और ईसा का ही होगा। जब उन्होंने वैज्ञानिक कसौटी का निष्कर्ष देखा तब उन्हें बुरा लगा।

संक्षेप में, धर्म पालन से तात्पर्य धर्म संस्थापकों के कालातीत सन्देशों का पालन करना है। प्रत्यक्ष आचरण ही धर्म है। सन्त तथा पैगम्बर का सही-गलत स्मरण मतलब धर्म नहीं है। इसलिए धर्मग्रन्थों की कड़ी आलोचना होनी चाहिए। धार्मिक भवन, चीजें एवं उनके अवशेषों की जड़ों का पता लगाना चाहिए। जो सत्य की कसौटी पर खरा उतरेगा उसे ही स्वीकार करना चाहिए। शेष सभी को अन्धविश्वास मानकर टाल देना चाहिए।

जो धर्म आधुनिक विज्ञान का सामना करने में असमर्थ है वह धर्म कैसे हो सकता है, वह तो स्वयं के स्वार्थ के लिए बहुजनों के साथ की गई धोखाधड़ी है।

स्वामी विवेकानन्द ने ऐसे लोगों को अपने विचारों से बहुत हैरान किया है। उन्होंने कहा है :

जिस तरह हर विज्ञान शाखा तर्कबुद्धि के सहारे स्वयं का अस्तित्व प्रस्थापित करती है ठीक उसी प्रकार धर्म भी तर्कबुद्धि का सहारा ले सकता है? विज्ञान और बाह्य जगत की खोज के लिए जिन साधनों और पद्धतियों का उपयोग किया जाता है, क्या उन्हें धर्मशास्त्र पर लागू किया जा सकता है? इस प्रश्न का मेरा उत्तर 'हाँ' में ही होगा। यह जितना जल्दी घटित होगा उतना ही अच्छा है। ऐसा करने से यदि धर्म के नष्ट होने की सम्भावना है तो उसे धर्म न मानकर एक बेमतलब का तथा निरुपयोगी अन्धविश्वास मानना पड़ेगा। ऐसे अन्धविश्वासों का नाश होना बहुत ही अच्छी बात है इसके बारे में मेरे मन में बिलकुल सन्देह नहीं है। इन सभी परजीवियों को अलग कर इस प्रक्रिया में धर्म के यथार्थ सत्त्व की खोज अच्छी तरह कसौटी पर कस कर होनी चाहिए। धर्म के बारे में भी भौतिक विज्ञान तथा रसायन विज्ञान की तरह ही वैज्ञानिक दृष्टि होनी चाहिए जिसके कारण वह अत्यधिक ताकतवर बनेगा।

तनिक आगे, तनिक पीछे

डॉ. बाबासाहब आंबेडकर द्वारा की हुई पानी पीने के मनुष्यता के अधिकार की चवदार तालाब पर हुई समता की लड़ाई को अभी पैंसठ साल ही हुए हैं। उन्होंने ही इस अधिकार का अमल किया और संघर्ष की शुरुआत हुई। कट्टरपन्थियों का खून खौल उठा। वह कर भी क्या सकते थे? उनके द्वारा ताँबे के एक सौ आठ कलशों से तालाब का पानी लाया गया। अपवित्र हुए पानी को शुद्ध करने के लिए उसमें पंचगव्य मिला दिया। पंचगव्य से तात्पर्य गाय से मिलनेवाले पाँच पदार्थ : दूध, गोमूत्र, गोबर आदि। गोबर तथा गोमूत्र मिलाने से शुद्ध हुआ कलश का पानी समारोहपूर्वक तालाब में उँडेलने से चवदार तालाब का वह पानी फिर से पवित्र हुआ था।

जाति भी एक अत्यधिक जहरीला अन्धविश्वास था, इसमें सन्देह नहीं है। केवल कोई किसी विशेष जाति तथा गोत्र का है इसलिए वह इतना पवित्र कि उसके चरणों का पानी तीर्थ बनता था और दूसरा चाहे जितना भी प्रज्ञावान हो, उसकी जाति के कारण उसके स्पर्श को अपवित्र कहा जाता है। इसके लिए अन्याय के अलावा कोई दूसरा शब्द नहीं है। जाति और व्यवस्था के अत्यधिक दृढ़ सम्बन्धों के स्वरूप के कारण हम उसके अन्धविश्वासी स्वरूप को भूल गए हैं।

आगे चलकर हमने इस अन्याय को संविधान की पुस्तक के पन्नों के आदेश से मिटा तो दिया लेकिन जनमानस के दिलो-दिमाग रूपी पृष्ठों पर अंकित उसके गम्भीर चिह्नों को मिटाने का प्रयास मात्र कम हुआ है। पवित्र-अपवित्र, छूत-अछूत, शुभ-अशुभ जैसी कल्पनाएँ स्थायी रहीं। कुछ विपरीत घट जाने पर दिल दस्तक देने लगा, अरे, कुछ छुआछूत तो नहीं हुई, जिसके कारण ऐसा विपरीत घटित हुआ है? यह भावना इतनी सशक्त थी कि विज्ञानरूपी मजबूत गढ़ भी ध्वस्त हुए। लम्बे अन्तराल के बाद इसका दर्शन अभी-अभी उसी रायगढ़ जिले में हुआ।

इस जिले के नागोठणे में अत्याधुनिक तकनीक के सहारे आई.पी.सी.डब्ल्यू. गैस परियोजना शुरू है। विश्व की बड़ी-बड़ी परियोजनाओं में जिस प्रकार से दुर्घटनाएँ घटित होती हैं, वैसे ही नागोठणे की इस परियोजना में एक भयंकर विस्फोट हुआ। श्रमिकों ने जिस यंत्र का इस्तेमाल किया था उसकी और उसके आसपास के परिवेश की बारीकी से जाँच-पड़ताल हुई। वास्तव में श्रमिकों से हुई गलतियों को टालने के

लिए नई क्षमता आधारित वैज्ञानिक योजना का उपयोग करना चाहिए था। नई योजना के अनुसार उसकी शुरुआत हुई लेकिन प्रबन्धक के दिमाग में एक अद्‌भुत कल्पना आ गई। वह यह थी कि आनेवाले समय में ऐसी दुर्घटनाओं से बचने के लिए स्थान की शान्ति कर सुदर्शन एवं मृत्युंजय यज्ञ समारोह का बड़ा आयोजन सम्पन्न हो।

लाखों रूपए खर्च करके होनेवाले इस यज्ञ के यजमान आई.पी.सी.डब्ल्यू. के चेयरमैन हसमुख शहा थे। इस समारोह में श्री तथा श्रीमती पद्‌मनाभन, कृष्णन जैसे ऊँचे ओहदों पर विराजमान मंडली पूजा कर रही थी। भव्य सुशोभित शामियाना तैयार किया था। दिन में भजन तथा कीर्तन शुरू थे। यज्ञ का पौरोहित्य पाली के प्रसिद्ध वेदशास्त्रसम्पन्न पंडित सुहास गद्रे के मार्गदर्शन में हुआ। ग्यारह ब्राह्मण सहायता के लिए थे। प्रसाद के लिए हजारों लड्डू मँगवाए गए थे।

कुल पच्चीस धार्मिक विधियाँ सम्पन्न हुई थीं। उनमें से कुछ इस प्रकार हैं : स्थलशुद्धि, आत्मशुद्धि, पुष्परस संकल्प, अग्नि स्थापना, नवग्रह स्थापना, स्थंडील कर्म, नवग्रह होम, प्रायश्चित्त आहुति, बलिदान, सत्यनारायण पूजा, पूर्णाहुति, मंत्राक्षता, महाप्रसाद।

यज्ञ के लिए मुम्बई से कई डिब्बे गाय का घी तथा इसके अलावा श्रीखंड मँगवाया गया था। इस सबका क्या अर्थ है?

क्या चवदार तालाब के कट्‌टरपन्थियों की पंचगव्य शुद्धि और यहाँ की स्थल शुद्धि इन दोनों में निहित मानसिकता एक नहीं है? वह यही कि कुछ व्यक्तियों में जैसे पवित्र-अपवित्र, शुद्ध-अशुद्धता का भाव होता है वैसे ही स्थान में भी होता है। उस अशुद्ध छाया से दूर रखने के लिए स्थल शुद्धि की जाए। उसके लिए अस्तित्वहीन नवग्रहों की स्थापना की जाए। वैज्ञानिक प्राथमिक ज्ञान जिन्हें नकारता है वे राहु तथा केतु एवं प्रधान नवग्रहों की शान्ति के लिए होम करें। कुछ रहस्यमयी शक्तियाँ भी होती है। उनके कोप से संकट जा जाएगा। ऐसा माना जाए कि यज्ञ से उसे टाला जा सकता है। ब्राह्मण, ईश्वर के लाड़ले हैं इसलिए उन्हें ही यज्ञ करना चाहिए। उसके लिए ब्रह्मवृंदों को आमंत्रित करना चाहिए। फिर यह शक्ति अपौरुषेय वेदों में होने के कारण वे सभी वेदशास्त्र परायण होने चाहिए।

क्या उपरोक्त सभी परिकल्पनाओं को प्रमाण मानकर अत्याधुनिक तकनीकी परियोजना के उच्च अधिकारी को पाटम्बर में पूजा-पाठ करना चाहिए? लोगों को देखने में भी दुर्लभ शुद्ध घी उसमें उँडेल देना चाहिए?

इन आरोपों पर अधिकारियों का स्पष्टीकरण था कि इनके कारण कर्मचारियों के मन को राहत मिलेगी। उनका साहस बढ़ेगा। कहना होगा कि मनुष्य को अज्ञातों के हाथों की कठपुतली बनाकर साहसी बनानेवाली यह अजब राह है।

क्या आपकी समझ में एक और विशेष साजिश आ गई? यदि दुबारा दुर्घटना घटित होती है तो दोष हटाने की विशेष सुविधा है। पहले वाले यज्ञ की गलती अथवा

कमी होने पर तकनीक एवं यंत्र को किसी प्रकार का दोष नहीं दिया जाता। काशी से पंडित बुलाकर यज्ञ में सुधार कर महामृत्युंजय का नया संस्करण छपता। साथ ही घी भी बैरल से मँगवाया जाता।

मेरी माँ मुझे नदी किनारे स्थित शिवजी के मन्दिर के सामने स्थित नन्दी की कहानी सुनाती थी। वह कहती थी कि वह नन्दी आगे-आगे बढ़ता था। लोगों का विश्वास था कि नन्दी के ऐसे ही नदी के पानी में चले जाने पर सत्ययुग की शुरुआत होगी। दिक्कत यह थी कि हर साल वह तनिक-सा आगे बढ़ जाता है।

चवदार तालाब से नागोठणे की पैंसठ वर्ष की यात्रा क्या आपके देश में अन्धविश्वास उन्मूलन तथा विज्ञानयुग की गति को नहीं दर्शाती है? आपको क्या लगता है?

भूखा कौआ पिंड के पास!

मुम्बई दूरदर्शन केन्द्र में विजया जोगलेकर-धुमाले के साथ गपशप हो रही थी। वहाँ एक प्रतिष्ठित व्यक्ति पहुँच गया। विजयाबाई ने उनसे मेरा परिचय करवाया, नाम सुनते ही उन्होंने कहा, "आपके बारे में परसों ही सुना था।"

मैंने उनकी ओर प्रश्नार्थक दृष्टि से देखा लेकिन उन्होंने स्पष्टीकरण दे दिया।

"अभी-अभी मैं मरघट में गया था। कौआ पिंड को छू नहीं रहा था। लोग कह रहे थे, बुलाइए दाभोलकर जी को और दिखाइए जरा। लगभग तीन घंटों बाद सभी के शपथ लेने पर कौवे ने पिंड को स्पर्श किया।"

हिन्दू धर्म में दशपिंड विधि होती है। मृतकों के बच्चे या कोई सगे-सम्बन्धी रिश्तेदार मरघट में जाकर नदी में नहाकर आते हैं। नाई से बाल कटवाए जाते हैं। बाद में पुरोहित तथा पंडित की आज्ञा के अनुसार विधि की जाती है। मृतात्मा को शान्ति तथा समाधान प्राप्ति हेतु अच्छा भोजन बनाकर परोसा जाता है। उस भोजपत्र से दूर बैठकर कौवों को बुलाया जाता है। ऐसा माना जाता है कि यदि कौआ जल्द ही भोजपत्र का स्पर्श करता है तो मृत व्यक्ति भाग्यवान होता है। ऐसा माना जाता है कि बेचारे की सभी इच्छाएँ पूर्ण हुई हैं। लेकिन कौवे के पत्तल की ओर न आने पर मृत व्यक्ति का बेटा, बेटी, पत्नी आदि मनुहार करते हैं, "हम उनका अच्छा पालन-पोषण करेंगे। चाहा-अनचाहा सब देखेंगे। चिन्ता मत करना।"

लोग मरघट में ही थोड़ी दूरी पर जाकर बैठते हैं। कौवे के आकर चोंच स्पर्श कर चले जाने पर कुल निष्कर्ष निकाला जाता था, 'दम घुट रहा था' और कौवे के न आने पर तो कुश का कौआ बनाकर विधि सम्पन्न करते थे।

अन्धविश्वास है कि सम्पूर्ण जीवन को सन्तुष्टता के साथ जीकर किसी भी प्रकार की अतृप्त इच्छा न रखते हुए व्यक्ति की मृत्यु होने पर कौआ उसके पिंड को स्पर्श तुरन्त करता है और अधूरी इच्छा तथा वासना रहने पर वह कई प्रयासों के बावजूद पिंड-स्पर्श नहीं करता है।

लेकिन बड़े-बड़े लोगों को अन्धविश्वास की बात पर विश्वास ही नहीं होता।

एक जिले के महाविद्यालय से भाषण देकर बाहर निकला था। प्राचार्य पहुँचाने के लिए दरवाजे तक चले आए और स्वयं विषय को छेड़ते हुए कहा :

डॉक्टर, विश्वास नहीं होता लेकिन अनुभव होता है और मानना पड़ता है। हमारे घर की कहानी है। हमारे दादा जी का निधन हुआ था। उम्र अधिक थी। प्राकृतिक तथा शान्तिपूर्ण मृत्यु हुई। दादा जी पूजापाठ और जप करते थे। उनके शिष्य भी थे। उनमें स्त्रियाँ भी थीं। सोनाबाई नाम की एक वृद्ध और विधवा उनकी शिष्या थी। इसी कारण अपने गाँव के घर में दादा जी स्वस्थ रह सके। वह भोजन बनाना तथा घर के सारे काम करती थी। उसका हमारे सगे सम्बन्धियों में सम्मान होता था। दादा जी गुजर गए। हम सभी दसवें दिन नदी पर गए। कौवे के लिए पिंड बनाया। दादा जी का पूरा जीवन कीर्तन, पूजन, प्रवचन आदि में बीत गया। अपनी सम्पूर्ण उम्र का पके हुए फल की भाँति सहज लाभ उठाने के कारण मृत्यु आने से उनमें संसार के प्रति लगाव नहीं रहा था। सभी को उम्मीद थी कि कौआ जल्द ही पिंड को स्पर्श करेगा। लेकिन पिंड छूने में काफी समय लगा। अन्त में सभी परेशान हो गए। सबको लगता था कि इनकी कौन-सी इच्छा अधूरी हो सकती है। इस कारण कुश का कौआ बनाकर काम चलाना तय हुआ। एकाएक छोटे चाचा ने कहा, "सोनूबाई का खयाल रखेंगे, गाँव के घर में रहने देंगे।" इतना कहने पर तुरन्त कौवे ने पिंड को स्पर्श किया। अब इस बात को क्या कहेंगे? आपका विज्ञान मानता है कि प्रकृति में घटित भूचाल, आँधी जैसे सभी परिवर्तनों का बोध पहले ही पशु-पंछियों को होता है। ढेर मे छिपे प्रेत का पता मनुष्य को नहीं चलता है लेकिन कुत्ते को उसकी गन्ध आती ही है न? इसका अर्थ है कि पशु-पंछियों में अधिक शक्ति होती है। वास्तव में इन बातों के अध्ययन की आवश्यकता है। हमारे पूर्वजों का पशु-पक्षियों के बारे में गहरा अध्ययन था। उसमें उन्हें कौवे की अद्‌भुत शक्ति का पता चला ही होगा। जब पूर्वजों ने इस प्रकार की खोज की तब उनका उद्‌देश्य किसी को धोखा देना नहीं था। क्या इस पर अनुसन्धान नहीं होना चाहिए?

वास्तव में मोटे तौर पर बेजोड़ लगनेवाला यह संवाद कितना थोथा एवं भ्रमपूर्ण है। इस पर सजगता से विचार करने की आवश्यकता है।

पहले तो घटनाक्रम का पता करने पर मालूम होगा कि कितनी कहानियों में परिकल्पनाएँ है? पहली बात, प्रत्येक व्यक्ति की आत्मा होती है। दूसरी, वह आत्मा व्यक्ति की मृत्यु के पश्चात कम-से-कम दस दिनों तक आसमान में तैरती है। (या स्वर्ग तथा नर्क से दसवें दिन ड्यूटी के लिए श्मशान में उपस्थित रहती है।) तीसरी बात, आत्मा को शुद्ध शाकाहारी मनुष्य की होने के बावजूद मरे हुए मांस पर चोंच मारते कौवे के शरीर में जाते समय कुछ नहीं लगता। (उस आत्मा की चाहे जितनी

इच्छा हो पर उसे शाकाहारी कौआ मिलना सम्भव नहीं है।) चौथी बात, कौवे के शरीर में प्रवेशित आत्मा को मनुष्य का मस्तिष्क मिलता है क्योंकि इसके बिना वह मनुष्य की भाषा को उसके सम्पूर्ण आशय के साथ कैसे समझेगा। पाँचवीं बात, आत्मा क्या चाहती है इसका दशपिंड विधि के लिए श्मशान में इकट्ठा हुए लोगों से संकेत मिलने पर कौआ तुरन्त हरकत करता है और उस निर्णय को आत्मा की पसन्द जाहिर करता है। छठी बात, यह काम बनते ही बेचारी आत्मा जल्दबाजी में कौवे की देह से अलग होती है क्योंकि कौवे थोड़े और आत्माएँ अधिक होने के कारण शेष आत्माएँ अपने नम्बर की प्रतीक्षा के लिए लाइन में खड़ी रहती हैं। सातवीं बात, कहते हैं कि प्रत्येक जीव में एक ही आत्मा होती है परन्तु कौआ अद्भुत प्राणी है कि जिसमें कभी-कभार एक साथ दो आत्माएँ रहती हैं जिसमें एक स्वयं की और दूसरी किसी और मनुष्य की। वास्तव में *सोचिए तो सही* पुस्तक के लिए इससे विशेष उदाहरण ढूँढ़ने पर भी नहीं मिलेगा। सत्य को जानने के लिए सूक्ष्म दृष्टि अपनाने की आवश्यकता है।

कोई भी मरनेवाला व्यक्ति अपनी अनेक इच्छाओं की पूर्ति के अभाव में ही मरता है। अपनी वृद्धावस्था में अपने बेटे की जवानी खुद के लिए माँगनेवाला ययाति मनुष्य की अतृप्त वासनाओं का प्रतिनिधि है। "महाराज अभी कीले पर पहुँच चुके हैं, मैं चैन से अपने प्राण त्याग देता हूँ।" कहनेवाला बाजीप्रभू अपवाद में ही मिलता है! इसका अर्थ है कि अपवाद छोड़ दें तो मृत व्यक्ति के पिंड को कौवे का अपने-आप स्पर्श ही नहीं होना चाहिए। लेकिन वास्तव में कौआ कई लोगों के पिंड को तुरन्त स्पर्श करता है।

हमारे आन्दोलन के एक सदस्य ने जान-बूझकर एक अध्ययन किया। ऐन जवानी में दुर्घटना का शिकार हुए व्यक्तियों और अनेक पारिवारिक जिम्मेदारियों के रहते अचानक निधन हो जानेवाले लोगों के पिंडदान के समय इसका निरीक्षण किया कि पिंड रखने के बाद कौआ कितने समय में पिंड को स्पर्श करता है। वास्तव में इन सारी मृतात्माओं की छत्ते पर बैठी मधुमक्खियों की तरह अत्यधिक अतृप्त इच्छाएँ होती हैं। परन्तु सत्तर प्रतिशत से अधिक बार कौवे ने पिंड स्पर्श किया। बुद्धिजीवियों के निष्कर्ष तक पहुँचने के लिए यह संकेत पर्याप्त है।

हर कहीं दिखाई देनेवाला कौआ अन्य पक्षियों की तुलना में साहसी है। मरघट के आसपास के अभ्यस्त कौवों के कारण पिंड के पास के लोग उन्हें उकसाते नहीं हैं। वे अनुभवों से जान जाते हैं जिस कारण वे तुरन्त पिंड स्पर्श करते हैं। यह अनुभव शहर में होता है। शहर के पास अन्य खाद्य पदार्थों की कमी होने के कारण ऐसे परिवेश के कौवे के भूखे होने की सम्भावना अधिक रहती है। यही कारण है कि पिंड स्पर्श तुरन्त होता है। गाँवों में मरनेवालों की संख्या कम होने के कारण कौवे मरघट में स्थायी नहीं होते हैं। हर प्राणी को अपने जीव का डर होता ही है। कभी

जूठे हाथ से भगानेवाले लोग आज पत्तल रखकर बुलाते हैं। इसमें अपने प्राणों का धोखा तो नहीं है? कौवे में यह मामूली जीवन रक्षण की समझ होना स्वाभाविक है। जो कौवे अभ्यस्त नहीं होते हैं वे पिंड के पास पहुँचते हैं और पास बैठे हुए लोगों के डर से तुरन्त उड़ जाते हैं। कभी-कभी पास भी नहीं आते हैं। लोग इसका अर्थ अपनी सुविधानुरूप लगाते हैं। पत्तल के पास से लोगों के दूर चले जाने पर कौआ अनाज पर एक चोंच मारकर उड़ जाता है। वह आराम से नहीं खाता। कौवे के पत्तल को स्पर्श करने पर लोग वहाँ से चले जाते हैं। तत्पश्चात कौवे उस पत्तल पर टूट पड़ते हैं। इसके अलावा गाँवों में कौवों को खाने के लिए ज्वार के दाने, मकई के दाने आदि मिलने की सम्भावना होती है। कौवे भूखे न होने पर पिंडस्पर्श की जल्दबाजी क्यों करेंगे?

लेकिन इस अध्याय से मृतात्मा का अस्तित्व, उसकी इच्छापूर्ति आदि के परिणामों की जल्दबाजी कौवे को तो नहीं लेकिन मनुष्य को तो होती है। जाँच-पड़ताल के अभाव में रूढ़ियों के अनुकरण से जो अन्धापन आ जाता है, उसका यह नमूना है।

आन्दोलन के एक सदस्य ने इन सारी बातों को लेकर बार-बार वही प्रश्न उठानेवालों को अच्छा जवाब दिया था। उसने कहा, "प्रयोग करेंगे। जिन्दगी भर शाकाहारी रहे मनुष्य का, बढ़िया मांसाहारी पिंड बनाएँगे। वास्तव में कौवे उससे दूर जाने चाहिए लेकिन भरोसा करता हूँ कि वे तुरन्त इकट्ठा होंगे।"

उलटी जाँच-पड़ताल का ऐसा मुद्दा उठने पर लोग जरूर कहेंगे, "कभी नहीं! आप लोग किसी पर भरोसा नहीं करेंगे। इसकी आड़ में कुछ तो कारण जरूर होगा!"

समय की बरबादी, समाज का अन्धापन और अन्धविश्वास की नींव आदि में ही इसका कारण निहित है।

लुकाछिपी या डिठार वृत्ति

व्यसनमुक्ति के लिए अथक परिश्रम करनेवाली पुणे की 'मुक्तांगण मित्र' संस्था के समारोह के लिए गया था। हमेशा की ही तरह अन्धविश्वास उन्मूलन विषय पर बोलना था।

वहाँ पहुँचे हुए सभी व्यसनग्रस्त और पीड़ित थे। उनके घर-परिवार पर भी इसकी छाया दिखाई देती थी। स्वाभाविक रूप में उनके घर का पहला आधार कोई बाबा, बुवा, गुरु, महाराज तथा दैवी पुरुष ही था।

हर एक ने अपना अनुभव बयान किया जिसमें उन्होंने ओझा के पास कैसे पहुँचे, परिवारवाले कैसे ले गए, ओझा ने क्या सुझाव दिया, क्या कहा, कौन-सी शर्तें रखीं, ओझा ने कौन-सा पथ्य बताया आदि का वर्णन किया। ओझा के पास जाने के बाद शराब की लत बन्द हो जाएगी इसलिए वहाँ जाने से पहले भरपूर शराब कैसे पी ली गई। ओझा को हराने के लिए बाद में भी शराब पीते रहे। बयान किया कि परिवारवालों को इन बातों से अनभिज्ञ रखकर उनसे कैसी धोखाधड़ी की और बाद में मुक्तांगण तक कैसे पहुँचे। उनके कथन से पता चला कि अब वे ठीक हैं।

लेकिन एक व्यक्ति ने अलग ही मुद्दा प्रस्तुत किया। उसने कहा, "आप कहते हैं कि ओझा के पास जाने से शराब की लत बन्द नहीं होती। मेरे अनेक परिचितों की बन्द हुई है। और इस व्यसनमुक्ति केन्द्र में नियमित चक्कर लगानेवाले भी कई देखे हैं जिन्होंने यहाँ तो शराब पीना बन्द किया था लेकिन बाहर जाने के बाद फिर ज्यों का त्यों। उक्तिनुसार किसी महाराज के पास जाकर कई लोगों की जो हालत होती है वही इस केन्द्र से घर पहुँचने पर भी होती है। क्या यह एक पाखंड तथा बुवाबाजी नहीं है? सिर्फ उस बुवाबाजी को ही बदनाम क्यों करते हो? जिस किसी को उसका असर पड़ेगा वही सच्चाई मानी जाएगी। इस अनुभव के बयान से इस प्रश्न का समाधान हुआ कि प्रमुख अतिथि के रूप में मुझे क्या बोलना है। मैंने कहा, "मुक्तांगण व्यसनमुक्ति केन्द्र का मतलब क्या महाराज का कृपाप्रसाद है? यह प्रश्न ही नहीं उठता कि वह अपने-अपने नसीब का मामला है। महत्त्वपूर्ण बात सचेत होने की है। बाबा तथा गुरु से जो करवाया जाता है वह सारा रहस्य ही है। वह जप-तप करवाता है। परिवारवालों को व्रत रखने के लिए मजबूर करता है।

साथ में भस्म तथा धूप तो होते ही हैं। मंत्र, होम-हवन तथा अनुष्ठान आदि तो उसके लिए अनिवार्य ही होता है। ग्रहों की बुरी दृष्टि के कारण व्यसनरूपी शनिचर पीछा कर रहा है यह कहकर ग्रह की शान्ति का सुझाव देते हुए उपाय बताया जाता है। विश्वास भी दिलाया जाता है कि मुर्गे तथा बकरे की बलि से संकट से राहत मिलेगी।"

घर के प्रधान पुरुष एवं कुछ करने की इच्छा रखनेवाले बेटे को व्यसनाधीनता का शिकार तथा बरबाद होते देखकर आतंकित मनुष्य कमजोर हो जाता है। हर किसी के कहने पर हर प्रकार का उपाय करने के लिए वह तैयार होता है। कुछ भला होने की उम्मीद मन में बनी रहती है। लेकिन मनचाहा घटित न होने पर नसीब परखने की बात की जाती है।

व्यसन से क्या तात्पर्य है? वह मनुष्य को अपने जाल में कैसे कस लेता है? क्या उसका इलाज है? कौन-सा? वही क्यों? इन प्रश्नों में से किसी का भी विचार न करते हुए लुकाछिपी का खेल शुरू होता है और जारी रहता है।

मुक्तांगण हो या अन्य कोई भी व्यसनमुक्ति केन्द्र हो, जो भी कोई वहाँ जाता है उन्हें इस बात का विचार दिया जाता है कि शराब, चरस, अफीम, गर्द आदि कोई भी व्यसन (विश्व स्वास्थ्य संगठन की ओर से मान्यता प्राप्त) एक बीमारी है। कमजोर व्यक्तित्व, प्रवृत्ति दोष तथा आसपास की परिस्थितियों से उसका जन्म होता है। बीमार व्यक्ति से मारपीट करने और उसका तिरस्कार करने से क्या लाभ है? परिचितों के उसके व्यसन से परेशान, क्रोधित, निराश और उदास होने से कुछ नहीं होता। छूटी हुई बोतल पुनः शुरू हो जाती है इसलिए इलाज टालने (और बाबाओं के पैर छूने में) का कोई अर्थ नहीं होता। कारणों की तलाश करनी पड़ती है। दोष खोजने चाहिए। उपायों में भी परिवर्तन करना पड़ता है। व्यसन से राहत कैसे मिलेगी? उसका मन किन चीजों में बना रहेगा? पुनः गलती को कैसे टाला जा सकता है? व्यसनाधीन व्यक्ति के पारिवारिक सम्बन्ध सुधारने के लिए कौन-से उपाय किये जा सकते हैं? उसे नौकरी तथा व्यवसाय में स्थापित कैसे किया जा सकता है? उसके सम्मान पर होते आघात को कैसे रोका जा सकता है? उसे विगत सामाजिक प्रतिष्ठा कैसें मिल सकती है? ये सारे प्रश्न मनुष्य के मन, जनजीवन और सामाजिक यथार्थ से सम्बन्धित होते हैं। उनका समाधान किसी भी पावरफुल बाबा से सम्भव नहीं है। वह उस व्यक्ति तथा उसके सहृदयी को साहस और धैर्य के साथ करना पड़ता है। बात सिर्फ इलाज से सम्बन्धित प्रेम, आत्मीयता और कमजोरी बरतने की नहीं है। महत्त्वपूर्ण यह है कि इलाज कैसे करना है? सतर्कता के साथ या अन्धेपन से? परिस्थितियों का सामना कैसे करना है? रहस्यों के अधीन रहकर या कार्य-कारण सम्बन्ध ढूँढ़कर इलाज करके?

सम्भवतः प्रयास अधूरे हो सकते हैं। कभी-कभार उनसे गलतियाँ भी हो सकती हैं। लेकिन आगे चलकर वे ही पर्याप्त होंगे। आज की कमियों को सुधारने से कल

का समाधान मिल जाएगा। वास्तविक प्रश्नों का समाधान कभी टोटके और तावीजों से नहीं होगा। उनकी ओर आकर्षित होने से प्रश्नों के समाधान की दिशा ही चुक जाएगी।

गणित की रीति पूर्णत: गलत होने पर भी कभी-कभी निश्चित उत्तर मिलता है। वैसे ही तिलक और माला से भी कभी-कभार होता है लेकिन हर किसी को खुद से प्रश्न करते हुए उसके उत्तर की खोज करनी चाहिए। व्यसनाधीनता हो या अन्य दिक्कत इनके इलाज का सही मार्ग कौन-सा हो सकता है? पलायनवाद, आत्मसमर्पण या सतर्क प्रामाणिक प्रयास?

राज्यपाल का अन्धविश्वास

अन्धविश्वास उन्मूलन कार्य में कुछ प्रश्न जोर से पुनः-पुनः घेर लेते हैं : विज्ञानवादियों को श्रद्धा एवं अन्धविश्वास के निश्चित अन्तर को स्पष्ट करना चाहिए, क्या आपके विज्ञानवाद की सीमाएँ नहीं हैं? क्या आप ईश्वर को डुबोना चाहते हैं? आदि। लेकिन राज्यपाल की कृपादृष्टि के कारण इस वैचारिक विवाद को व्यावहारिक संग्राम का स्वरूप प्राप्त हुआ।

महाराष्ट्र में 1992 में समय पर बारिश नहीं हुई। लोग पगलाए हुए थे। उसमें राज्यपाल ने सभी को आह्वान किया कि 'फलाने दिन सुबह 11 बजे बारिश के लिए सभी प्रार्थना करें और करुणा भाव प्रस्तुत करें।'

राज्यपाल के कहने पर अपने-आप सूचनाएँ प्रकाशित हुईं। जिलाधीश से लेकर सभी कर्मचारी और शिक्षा संचालक से लेकर सभी प्राध्यापक, विद्यार्थी आदि की हाथ जोड़े और आँखें बन्द किये हुए फोटो अखबारों में दिखाई देने लगी। उसके बाद एक-दूसरे पर इलजाम तथा खंडन-मंडन का संग्राम शुरू हुआ; विश्वात्मक ईश्वर की आराधना करना यह भोली विचारधारा है। मुझे इसमें दो कमियाँ दिखाई दीं। एक अत्यन्त महत्त्वपूर्ण है कि इसमें मूल प्रश्न के केन्द्र का एक हिस्सा विमर्श से साफ अलक्षित रहा है; दूसरी यह कि विमर्श को एक बहुरंगी प्रासंगिकता प्राप्त हुई है। वास्तव में देश के संविधान की प्रस्ताविका में वैज्ञानिक प्रसार मार्गदर्शक तत्त्व के रूप में है। नई शिक्षा नीति में वैज्ञानिक बोध विकसित करने का आग्रह है और प्रत्यक्षत: देश में अवैज्ञानिकता एवं अन्धविश्वास पर्याप्त मात्रा में है। देश में इसके बारे में अधिक गम्भीरता से विमर्श होना चाहिए था। आज देश के सामने कई भयंकर सवाल खड़े हैं। क्यों नहीं पंजाब, असम, कश्मीर में महँगाई, कर्ज, भ्रष्टाचार आदि के खिलाफ प्रार्थना के लिए साप्ताहिक समय-सारिणी जाहिर नहीं की जाती? हर दिन किसी-न-किसी समस्या को लेकर ईश्वर के सामने करुणा भाव से प्रस्तुत होनेवाले बड़े-बड़े लोगों को यह सवाल उचित नहीं लगा। उन्हें वह अपनी आस्था पर दोषारोपण लगने लगा। यहाँ तक प्रतिक्रियाएँ मिलीं कि श्रद्धा डुबो रहे हो। स्पष्टीकरण में उपरोक्त सारे प्रश्नों को मानवनिर्मित कहा गया। अकाल दैवी आपदा है, प्राकृतिक है। उसके लिए ईश्वर की आराधना करने में आपत्ति क्यों है?

मनुष्य परिस्थिति अपने बस में न रहने पर किसी-न-किसी का सहारा लेता है जो उसकी प्रवृत्ति का स्वाभाविक आविष्कार है। लेकिन सम्पूर्ण सामाजिक विवेक का खयाल रखना भी मनुष्य की समझदारी का अंग मानना चाहिए। साल भर आवारा घूमने और बिलकुल अध्ययन न करके परीक्षा के समय चाहे जितना मन लगाकर प्रार्थना की जाए, वह बेकार होगी और अनुचित भी, इस बात पर मतैक्य होता ही है।

पूज्य विनोबा भावे के प्रार्थना-क्षेत्र के अधिकार को कोई नकार नहीं सकता। वे कहते थे, "अरे, प्रार्थनाओं की भी सीमाएँ होती हैं। आपको दिल्ली जाना है। आपके मद्रास की गाड़ी में बैठने और पूरी यात्रा में आलाप करके ईश्वर को गाड़ी दिल्ली ले जाने की प्रार्थना करने पर उसका क्या उपयोग है?"

राज्यपाल के प्रार्थना करने के आह्वान में उनके सभी अनुकरणकर्ता इसी बात को भूल गए हैं (या जान-बूझकर भूल गए हैं!) कि अकाल का प्रभाव दिखाई दे रहा था लेकिन इसका प्रमुख कारण बारिश का समय पर बरसना नहीं था। महाराष्ट्र में पानी का उपयोग नियोजनशून्य एवं अत्यन्त अवैज्ञानिक तरीके से होता है। यह संकट, अकाल 'आसमानी' नहीं, 'सुलतानी' है। इसका इलाज प्रार्थना से नहीं हो सकता है।

पहले इस बात की ओर निश्चित ध्यान देना होगा कि अकाल से तात्पर्य पीने तथा फसल के लिए पानी का अभाव। जबकि हम इसका सम्बन्ध बारिश के कम-अधिक मात्रा में होने के साथ जोड़ते हैं। लेकिन इसे एक-दूसरे के साथ नहीं जोड़ा जा सकता। इसके तीन साल पहले अच्छी बारिश होने पर भी मराठवाड़ा तथा विदर्भ में भयंकर अकाल रहा!

इसके लिए बिलकुल स्पष्ट आँकड़े देख सकते हैं :

> महाराष्ट्र में औसतन वर्षा 1200 मिलीमीटर (48 इंच) है और पानी के उचित नियोजन से अकाल उन्मूलन सम्भव होगा। स्थान तथा काल की दृष्टि से फर्क होने के बावजूद मात्र 402 से 500 मिलीमीटर बारिश पर भी हमें दो नहीं लेकिन एक फसल, घास एवं पीने का पानी निश्चित मिलने में सन्देह नहीं है। विश्व, देश तथा महाराष्ट्र में यह सिद्ध हो चुका है। 'सूखा' प्राकृतिक है परन्तु 'अकाल' मनुष्यनिर्मित है। इतना ही नहीं बल्कि नियोजन की असफलता और सरकारी कार्यशीलता का अभाव ही इसका कारण है। 400 से 500 मिलीमीटर जैसी अत्यल्प और बेमौसम बारिश के पानी में से 20 प्रतिशत पानी का व्यवस्थित रूप से संचयन करने पर अकाल पीड़ित परिवेश में से आधे क्षेत्र में 'संरक्षित सिंचाई' की सुविधा उपलब्ध कराई जा सकती है। वास्तव में महाराष्ट्र की 303 तहसीलों में से 200 से अधिक तहसीलों में 750 मिलीमीटर से अधिक बारिश होती है।

तात्पर्य यह कि महाराष्ट्र में उपलब्ध पानी का उचित संचयन करने से अकाल का स्थायी उन्मूलन हो सकता है। लेकिन वर्तमान में महाराष्ट्र की सिंचाई की स्थिति अत्यन्त निष्क्रिय एवं जर्जर होने के कारण और पानी संचयन का तरीका गलत होने के कारण वह दिन-ब-दिन अधिक बीमारावस्था की शिकार हो रही है।

जायकवाड़ी तथा उजनी बाँध में जितनी जमीन चली गई है उतना क्षेत्र भी सिंचित नहीं है। ऐसे बाँधों पर और दस हजार करोड़ रुपए खर्च करना कहाँ तक उचित है?

आज की तारीख में महाराष्ट्र के कुल बुआई क्षेत्र में से मात्र 2.5 से 3 प्रतिशत क्षेत्र में गन्ने की फसल होती है। लेकिन इसके लिए 60 प्रतिशत पानी का सिंचाई के लिए उपयोग किया जाता है। केवल 3 प्रतिशत भूभाग के लिए 60 प्रतिशत पानी का उपयोग होना मतलब जमीन तथा पानी दोनों साधनों का नुकसान और फिजूलखर्च है। इसकी ओर समय पर ध्यान देते हुए समस्याओं का समाधान नहीं हुआ तो महाराष्ट्र में पानी का संकट गम्भीर होगा। अभी जितने पानी का उपयोग होता है उससे आधे पानी में गन्ने का उत्पाद दुगुना हो सकता है। यह बात स्पष्ट होने के बावजूद, इस दिशा में कोई कदम नहीं उठाए जाते। जब तक पानी और बिजली मुफ्त एवं नाममात्र मूल्य में मिलेगी तब तक इसकी चिन्ता कौन करेगा? प्रश्न किसान क्या करते हैं से सम्बन्धित न होकर नियोजन कैसे किया जाता है तथा नीतियों का गलत निर्धारण एवं अमल कैसे होता है से सम्बन्धित है।

विगत तीन वर्षों से लगातार अच्छी वर्षा होने पर भी महाराष्ट्र के ग्रामीण परिवेश में पीने के पानी का इतना संकट क्यों छा गया? इसका स्पष्ट उत्तर है :

> जमीन से बड़े पैमाने पर किया जानेवाला पानी का निकास। वर्तमान में राज्य में 17 लाख बिजली पम्पों से जल-निष्कासन हो रहा है जोकि पुनर्भरण से अत्यधिक है। नए कुएँ खुदवाकर तथा गहराई से पानी की निकासी करने की होड़ में दिन-ब-दिन पानी का संकट अत्यधिक गहराता जाएगा। एक ओर तीव्र गति से पानी का निष्कासन किया जाता है तो दूसरी ओर जमीन में पानी के रिसने तथा संचयन की ओर ध्यान नहीं दिया है। ये प्रश्न जल उत्सारण तथा संचयन में तालमेल के अभाव के कारण निर्मित हुए हैं। भूगर्भ के पानी के उपयोग के लिए कानून बनाकर उसके अमल के बिना निकासीकरण बन्द नहीं होगा, विशेषतः भरण और उत्सारण का मेल होना चाहिए। संक्षेप में अत्यधिक पुनर्भरण की ओर ध्यान देना होगा।

हमें इस बात की ओर ध्यान देना होगा कि पानी उपलब्धता तथा जलवितरण योजनाओं के लिए हर वर्ष 800-900 करोड़ रुपए खर्च होते हैं।

ईश्वर की प्रार्थना का प्रभाव, आम जनता के प्रति संवेदना, प्रार्थना के बाद बारिश के बरसने का अनुभव, विरोध करनेवालों की अत्यल्प संख्या, श्रद्धा एवं अन्धविश्वास के बीच की सीमा, मानव जीवन की उद्दीप्त भावनाओं का स्थान तथा इन सभी के कारण नित्य सवालों के घेरे में खड़े वैज्ञानिक दृष्टिकोण से क्या तात्पर्य है? इन प्रश्नों का दूसरा पक्ष है कि श्रद्धा एवं अन्धविश्वास क्या है? ईश्वर की प्रार्थना में आन्तरिक सामर्थ्य है। इसी कारण मनुष्य जीवन सुसह्य बनता है। विदेशों में भी प्रार्थनाएँ होती हैं। पोप की बीमारावस्था में भी सभी ने प्रार्थना की थी। विज्ञानवादी अंग्रेज भी 'गॉड सेव द किंग' कहते हैं। फिर हमारे जान-बूझकर शोरशराबा करने का क्या अर्थ है? ज्यादा-से-ज्यादा बात निर्दोष है इसलिए टाल दीजिए। आम जनता के हित में (अन्धविश्वास उन्मूलनकर्ताओं के कथनानुसार) हमारे द्वारा थोड़ा भोलापन करने पर क्या बिगड़ता है? आपका अन्धविश्वास उन्मूलन अच्छा है। लेकिन वह अंगारे तथा भस्म के निर्मूलन तक सीमित रखिए। निष्पाप प्राणियों की हत्या के खिलाफ आवाज उठाइए। भलाई के लिए हो रही प्रार्थना का अवमान मतलब बहुसंख्यकों की श्रद्धा की उपेक्षा करना है। यदि विज्ञानवादियों को कोई भी प्रार्थना स्वीकार नहीं है तो वे सभी भावनाओं से विमुख रहें। आधुनिक डॉक्टर भी मरीजों के लिए प्रार्थना की सलाह देते हैं। इसलिए इस मंडली को श्रद्धा एवं अन्धविश्वास के भेद से अवगत कराने का यही उचित समय है। अन्त में राज्यपाल महोदय ने पुरजोर हिमायत करते हुए कहा कि सामयिक रूप से की गई प्रार्थना ईश्वर के लिए नहीं, प्रकृति की है। उन्होंने दूसरे दिन अपनी ईश्वरवादी भूमिका वापस ली जिसकी बिलकुल आवश्यकता नहीं थी। उनका मानना था कि हमने ईश्वर की ही प्रार्थना की है। ईश्वर के प्रसन्न होने से ही धरती पर धुआँधार बारिश हुई, निश्चित रूप से उसकी प्रत्यक्ष कृपादृष्टि का ही यह परिणाम है, इस प्रकार की बहस होने लगी।

ईश्वर की प्रार्थना में निहित आन्तरिक क्षमता के निश्चित विधान की सचेत होकर जाँच-पड़ताल होनी चाहिए। मानसिक सहारे की बात छोड़ दें तो प्रत्यक्ष परिणाम की दृष्टि से क्या अनुभव है? देवी के नाराज होने से जो शाप समझा जाता था वह देवी की बीमारी थी। उस समय वह अनेक लोगों के चेहरे पर निशान छोड़ जाती थी। विश्व में सीमा पार होनेवाली देवी की बीमारी का अस्तित्व ही नहीं रहा। अब कोई अनपढ़ गँवार भी कॉलरा की बीमारी की वजह से 'मरी माता' (एक क्षुद्र देवी) की सवारी भी नहीं खींचता है। वह पानी के कीटाणु शोधन की आवश्यकता को समझता है। इन्द्र के रथ का कोड़ा बनी बिजली आसमान से गिर न जाए, इसलिए इन्द्र देवता की याचना करने का सवाल ही नहीं उठता है। बड़ी मंजिल पर रखा छोटा-सा विद्युतरोधक यंत्र उसके लिए पर्याप्त है। प्रार्थना के आन्तरिक प्रभाव तथा अभाव से कुछ भी हासिल नहीं होता है, यही निष्कर्ष बारिश के बरसने पर

भी लागू होता है। क्या सभी विश्वविद्यालयों के कुलाधिपति के रूप में राज्यपाल महोदय से सीधे-सादे परन्तु ठोस वैज्ञानिक दृष्टिकोण के अनुपालन, पोषण तथा वृद्धि की अपेक्षा गलत है?

अन्धविश्वास उन्मूलन कार्य को ईश्वर के नाम पर दी जानेवाली पशुबलि और तंत्र-मंत्र के खिलाफ सीमित रखने की सलाह मात्र स्वार्थान्धता है। सम्पन्न जाति आर्थिक, सामाजिक एवं बौद्धिक दृष्टि से पिछड़ी हुई जनजातियों को जो समझाती है और उसका आचरण करती है क्या इसलिए उस अन्धविश्वास को मानना है? मेले में पशुबलि के खिलाफ सत्याग्रह करते समय गड़रिया एवं सम्बन्धित समाज पूछता है, "आप हमारी धार्मिक परम्पराओं का अनादर क्यों करते हो? पशुबलि के बाद हमारे सहभोजन का आनन्द आपको अनुचित लगता है इसलिए छीनते हो?" भभूत तथा भस्म लेनेवाली औरत बच्चों को जन्म न देने पर होते छल-छलावे के कारण कई बार डॉक्टरी इलाज और भभूत-भस्म दोनों का सहारा लेती है। तंत्र-मंत्र अपनानेवालों में बीमारियों के बारे में अज्ञान होता है। उनके मन में 'पिशाचबाधा' के बारे में रहस्यात्मक डर होता है। मनोचिकित्सकों का अभाव तथा उसके लिए आवश्यक खर्च आदि भी कारण होते हैं। संक्षेप में, बहुसंख्यक प्रार्थना-समर्थकों को जिन अन्धविश्वासों के खिलाफ लड़ना उचित लगता है, उसके बारे में भी सम्बन्धित लोगों की भावनाएँ तीव्र एवं प्रधान होती हैं। ये सारे प्रकार और बारिश के लिए की जानेवाली प्रार्थना भी अन्धविश्वास ही है। लेकिन दिक्कत यह है कि एक का अन्धविश्वास दूसरे अन्तस से पूजनीय श्रद्धा लगता है। श्रद्धा तथा अन्धविश्वास पर पलने वाले व्यक्ति को काल सापेक्षी आकलन के बारे में उलझन रहती है; गलतफहमी बढ़ जाती है। फिर भी कुछ कसौटियों के आधार पर प्रस्तुतीकरण किया जा सकता है।

जहाँ कार्य-कारण सम्बन्ध को नजरअन्दाज किया जाता है वहाँ अन्धविश्वास होता है। ऐसे उदाहरण स्थान-स्थान पर मिल जाते हैं। प्रार्थना तथा बारिश इनमें से ही एक है। व्यक्ति स्वातंत्र्य तथा श्रद्धा को अंगीकृत करने उसके अधिकार का आदर करके भी ऐसे कार्य-कारण सम्बन्धों को नकारनेवाली बातों का खुला प्रस्तुतीकरण अन्धविश्वास के पक्ष में होता है। सरकारी कार्यालय, स्कूल तथा महाविद्यालय आदि में परिपत्र के माध्यम से बारिश के लिए प्रार्थना हेतु निश्चित समय ग्यारह बजे दो मिनट के लिए हाथ जोड़ने के लिए कहकर समूची सद्भावना को उलटना भी अन्धविश्वास ही है। इसके अलावा मूल परिस्थिति के बारे में गम्भीरतापूर्वक अर्थपूर्ण मौन रखा जाता है। "हे! ईश्वर, नियोजनकर्ताओं के दिवालियेपन से यह परिस्थिति निर्मित हुई है, उन्हें सद्बुद्धि दे।" यह याचना तथा "हे ईश्वर बड़ी गलती हुई कि उचित प्रयास करना भूल गए।" यह बात प्रार्थना की मानसिकता से सुसंगत थी। लेकिन, "अब स्थिति बहुत कठिन है, बेटे की गलतियों को अपनाकर माफ कर।"

प्रामाणिकता से स्वीकार करना चाहिए कि पठित प्रार्थना से अकालजन्य परिस्थिति निर्मित हुई है। स्कूल-कॉलेजों में पठित प्रार्थना में इसमें से कुछ भी नहीं था। इसके लिए सन्तों की भाँति गहरी श्रद्धा होनी चाहिए।

श्रद्धा से निर्मित सद्भावना की आन्तरिक क्षमता महत्त्वपूर्ण है। वास्तव में, यह सामर्थ्य मन के चित्त को साधने, सकारात्मक स्वयंसूचना देने तथा चिन्ताजनक कथाओं से हैरान मन को बाँधने और दयनीय मन को तात्कालिक सहायता देने के कारण आती है। वास्तव में किसी भी व्यक्ति द्वारा दिए गए शुभसन्देश, शोकसन्देश आदि से व्यक्त भावनाओं का यही कार्य है। उसमें निहित सहृदयता को पाने के लिए विवेक को छोड़ने की क्या आवश्यकता है? मनुष्य के संकट में होते समय वह दूसरों से अपने बारे में की गई प्रार्थना तथा उनकी संवेदनाएँ समझता है। यह सही है कि अपने जले पर नमक छिड़कने से राहत तो मिलती है लेकिन इसके बारे में मैंने गाँव के लोगों की प्रतिक्रियाएँ आजमाकर उनसे उचित तथा स्पष्ट भाषा में कहा तो उन्हें यह प्रार्थना पाखंड लगी।

उन्होंने बारिश के लिए प्रार्थना जरूर की। उसका ऊपरी इलाज स्पष्ट था कि इससे सहसंवेदना जाग्रत होगी और उन दुखी अकाल पीड़ित भाइयों को राहत मिलेगी जिनमें साहस बने रहने की सम्भावना नहीं थी। यहाँ यह भी स्पष्ट करना जरूरी है कि प्रार्थना का परिणाम सिर्फ मानसिक हो सकता है। माँ के आशीर्वचन लेकर तथा मित्रों की शुभेच्छाएँ स्वीकार करके परीक्षा के लिए जाते समय विद्यार्थी का आतंकित मन उन सकारात्मक सूचनाओं से राहत पा सकता है और यथा मात्रा में किये हुए अपने अध्ययन के बूते वह अधिक व्यवस्थित रूप से प्रस्तुतीकरण कर सकता है। परन्तु इस सीमा को भी ध्यान में रखना होगा कि कई लोगों की शुभेच्छाएँ स्वीकार कर विलम्ब से निकलने पर वह पेपर शुरू होने से पहले नहीं पहुँच पाएगा।

प्रार्थना किये जाने से महाराष्ट्र के अनेक स्थानों पर बारिश हुई। क्या इसमें प्रार्थना ही प्रमाण नहीं है? ऐसे सवाल पूछनेवालों का जवाब कैसे दें? महाराष्ट्र के लाल वसन्तराव गोवारीकर ने बारिश की सम्भावना जानने के लिए अत्यधिक मात्रा में विज्ञान विकसित किया है। विगत चार वर्षों से इसका अनुभव किया जा रहा है। उन्होंने पहले ही घोषित किया था कि गुम हुई बारिश 18 जुलाई से तेज होगी और वैसा हुआ भी। उसी समय की गई सामूहिक प्रार्थना के परिणामों के साथ इस बारिश का रिश्ता जोड़ दिया गया। (मुझे मालूम है कि स्कूली छात्रों को वैसा ही लगा!) इससे जनमानस में कौन-सी सोच विकसित हुई?

ईश्वरीय श्रद्धा उदात्त भावना है। जो कोई अन्तस से उसकी प्रार्थना कर मनुहार करना चाहते हैं उन्हें किसी के आदेश ही नहीं अपितु चुनौतियों की भी आवश्यकता नहीं होती। उन्होंने मई में सम्पूर्ण महाराष्ट्र के पानी के लिए तरसते समय मन-ही-मन प्रार्थना की होगी। वास्तविक इच्छित भाव भी मनुष्य के जीवन की शक्ति बनता है,

परन्तु यह शक्ति क्यों और कैसे निर्मित होती है? इसका विवेकपूर्ण विश्लेषण किया जा सकता है। श्रद्धायुक्त अन्तस भावना का आविष्कार शक्ति के अभाव में भी मनुष्य के जीवन को आश्वस्त कर सकता है। मनुष्य प्राणी मात्र तर्क के सहारे जीवित नहीं रहता। उसका अन्तस भावना एवं विचारों के संयुक्त मेल से बना है। इसी कारण कार्य-कारण सम्बन्ध को नकारने की उसकी प्रवृत्ति उचित न होने पर भी समझने योग्य है। मनुष्य की भावना के अत्यधिक आवेग के कारण उसके तर्क और विपरीत बरताव को स्वीकार करने में कोई आपत्ति नहीं है। उसकी असलियत जानकर और आलोचना करते समय उसका आदर करना चाहिए। लेकिन सार्वजनिक समाज प्रदर्शन में यह असलियत कहाँ से आएगी? यदि राज्यपाल कहते कि मैंने मन:पूर्वक प्रार्थना की है, जिसे उचित लगेगा वह हर व्यक्ति अपनी-अपनी क्षमतानुरूप अपने-अपने स्थान पर प्रार्थना करने की बात करते तो कुछ अलग होता और उनका सार्वजनिक फैसले का आचरण निश्चित अलग रहता। इस फैसले से प्रार्थना में निहित भाव का उपहास हुआ है। सच्चे श्रद्धायुक्त मनुष्य को भी इसे अस्वीकार करना ही चाहिए।

ईश्वर का भाग्य

मेरे बचपन में और उसके बाद भी एक भावगीत काफी लोकप्रिय रहा है :

अब झट से पंढरीनाथ,
छोड़ पंढरी चलें,
करे बिनती रखुमाई विठ्ठल से।

भोला विठ्ठल कमर पर हाथ रखकर खड़ा है।

दाईं ओर युगों से साथ देती रखुमाई खड़ी है।

वास्तविक भक्ति और भक्तों के प्रबल मनोवेग का यह आराध्य है। लेकिन रखुमाई को लगता है कि यहाँ कुछ अलग ही हो रहा है। पांडुरंग के पास सच्चे भक्तों को दूर कर चालाकों का बेड़ा है। शायद उन्होंने पांडुरंग को ही अपने कब्जे में कर लिया है। भक्ति की नीलामी हो रही है।

साँवले विठ्ठल के नसीब की इस नकली सजावट को देखकर रखुमाई परेशान होती है, याचना करती है और विठ्ठल को वहाँ से चलने की विनती करती है :

> चलें, अभी यह पंढरी अपनी नहीं है, यहाँ सच्चे उपासकों की कद्र नहीं होती है। भक्ति का आदर नहीं हो रहा है। आपकी महानता पर इतना कलंक! यह मुझसे देखा नहीं जाता।

और आगे वह यह भी कहती है :

> आप मेरे साथ आते हैं तो ठीक ही है, नहीं तो मुझे विदा करो। मैं जा रही हूँ! आप और आपका नसीब।

ईश्वर है इसलिए क्या हुआ? उसका भी नसीब है, भविष्य है, उसमें अटकाव भी है और मुक्त होना भी है। लेकिन हर किसी को रखुमाई का साथ कहाँ से मिलेगा? इतनी कठोरता कैसे सम्भव है?

इसके लिए क्या उपाय है?

ईश्वर की ही कुंडली देखनी चाहिए। जन्मपत्री ठीक पढ़नी चाहिए। शान्ति करनी चाहिए। यह मजाक नहीं है। कल्पना विलास भी नहीं है। मैं गम्भीर हूँ। केरल-जैसे सम्पन्न राज्य में गुरुवायर अत्यन्त प्रतिष्ठित ईश्वरीय स्थान है। बहरहाल वहाँ केरल

के नामचीन ज्योतिषों को विशेष रूप से बुलाया गया। उनके सामने ईश्वर की जन्म पत्रिका रखी गई। उस अध्ययन का नाम 'देवप्रसन्ना' हुआ। वह इस प्रकार था :

> मन्दिर प्रबन्धकों के खयाल में आया कि स्वयं ईश्वरों के ईश्वर परेशान हैं। लक्षण ठीक नहीं हैं। फिर क्या करें? देवता की जन्मपत्री देखनी चाहिए। उसमें दोष खोजने चाहिए। उपाय सुझाना चाहिए।

इसके लिए अध्ययन कर गुरुवायर के देव के दुख ज्योतिर्विशारदों ने ढूँढ़ निकाले हैं। (यह प्रश्न मत पूछिए कि उन्होंने ईश्वर की जन्मतिथि कौन-सी रखी है?)

उन्होंने इस तरह समझा :

> पुजारियों में मांसाहार की मात्रा बढ़ी है। साथ में शराब भी थी। अल्प धनपतियों की सुविधानुसार धार्मिक विधि में परिवर्तन होता था। मन्दिर कर्मियों में आपस में प्रतिरोध की भावना थी। मन्दिर परिवेश का दुरुपयोग किया जा रहा था।

ईश्वर की मायूसी, निराशा तथा दुख मिटाने के लिए क्या करना चाहिए? क्या करने से कृपाप्रसाद की गंगा गुरुवायर से फिर एक बार भक्तगणों पर पहले जैसी बहेगी? ज्योतिषतज्ञ ने इस तरह उपाय बताया :

एक वर्ष की अवधि में एक लाख चौवालीस हजार बार सुकृत यज्ञ विधि करना चाहिए।

भविष्य समझ आ गया। उपाय भी समझ गए। लेकिन नया क्या ज्ञात हुआ?

अनभिज्ञ सच्चाई है कि मन्दिर से सम्बन्धित अधिकारी वर्ग, पुजारी तथा भक्ति की समूची विरासत पानेवाली अन्य मंडलियाँ ही ईश्वर का ईश्वरपन मिटा देती हैं।

सम्भावना है कि यह गुरुवायर के प्रबन्धकों की उर्वर कल्पना है। उन्हें लगा कि फलज्योतिष की सहायता से ईश्वर के दुख को प्रमाणभूत मानकर उसे सम्बन्धित लोगों के गलत व्यवहार से जोड़ा जाए, इसके कारण तो मंडली चौकन्नी, भयभीत और सार्वभौम ईश्वर के दबाव के कारण तो सुधर ही जाएगी।

क्या यह सही होगा? आपको क्या लगता है?

मेरे मन में सन्देह है।

सम्भावना है कि धूर्त पुजारी, अवसरवादी सेवक वर्ग पर 'देवप्रसन्न' अध्ययन का कोई प्रभाव नहीं होगा। सुकृत यज्ञ एवं कर्मकांड करने पर भी उनके आचरण में सुधार नहीं आएगा।

दीर्घकाल से ईश्वर के साथ रहने के कारण उन्हें उसकी क्षमता के बारे में अधिक जानकारी रहती है। ईश्वर के दैव एवं स्वयं के अवसरवादी भाग्य के बारे में वे निःशंक रहेंगे इसलिए निश्चिन्त हैं।

क्या रखुमाई-जैसी आत्मीयतापूर्ण अर्धांगिनी हर किसी को मिलेगी?

ईश्वर की उपेक्षा

आपको यह खत निश्चित मिला होगा, या आपने पढ़ा भी होगा।

गाँव, नाम, देव अलग जरूर हैं लेकिन मूल अर्थ एक ही है।

मैं नगर से पुणे की गाड़ी में बैठा ही था कि एक लड़के ने जल्दबाजी में बस में चढ़कर 'शिर्डी साईंबाबा का चमत्कार' शीर्षक का पत्रक सबको बाँट दिया। उसका मजमून इस प्रकार था :

> शिर्डी के साईं मन्दिर में एक पंडित पूजा करता था। वहाँ उसे एकाएक साँप दिखाई दिया। पंडित डर गया। नागदेवता ब्राह्मण रूप में प्रकट हुए और कहा, "डरो मत। मैं जो कहता हूँ उसे ठीक से सुनो। मैं थोड़े ही दिनों में पृथ्वी पर जन्म ले रहा हूँ। जो लोग धर्म का नाश करते हैं उन्हें मैं नष्ट कर दूँगा। जो व्यक्ति मेरे नाम की हजार पत्रिकाओं को बाँट देगा उसकी इच्छा चौबीस दिनों में पूरी होगी। जो टालमटोल करके दिन बिताएगा उसका काफी नुकसान होगा।" इतना कहकर नागदेवता चौबीस कदम पीछे हटकर लुप्त हो जाते हैं। जिन्होंने पत्रिकाएँ छापकर बाँटने का आदेश स्वीकार किया उनका भला हुआ है। हजार पत्रिकाएँ बाँटनेवालों को साठ लाख रुपए की लॉटरी लग गई। जिन्होंने छ: सौ बाँट दीं उन्हें मोहरों से भरा घड़ा मिला। एक बेरोजगार युवक को अपनी क्षमतानुरूप बाँटने पर अच्छी नौकरी का लाभ हुआ। एक व्यक्ति के इस पत्रिका को झूठ समझकर फाड़ देने से उसके बड़े बेटे की मृत्यु हुई। आगरा शहर के बाबूलाल गुप्ता को यह पत्रक मिला था। उनके इस काम में देरी करने पर उनका काफी नुकसान हुआ; पत्नी की मृत्यु हुई। पाँच लोगों को यह पत्र मिला। सभी के मिलकर एक हजार पत्रिकाएँ छापकर बाँटने पर उन्हें एक घंटे में हजारों रुपयों का लाभ हुआ।
>
> सभी पाठकों से अनुरोध है कि अपने धर्मविश्वास के अनुरूप इसका प्रचार करें और होनेवाले चमत्कारों का लाभ उठाएँ।
>
> बोलो शिर्डी के साईंबाबा की जय! श्री साईंबाबा की जय!!

सच बताइए, ऐसा पत्रक पढ़ने पर आप क्या करेंगे?

फाड़कर पैरों तले दबाएँगे?

केवल फेंक देंगे और भूल जाएँगे?

क्या छापकर बाँट देंगे?

रिहा होने-जैसे निश्चिन्त होंगे?

ऐसे पत्र बार-बार मिलते हैं, पत्रिकाएँ भी बाँटी जाती हैं। इसका अर्थ स्पष्ट है कि लोग क्या करते हैं।

कहें तो कहानी छोटी भी है और बड़ी भी। तुलनात्मक दृष्टि से देखा जाए तो पहला छोटा नुकसान है कि देश की जनता का समय, श्रम एवं कागज व्यर्थ चला जाता है। बड़ा नुकसान यह है कि ईश्वर के दबाव से मनुष्य का मन मजबूर हो जाता है।

तेल-पानी से बालों को न सँवार पाने के कारण लड़कियों के बालों में जटाएँ बन जाती हैं। उसे यल्लमा देवी की जटाएँ समझकर हल्दी-कुमकुम, बरगद का रस चढ़ाना शुरू होता है, शरीर में देवी का संचार होने लगता है, भिक्षा माँगी जाती है। ईश्वर के साथ बेटी की शादी कराई जाती है। उसके सुखी परिवार के सपने टूट जाते हैं। इन जटाओं से उसे मुक्त करते समय कार्यकर्ताओं को न जाने क्या-क्या सुनना पड़ता है। यल्लमा देवी बहुत कठोर है। वह उसकी जटाओं को हाथ लगाने पर बुजुर्ग पुरुष को भी साड़ी पहना देती है!

"अपनी ही बेटी को अपने ही हाथों नर्क में धकेलनेवाली माँ (!) कैसी होगी?" इस प्रकार का प्रश्न पूछना भी अच्छा नहीं लगता और डर के मारे बनता भी नहीं है।

महाराष्ट्र के मेलों में लाखों की तादाद में बकरे बलि चढ़ाए जाते हैं। बकरे को खरीदना, उसे टैम्पो तथा गाड़ी से ले जाना, मनौती मनाना आदि के लिए भक्त को डेढ़ हजार रुपए का नुकसान सहना पड़ता है। बहुसंख्यक गरीब जनता के लिए कर्ज के बिना यह सम्भव नहीं होता। ग्रामीण महाराष्ट्र के ऋणग्रस्त बनने का सबसे बड़ा कारण अन्धविश्वास ही है। इसके खिलाफ प्रचार करते समय मालूम हुआ कि पहले लिया हुआ कर्ज न चुकाने पर साहूकार दूसरी बार पैसे नहीं देता। पंडित धमकाते हुए कहता है, "भगवान का कार्य है इसे बीच में अधूरा छोड़ नहीं सकते। तीन वर्षों के नियम का तो पालन होना चाहिए, वरना बहुत बुरा होगा।" फिर घर के बरतन बाहर आने लगते हैं। लेकिन ईश्वर के डर से मनौती पूरी की जाती है। हम कई बार समझाते हैं लेकिन समझाना कठिन होता है।

फलाँ काम क्यों करना है इसका उत्तर ऐसा नहीं कि वह न्यायपूर्ण है, निष्पक्ष है, नीतिविषयक है बल्कि धमकाया जाता है कि 'समझ लो, यह न करने पर ईश्वर की कृपादृष्टि नहीं रहेगी।'

जिस ईश्वर को काल्पनिक रूप में मांगल्य की मूर्ति माना जाता है उसे आवारा गुंडों की पंक्ति में बिठाना उसके देवत्व का मजाक नहीं है?

डर मनुष्य का स्वभावगत धर्म है। उस पर स्वयं की रोटी सेंकना अधर्म है। स्पष्टता से कहें तो मूर्खता ही है।

देव-देवता, सन्त-महन्त, साधु पुरुष आदि नीति के लिए हैं या डर के लिए? बहुसंख्यक इसे नहीं समझते हैं; समझने पर भी व्यवहार मालूम नहीं होता। इसके अलावा पत्रिकाएँ छापकर काम निपटाने का पलायनवादी मार्ग खोजते हैं।

'वैसे उसमें कोई तथ्य नहीं होता, और हो तो भी क्या जान-बूझकर संकट मोल लेना चाहिए? चलो कर देंगे।' डर के मारे ऐसे पलायनवादी मार्ग ढूँढ़ते हैं।

एक साथ स्वयं की तथा ईश्वर की उपेक्षा की जाती है।

इसे नकारने तथा उसमें परिवर्तन लाने के लिए हमें सावधानी, निडरता और खम्भे की भाँति मजबूती से खड़ा रहना चाहिए।

सत्यान्वेषी विवाह

जापान के राजपुत्र की हाल ही में शादी हुई जो सारी दुनिया पर आर्थिक साम्राज्य स्थापित करने की इच्छा रखते हैं। उसकी दुनिया में बहुत चर्चा हुई। विवाह समारोह के दिन पूरे देश में सार्वजनिक छुट्टी घोषित की गई थी। दुनियाभर के मीडिया ने इस समारोह में भाग लिया था। समारोह का वर्णन दुनियाभर के अखबारों में छापा गया। यह समारोह दुनियाभर के टी.वी. चैनलों पर प्रसारित हुआ। पूरे समारोह के बारे में *टाइम* साप्ताहिक के अंक में एक जापानी नागरिक द्वारा लिखा गया पत्र इस प्रकार है :

> फिलहाल यह समारोह मनाने जैसी जापान की स्थिति नहीं है। जापान में मन्दी है, इस स्थिति से जापानी अर्थव्यवस्था का उभरना अभी भी बाकी है। कम्बोडिया में एक जापानी शान्ति सेनाधिकारी की हत्या हुई है, उस चिन्ता से पूरा देश परेशान है। अपने राजपरिवार के हजार सालों के इतिहास को विदा कर यह देश के सामने उपस्थित वास्तविक समस्याओं को हल करने का समय है।

हमारे आन्दोलन के माध्यम से पिछले साल हुए कुछ विवाह इस प्रकार हैं :

- अभिजीत वाघ और सुरेखा जानगुड़े—अहमदनगर।
- विलास जाधव और आशा बने—नेवासा।
- मोहन हिंगसे और पुष्पमाला कारंडे—बारामती।
- सुधीर सालेकर और शारदा पवार—सातारा।
- तानाजी मस्के और रानी नलवडे—तासगाँव, जिला सांगली।

ये सब नाम किसलिए दिए हैं? इनकी खासियत क्या है?
विवाह के निमंत्रण-पत्र देखने से भी यह बात स्पष्ट हो जाएगी।
मोहन हिंगसे और पुष्पमाला कारंडे के विवाह के निमंत्रण-पत्र का यह नमूना :

'दुनिया में एक सत्यधर्म खास! बताएँ सभी को! ज्योति कहे।'

—महात्मा फुले।

प्रियजन, सस्नेह नमस्कार।

हम विवाह समारोह में एक-दूसरे के साथ होड़ करते हुए बड़े पैमाने पर दहेज, मान-सम्मान, निरर्थक पाखंड आदि पर होनेवाले खर्च से उस समारोह की खुशी ही खो बैठते हैं। विवाह समारोह की खुशी दुगुनी करने और बहुजन समाज की उन्नति के लिए युगपुरुष महात्मा फुले द्वारा डेढ़ सौ साल पूर्व आविष्कृत की गई सत्यान्वेषी पद्धति से शादी होनेवाली है। इस अवसर पर अतिथिगण अपने विचार रखेंगे। आप अवश्य उपस्थित रहें यही प्रार्थना!

सुधीर सालेकर और शारदा पवार का खुद के नाम से छापा हुआ यह निमंत्रण-पत्र :

विवाह यानी जिन्दगीभर के लिए एक साथी चुनना।

और सहजीवन की शुरुआत करना, वास्तव में यह कितनी प्राकृतिक और सहज सुन्दर बात लेकिन...

विवाह कहें तो दहेज, मान-सम्मान, लेन-देन, उपहार, जन्मपत्रिका, शगुन, अर्थशून्य पाखंड, अप्रासंगिक संस्कार, जेवरातों की जगमगाहट, अमीरी का प्रदर्शन, रूठना-नाराजी, हैसियत हो या न हो शानोशौकत के नाम पर होनेवाला अनावश्यक खर्च। इन सभी के चक्कर में हम उस समारोह की खुशी और अर्थपूर्ण आशय से दूर हो जाते हैं। इसलिए विवाह की खुशी बढ़ाने तथा उसे नई अर्थवत्ता प्राप्त हो, यह हमारी इच्छा है। इसलिए हमने यह विवाह महात्मा फुले की शुरू की गई सत्यान्वेषी पद्धति से करने का निर्णय किया है।

इस अवसर पर आप जरूर पधारें।

तानाजी मस्के और रानी नलवड़े के परिवारवालों (विशेष रूप से उनके दादा जी द्वारा) तैयार किया हुआ यह निमंत्रण-पत्र :

समता, स्वतंत्रता, सहजीवन।

तानाजी मस्के और रानी नलवड़े इन दोनों ने पति-पत्नी के रूप में समता से सहजीवन जीने हेतु प्रतिज्ञापूर्वक निर्णय लिया है। प्रतिज्ञा का यह भावपूर्ण कार्यक्रम गुरुवार, तारीख 16-5-91 को दोपहर 4.30 बजे सम्पन्न कराना निश्चित किया गया है। मैं आशा करता हूँ इस कार्यक्रम के लिए आप सपरिवार पधारेंगे। इस अवसर पर स्त्री-पुरुष सम्बन्ध किस प्रकार होने चाहिए, धर्मवाद, दैववाद आदि विषयों पर कुछ वक्ता अपने विचार भी प्रकट करेंगे। साथ में किसी प्रकार का उपहार न लाएँ!

यह उपक्रम शुरू करनेवाली अन्धविश्वास उन्मूलन समिति ने सातारा में हुए विवाह समारोह के निमंत्रण-पत्र के साथ सत्यान्वेषी विवाह करने का हेतु स्पष्ट करनेवाला पत्रक भी बाँटा था। वह इस प्रकार हैं :

> अन्धविश्वास उन्मूलन समिति बहुजन समाज के लिए उपयोगी परम्पराओं का आग्रह रखती है। इसीलिए तो महात्मा फुले द्वारा सौ साल पूर्व शुरू की गई सत्यान्वेषी विवाह पद्धति में समयोचित परिवर्तन करके उसे प्रत्यक्ष अमल में लाने का समिति का प्रयास रहा है। हम नम्रतापूर्वक बताना चाहते हैं कि सामूहिक विवाह और रजिस्टर्ड (पंजीयन) विवाह उपयुक्त और उचित ही है लेकिन सत्यान्वेषी विवाह तो इससे भी अगला कदम है। इस प्रकार के विवाह की पृष्ठभूमि इस तरह है :
>
> 1. इसमें दहेज, दावत, पंडाल, सजावट, बैंड, जेवरात, उपहार आदि खर्चीली और अनावश्यक बातों का पूरी तरह से त्याग किया जाता है। विवाह बहुत सादगी से; निमंत्रण पत्र, माला-फूल, फोटो सिर्फ इतना ही खर्च। पंडाल का खर्च टालने के लिए विवाह यथासम्भव खुली जगह में कराया जाता है।
> 2. विवाह एक सामाजिक और पारिवारिक संस्कार होने के कारण वह सगे-सम्बन्धियों के साथ विधिपूर्वक ही होना चाहिए, इस बात को बहुजन समाज आवश्यक मानता है। साथ ही यह जीवन की खुशी का पल है इसलिए इस सामूहिक विवाह की खुशी और स्वरूप बरकरार रखने के लिए रजिस्टर्ड विवाह से सत्यान्वेषी विवाह अधिक सुविधाजनक है। विवाह के इस स्वरूप में मान-सम्मान, रूठना, नाराजगी ऐसे प्रकार नहीं होते।
> 3. पूरे साल में किसी भी सुविधाजनक दिन और समय पर विवाह किया जा सकता है। विशेष मुहूर्त के चक्कर में मंगल कार्यालय, विवाह का पूरा प्रबन्ध, यात्रा आदि की तकलीफ नहीं उठानी पड़ती। इससे जन्मपत्री, गृहयोग, मुहूर्त आदि अन्धविश्वास अपने-आप दूर हो जाते हैं।
> 4. विवाह में मंगलाष्टक अर्थपूर्ण, सरल और मातृभाषा में होने के कारण सभी के समझ में आते हैं। इसकी विधि भी आसान, सरल और कम समय का होती है।
> 5. अक्षत के रूप में चावल की होनेवाली बरबादी टल जाती है। एक विवाह में 5 से 10 किलो चावल का अक्षत बनाया जाता है। महाराष्ट्र में हर साल औसतन तीन लाख शादियाँ होती हैं, यानी 15 से 30

लाख किलो चावल पाँवों तले दबकर बरबाद हो जाता है। इसके बजाय सुगन्धित फूलों की पंखुड़ियों से अक्षत बनाने से समारोह भी संस्मरणीय बनता है और फूलों की उपज करनेवाले किसानों को भी चार पैसे ज्यादा मिल जाते हैं।

6. सत्यान्वेषी विवाह में मंगलाष्टक बोलना और वर-वधू को शपथ दिलाने का काम कोई भी व्यक्ति कर सकता है। उस पर किसी जाति-धर्म का कोई बन्धन नहीं होता। सत्यान्वेषी विवाह ब्राह्मणशाही के खिलाफ और स्त्री समतावादी होने के कारण ब्राह्मणेतर स्त्री का इस प्रकार का विवाह करना सबसे उचित है।
7. दूल्हा-दुल्हन अपनी हैसियत के अनुसार सामाजिक कार्य करनेवाली संस्थाओं को अपने जीवन के इस खुशी के पल पर सहायता घोषित करें, इस प्रकार की समिति की कल्पना है।
8. पारम्परिक पद्धति से जितना खर्च विवाह में हो जाता है उतनी राशि या दोनों पक्षों को मिलकर कुछ राशि लड़की के नाम पर बचत के रूप में रखना जरूरी है। आज के युग में हर एक का यह कर्तव्य है। उत्पाद के लिए जमा-पूँजी व्यक्ति, परिवार और राष्ट्र सभी की जरूरत है। अकेले महाराष्ट्र में हर साल विवाह में नाहक 1200 करोड़ रुपए खर्च होते हैं। इस बात से सत्यान्वेषी विवाह की जरूरत प्रधानता से महसूस होती है।

वास्तव में इसमें नया क्या है? 25 दिसंबर, 1873 को महात्मा फुले की पहल से पहला सत्यान्वेषी पद्धति का विवाह हुआ। दूसरा विवाह 7 मई, 1874 में हुआ। बाद में इस प्रकार के अनेक विवाह गाँव-गाँव में होते गए। इन विवाहों का ब्रह्मवृंदों ने बहुत विरोध किया। धर्ममार्तंडों (धर्म के ठेकेदारों) ने कई बाधाएँ डालीं। पारम्परिक समाज इस क्रान्तिकारी आन्दोलन के प्रयोजन से अनभिज्ञ रहा। 1917 में सोनाजी बाबर पाटील की पहल से चांदे (तहसील : कर्जत, जिला : अहमदनगर) में एक किसान का सत्यान्वेषी पद्धति से विवाह सम्पन्न हुआ। इस दौरान अपने जोशीलेपन में हक पर आफत आने और साढ़े चार आना दक्षिणा न मिलने के कारण एक ब्राह्मण पुरोहित ने कर्जत अदालत में दीवानी मामला दर्ज किया। कनिष्ठ स्तरीय कोर्ट में ब्राह्मण पुरोहित के पक्ष में फैसला हुआ। तब सत्यशोधक समाज ने अहमदनगर के वरिष्ठ कोर्ट में अपील की। उस अदालत में सत्यशोधक समाज के पक्ष में फैसला हुआ और अदालत ने कोर्ट का खर्चा भी ब्राह्मण पुरोहित द्वारा सत्यशोधक समाज को देने के आदेश दिए।

इस उज्ज्वल परम्परा के बावजूद आज भी सत्यान्वेषी विवाह की जरूरत उतनी ही महसूस होती है। पारम्परिक मानसिक जड़ता के चलते उसको स्वीकार नहीं किया जाता। कई बार उसका विरोध ही होता है। क्या होती है यह मानसिकता :

कन्या वरयते रूपं माता वित्तं पिता श्रुतम्
बाँधवा: कुलमिच्छन्ति मिष्टान्नमितरे जना:!

इसका मतलब यह कि शादी के समय लड़की की मानसिकता होती है कि उसका अपने-जैसा सुन्दर और प्रवीण साथी होना चाहिए। बेटे के माँ की इच्छा होती है कि शादी में वधू पिता को वधू को बहुत सोना देना चाहिए। बेटे के पिता का आग्रह रहता है कि विवाह ऐसी शान से होनी चाहिए कि हमारे कुल की कीर्ति और बढ़े। सगे-सम्बन्धियों का विचार होता है कि विवाह-सम्बन्ध बनाते समय अपने खानदान की तुलना में असल परिवार है ना? बारातियों को लगता है कि दावत के मिष्ठान्न में कितने पदार्थ बनाए हैं।

श्लोक चाहे पुराना होगा लेकिन उसका आशय आज भी प्रासंगिक है। दोनों परिवारों की दृष्टि से महत्त्वपूर्ण और खुशी वाला विवाह का यह पल! लेकिन वास्तविक और अवास्तविक सम्पदा के प्रदर्शन के लिए एक दिन में की गई फिजूलखर्ची से यह पल कई सालों के लिए क्लेशदायक रूप धारण करता है। यह मानना गलत है कि स्वयं की तथाकथित प्रतिष्ठा का प्रदर्शन करने में लोगों को भोजन देकर तृप्त करने एवं वर-वधू के कल्याण के विचार की भावना रहती है। शादी की सब फिजूलखर्ची इधर-उधर से पैसे इकट्ठा करके या कर्ज के पैसों से की जाती है। समारोह ठीक-ठाक से सम्पन्न कराने के लिए लाखभर तो खर्च होता ही है। यह 'पहला ही शुभकार्य है' या 'आखिरी ही है' इस प्रकार विचार करना गलत ही होता है। आज के दो बच्चों के जमाने में कोई कार्य पहला और कोई तो आखिरी होता ही है। पहला या आखिरी कार्य धूमधाम से करना चाहिए यह नियम किसने लिखा है? इसके लिए 'शान-शौकत होती है' यह और एक समर्थन। शौक-मजा तो सौ-पाँच सौ रुपए का। लाखभर की फिजूलखर्ची से हमारा नुकसान होता है, यह साफ सत्य होने के बावजूद पीढ़ी-दर-पीढ़ी प्रेतबाधा हुए व्यक्ति की तरह बार-बार उसी गड्ढे में खुद को धकेलना या तो पागलपन है या अन्धी मस्ती।

विवाह के धूमधाम से सम्पन्न होने को लेकर कई दलीलें दी जाती हैं। कई लोगों को ऐसा लगता कि यदि परिवार के लोगों के बीच ही शादी निपटा दी जाती है तो समाज में मुँह दिखाना भी मुश्किल हो जाएगा। वास्तव में एक-दूसरे के सुख-दुख के बारे में हद से ज्यादा किसी को लेना-देना नहीं होता है। आपके घर का कार्य सम्पन्न हो या न हो, इससे किसी के गले से कौर निगलना बन्द नहीं होता है। यह भी अनुशंसा होती है कि विवाह समारोह के उपलक्ष्य में लोग इकट्ठा हो जाते हैं।

वास्तव में विवाह घर के शोरगुल के कारण किसी को एक-दूसरे की ओर ध्यान देने के लिए समय भी कहाँ होता है? शान्ति से मिलना-जुलना नहीं हो पाता। थोड़े ही समय में होनेवाली पहचान का कुछ अर्थ ही नहीं है। विवाह के अवसर पर सिर्फ भागदौड़ होती है जिससे किसी को सुख और चैन भी नहीं मिलता। उपहार के बारे में भी यही तिलमिलाहट सुनाई देती है। विवाहोत्सव में विवाह के निमंत्रण-पत्रों का ढेर देखकर उपहार की कल्पना से खुशी के बजाय डर ही लगने लगता है।

यह तो हो गई बाद की बात। लेकिन विवाह के बाजार में पहले लड़की को दहेज में तौला जाता है। लड़की के गुण, स्वभाव, शिक्षा, रूप को दोयम स्थान दिया जाता है। महत्त्वपूर्ण बात तो यह है कि दहेज के बाजार में दूसरी ओर यह देखा जाता है कि लड़की के परिवारवाले कितना भाव तौल सकते हैं। बावजूद इसके कि विवाह के बाद भी यह काँटा ऊपर-नीचे हिलता रहता है। वह कभी-भी स्थिर नहीं रहता। लड़की के पिताजी कभी सोना-पैसा, कभी स्कूटर, फ्रिज, टीवी आदि चीजें खुद की जेब से खर्च कर या कर्ज निकालकर उसमें डालते ही रहते हैं। इन कीमती चीजों के सामने मानवीय रूप से विवाह वेदी पर विराजमान और विवाहित लड़की की कीमत घटती ही जाती है। अनावश्यक खरीद, अप्रासंगिक मान-सम्मान, निचोड़ देनेवाली जेवरातों की शान, झूठी शान-शौकत दिखाने के लिए पंडाल, रोशनी, बैंड और दावत का भरसक खर्च यह सब दहेज की राशि और कपड़ों की खरीद के समय ही तय हो जाता है।

विवाह के बाजार में लड़की के पिता की गर्म जेब से सब कुछ नहीं होता है। कम्प्यूटर के जमाने में उसी की ही सहायता से जाति-पाँति, गोत्र तथा खानदान-जैसे भेदाभेद और जन्मपत्रिका के गुणमिलान का यह शास्त्र (?) टलने का नाम ही नहीं लेता। इसमें भी लड़की पर मंगल का प्रभाव तो उसके लिए अमंगल ही है। लड़की के मंगल ग्रह से प्रभावित होने पर पिता के साथ पूरा परिवार जबर्दस्त सकते में आ जाता है। विज्ञान की किताब में प्राप्त मंगल ग्रह की सब जानकारी कुंडली के मंगल के प्रभाव को दूर करने के लिए उपयोग में नहीं आती। दूसरी ओर अच्छी तरह से जन्मपत्रिका के गुणमिलान के बाद भी बहुत-सी शादियाँ क्यों टूट जाती हैं? इनमें कई लड़कियाँ कपूर की तरह क्यों जलाई जाती हैं? यह दलील भी जन्मपत्रिका के भ्रम को दूर नहीं कर सकती। जन्मपत्रिका देखकर तय हुई शादियाँ ग्रह-तारों के शुभ मुहूर्त पर करना तो अनायास ही होता है। दोनों पक्षों के लिए सुविधाजनक समय अच्छा मुहूर्त नहीं मान सकते। आमतौर पर अच्छे मुहूर्त की भरमार तो एक ही दिन और एक ही समय पर होती है। इस मुहूर्त पर हॉल उपलब्ध होना भी तकलीफदेह होता है। साथ ही एक ही दिन का मुहूर्त होने के कारण सहज सुविधाएँ उपलब्ध नहीं हो पातीं। लेकिन इन सारी बातों को क्यों नजरअन्दाज किया जाता है? इतना होने के बावजूद विवाह थोड़े में ही निपटाने की बात की जाती है लेकिन धीरे-धीरे सीमान्त पूजन,

समधी-भोजन, होम-हवन, दावत तथा वीडियो शूटिंग आदि अपने-आप आ ही जाता है। इससे नवविवाहित दम्पती के लिए कौड़ी का भी लाभ नहीं होता। विवाह के बाद दोनों परिवार कई सालों तक केवल कर्ज के भुगतान के काम में अपना समय बिताते हैं।

इसके लिए विकल्प खोजने के प्रयास कई स्थानों पर चल रहे हैं। कुछ सामाजिक संस्थाएँ, बुद्धिवादी लोग, चीनी मिलों की पहल से एक ही पंडाल में सामूहिक विवाह कराने की गतिविधियाँ चलाते हैं। वह समाज के लिए पोषक और उपयुक्त ही है। आज के असीम खर्च पर यह एक सीमित उत्तर हो सकता है। लेकिन अधिक-से-अधिक खर्च करके इन विवाहों में पुराने, बेकार साबित हुए सभी विधि और संस्कार किये जाते हैं। इस अनावश्यक खर्च को टालना चाहिए। कई बार खुद के सामाजिक बड़प्पन के लिए किये गए समारोह और उसी में नेताओं के सम्मान में समय बरबाद हो जाता है। इसलिए उनके मूल उद्‌देश्य के बारे में ही सन्देह का निर्माण होता है।

रजिस्टर्ड विवाह (पंजीयन पद्धति) एक सीधी, सरल, प्रभावी और सभी धार्मिक कर्मकांडों को तिलांजलि देनेवाली पद्धति है। वर्तमान कानून के अनुसार यह कानूनी विवाह साबित होता है, लेकिन यह पद्धति सफेदपोश (मध्यवित्त) समाज या जिसकी शादी में परिजनों का विरोध होता है यहाँ तक ही सीमित रह गई है। कई बार शादी रजिस्टर्ड पद्धति से जरूर होती है लेकिन स्वागत समारोह धूमधाम से किया जाता है जिसकी कल्पना भी नहीं की जा सकती। इसलिए लगता है कि इस प्रकार का विवाह मात्र आडम्बर ही है।

इसलिए सत्यान्वेषी विवाह एक प्रामाणिक उपाय है। कुछ बातें बिलकुल स्पष्ट होनी चाहिए। बहुसंख्य लोगों की इच्छा होती कि विवाह संस्कार सार्वजनिक रूप में ही होना चाहिए। बहुजन समाज की मानसिकता भी यही है। सत्यान्वेषी विवाह का पहला सूत्र है कि विवाह-समारोह अत्यन्त सादगी से सम्पन्न होगा। हमारे आन्दोलन का अनुभव है कि पारम्परिक विवाह पद्धति का 90 से ज्यादा बातों पर होनेवाला खर्च कम होता है। विवाह समारोह के लिए कम-से-कम माहौल तो बनाना ही पड़ता है। सुमधुर शहनाई का रिकॉर्ड बजाने के लिए पैसे थोड़े ही लगते है। विवाह समारोह में उपस्थित सभी के हाथों में फूलों की पंखुडियाँ देकर उसकी वर्षा करने से थोड़ी रोमेन्टिकता भी आ जाती है (चावल की बरबादी टल जाती है यह तो अलग ही बात)। पारम्परिक विवाह में सबसे ज्यादा खर्च हॉल और पंडाल पर ही होता है, लेकिन शाम के समय खुली जगह में विवाह समारोह का आयोजन करने पर वह खर्च भी टाला जा सकता है। साथ ही ग्रहयोग व मुहूर्त आदि बातों को भी तिलांजलि दी जाती है। मंगलाष्टक बोलना और संस्कारपूर्वक विवाह करने की बातें रजिस्टर्ड विवाह में नहीं होतीं। लेकिन सार्वजनिक समारोह में यह बात महत्त्वपूर्ण साबित होती है। सत्यान्वेषी विवाह पद्धति के मंगलाष्टक बहुत ही अर्थपूर्ण होते हैं

(और उसकी नई रचना भी की जा सकती है।) इनमें से एक मंगलाष्टक दूल्हे द्वारा दुल्हन को सम्बोधित कर और दूसरा दुल्हन द्वारा दूल्हे को सम्बोधित कर और तीसरा उपस्थितों को सम्बोधित कर बोला जाता है। प्रत्यक्ष उपस्थितों में से कोई भी व्यक्ति अपनी सुमधुर आवाज में मंगलाष्टक सुनाता है। मंगलाष्टक बोलनेवाला व्यक्ति ही नवदम्पती को शपथ देता है या इन दोनों विधियों के लिए दो अलग-अलग व्यक्ति भी हो सकते हैं। लेकिन महत्त्वपूर्ण बात यह है कि बहुजन समाज की स्त्री को ही यह विवाह सम्पन्न कराने का कार्य करना चाहिए। यह इसकी मूल संकल्पना है। पुरोहित किसलिए नहीं? इस प्रकार की आपत्ति उठाई जा सकती है लेकिन सभी बातों को ध्यान में लिया जाए तो वर्तमान विवाह पद्धति में सत्यान्वेषी विवाह का आचरण ही क्रान्तिकारक लगेगा इसमें दो राय नहीं है। इस विवाह पद्धति का महत्त्वपूर्ण पक्ष है कि नवविवाहित दम्पती अपनी हैसियत के अनुसार एक सामाजिक सरोकार के रूप में सामाजिक संस्थाओं के लिए दान की घोषणा करते हैं।

आज के युग में एक महत्त्वपूर्ण भाव-विचार के साथ सत्यान्वेषी विवाह को अधिक अर्थपूर्ण बनाने का हमारा प्रयास है। यह विवाह अधिकृत रूप से 'जमापूँजी विवाह' होना चाहिए। इस सादगीपूर्ण विवाह में फिजूलखर्ची टल जाती है। दोनों पक्षों के पैसे बच जाते हैं। लेकिन अधिकांश रूप में यह जमा-पूँजी फिर किसी दूसरे कामों में फिजूलखर्ची में जाने की या अचल सम्पत्ति, सोना खरीदी में जाने की ज्यादा सम्भावना होती है। एक ओर महाराष्ट्र के हिस्से के पानी के प्रबन्ध के लिए राज्य के पास पैसे नहीं है। इसके लिए 500 करोड़ रुपए के बॉन्ड बेचने पड़ते हैं। तो दूसरी ओर हर साल महाराष्ट्र में विवाह पर 1500 करोड़ रुपए की फिजूलखर्ची की जाती है। पूरी तरह से अचल सम्पत्ति, शान-शौकत पर इतना खर्च अन्तर्विरोध है! विवाह सादगी से कर उसमें से बचे हुए पैसों में से थोड़ी-सी राशि क्यों न हो उसे नवविवाहितों के नाम पर जमापूँजी के रूप में रखने का जान-बूझकर प्रयास होना चाहिए। किसान पत्र में 25 हजार रुपए निवेश किये तो इस नवविवाहित दम्पती का बच्चा 21 साल का होने तक उसके 4 लाख हो जाएँगे। इस प्रकार का हिसाब पेश करने पर सम्बन्धी कुछ समय के लिए अवाक हो जाते हैं।

विवाह एक संस्कार है, उसके लिए समयानुकूल आचरण होना चाहिए, हम इसे कब समझेंगे?

कैवल्यों का अलग विचार

संयोग से एक उच्चविद्या विभूषित पंडिता के घर जाना हुआ। वह दीर्घायु पेड़ को छोटा रखनेवाली जापानी तकनीक बोनसॉय की विशेषज्ञ थीं। उन्होंने हमें बड़े उत्साह से जानकारी दी। उनके पास गमले में लगाए गए दस-बारह साल के पेड़ के नमूने थे, वे भी उन्होंने दिखाए। एक गमले में एक बरगद का पेड़ था। वह बड़े बरगद के पेड़ की बहुत ही सुन्दर प्रतिकृति थी। उस महिला ने बरगद के पेड़ के एक और लाभ का जिक्र करते हुए गर्व से कहा, वटसावित्री के दिन बरगद का पेड़ खोजने के लिए घूमने की जरूरत नहीं, घर में ही पूजा की जा सकती है। उन्होंने उत्साह के साथ ही बताया कि उच्च कुल, मुहल्लों में रहनेवाली महिलाएँ यही विकल्प चुनती हैं।

मैंने एक दिन बाजार में वटपूर्णिमा से पहले एक दिन बरगद के पेड़ की टहनियों का बड़ा ढेर बेचता हुआ एक आदमी देखा। पूछताछ के बाद मालूम हुआ कि जिन महिलाओं के घर के पास बरगद का पेड़ नहीं, वे उसकी एक टहनी घर ले जाकर उसकी पूजा करती हैं। उनके लिए यह खास सुविधा है।

एक ओर हम 'पेड़ लगाओ, पेड़ बचाओ' का नारा लगाते है, 'पेड़-लताएँ वनचर, सगे-सम्बन्धी हमारे' इस प्रकार संस्कृति के बड़प्पन का वर्णन करते हैं और दूसरी ओर उन्हीं पेड़ों को काटकर उनकी पूजा की जाती है। यह सिर्फ विरोधाभास ही नहीं है, तो यह उस उच्च-विद्या-विभूषित महिला के बोनसॉय बरगद की तरह खुद की बुद्धि का भी बोनसॉय में परिवर्तन होने का लक्षण है।

व्रत-अनुष्ठानों के बारे में महिलाओं का मन विशेष रूप से भावुक होता है। व्रत में धर्माचरण होता है। ऐसा विश्वास होता है कि व्रत-अनुष्ठानों से कुल परम्पराओं का पालन करने का सन्तोष होता है और जीवन में एक अनुशासन आ जाता है। इसी वजह से जीवन के सभी क्षेत्रों में स्वतंत्र होती जा रही आज की मध्यवर्गीय शिक्षित महिलाएँ भी व्रत-अनुष्ठानों के आचरण का आग्रह रखती हैं। वास्तव में इन महिलाओं का मन एक ओर परम्परा से संस्कारित होता है और दूसरी ओर उनका आधुनिकता की ओर झुकाव होता है। इस कारण उनके मन में दुविधा चलती है। वे लीक से हटकर चल भी नहीं सकतीं और रूढ़ि-परम्पराओं के पक्ष में उनको मन से स्वीकार भी नहीं कर सकतीं।

सावन की बारिश से सिर्फ प्रकृति का ही सौन्दर्य नहीं बढ़ जाता, सावन के दिनों में त्योहार एवं व्रत-अनुष्ठान की भी कमी नहीं होती। नागपंचमी, नारियल पूर्णिमा (रक्षा बन्धन), सावन सोमवार, शुक्रवार, पोंगल, मंगलागौर, कालाष्टमी, अलग-अलग एकादशी, चतुर्थी आदि की शुरू हुई अखंड श्रृंखला हरतालिका, ऋषिपंचमी, गौरी-गणपति, नवरात्रि तक जारी रहती है और सालभर कभी-कभार उसकी चर्चा होती ही रहती है। "हमारे यहाँ आज भी इन परम्पराओं का पालन किया जाता है," यह मोटे तौर पर गर्व से कहनेवाली गृहिणी (महिला) पूजा, पाटम्बर, दान, दक्षिणा, सुहागन, भोजन आदि करते-करते थक जाती है। इसमें भी यदि एकल परिवार हो और महिला नौकरीपेशा हो तो इसमें बहुत समझौता करना पड़ता है। इतनी भागदौड़ करने के बावजूद एक कौर खाए बगैर महिलाएँ दफ्तर पहुँचती हैं। लेकिन दफ्तर से थककर लौटी महिलाओं का चिड़चिड़ापन भी आम बात बन गई है।

फिर भी यह त्योहार, व्रत करने की जिद क्यों की जाती है? पहनने के लिए विशेष प्रकार का पटसन ही क्यों चाहिए? सृष्टि के निर्माणकर्ता भगवान की पूजा और चढ़ावे के लिए ब्राह्मण ही क्यों चाहिए? इन सबके बारे में कभी पूछा ही नहीं जाता। असल में व्रत-अनुष्ठानों का प्रयोजन क्या है, इसके बारे में जानना तो दूर, लेकिन उसके लाभों के बारे में भी निश्चित जानकारी नहीं होती। इसलिए दूसरों को समझाने में कोई मतलब नहीं है। बचपन से ही मन में घर कर गई श्रद्धा-परम्पराओं को क्यों तोड़ें? इससे एक प्रकार का मानसिक समाधान मिलता है, दिक्कतों का सामना करने की शक्ति मिलती है, ससुरालवालों के मान-सम्मान के लिए करना पड़ता है, इस प्रकार के अनेक जवाब मिल जाते हैं।

व्रत-कैवल्य तो आखिर हमारे सामाजिक जीवन से ही सम्बन्धित है। उसके कुछ सामाजिक, सांस्कृतिक, धार्मिक सन्दर्भ भी हैं। दशहरा, संक्रान्ति जैसे त्योहार आपसी सद्भाव बढ़ाने के लिए उपयोगी साबित होते हैं। हरतालिका, मंगलागौर के अवसर पर सहेलियों से मिलना-जुलना, मायके तथा प्रकृति के साथ करीबी सम्बन्ध आता है। पोंगल, नागपंचमी, दीपावली आदि कृषि संस्कृति के साथ रिश्ता जोड़नेवाले त्योहार हैं। युगानुरूप व्रत-कैवल्यों के अपने सन्दर्भ हैं। इससे आत्मसंयम की शिक्षा मिलती है। यदि इन बातों को स्वीकारते हैं तो उसमें समयानुसार परिवर्तन करने में क्या बुराई है? इन धार्मिक कर्मकांडों पर होनेवाले अनावश्यक खर्च टालने, वैषम्य के सन्दर्भों के अलावा क्या उसे समयानुकूल अधिक अर्थपूर्ण विकल्प न दिया जाए?

महार समाज को ब्राह्मणों की पाँत में बिठानेवाले और इसी वजह से ब्राह्मणों द्वारा बहिष्कृत किये जाने पर भी उसका धैर्य के साथ सामना करनेवाले एकनाथ को हम सन्त मानते हैं तो घर में भोजन और पूजा के लिए ब्राह्मण ही क्यों चाहिए? स्त्री को अगर हम स्वतंत्र व्यक्ति के रूप में मानते हैं तो सुहागन-विधवा, परित्यक्ता आदि सीमा रेखाएँ क्यों? स्त्री का सुहाग पति और उसके प्रतीकों से ही सम्बन्धित

क्यों? इन तिथियों, समय और दिनों के कारण गोलियाँ खाकर अपने मासिक धर्म को रोकने की भागदौड़ क्यों की जाती है?

अपने पास जो है उसमें से थोड़ा-बहुत दूसरों को देना, कई त्योहारों और व्रतों के संस्कारों से यही उम्मीद रहती है। महात्मा फुले से लेकर स्वातंत्र्यवीर सावरकर ने इस सन्दर्भ में बहुत आत्मीयता से लेखन किया है। आज के व्रत आचरण में बहुत ही ऊपरी तौर पर ये बातें पूरी की जाती हैं। संक्रान्ति के हल्दी-कुमकम के प्रसंग का ही उदाहरण देख लीजिए। इसमें महिलाएँ एक-दूसरे को वस्तुएँ भेंट देती हैं, यह मात्र औपचारिकता होती है। ये सारी चीजें अत्यन्त सामान्य एवं निरर्थक होती हैं। एकाध अच्छी चीज उसे ही दी जाती है जिसके पास वह लेने की हैसियत है, जिसके पास पहले से वह चीज मौजूद है या जिसे उसकी बिलकुल जरूरत नहीं है। इसमें कौन-सा औचित्य है? वहीं पैसे एकाध अनाथाश्रम को मदद के रूप में या गरीब छात्रों की फीस पर खर्च किये तो? चातुर्मास या अधिक मास में महिलाएँ अनेक नियमों का पालन करती हैं। इनमें से ज्यादातर दान-धर्म के बारे में ही होते हैं। वास्तव में, आज किसी गरीब लड़के को हर रोज या सप्ताह में एक बार भोजन खिलाने या एकाध अनपढ़ स्त्री को साक्षर बनाने के व्रतों की जरूरत है। अधिक-मास में पुरोहित या दामाद को 33 वस्तुओं का दान करने के बजाय वही पैसे अन्ध स्कूल को दान के रूप में क्यों न दें? वास्तुशान्ति के बजाय हम, खुद को मिले आवास की खुशी के बहाने, जिनको सिर पर कभी छप्पर नहीं मिला उन श्रमिकों को मदद कर सकते हैं। एक श्रद्धालु महिला ने देश की दरिद्रता का वर्णन करनेवाला लेख पढ़ा। इससे प्रभावित होकर उसने उस साल से नवरात्रि के उत्सव में नौ दिन तेल का अखंड दीया जलाना बन्द कर दिया। उसने जरूरतमन्द लड़की को सम्मानपूर्वक किताब-कॉपियाँ, स्कूल के लिए आवश्यक चीजें देना शुरू किया। अब उसका नवरात्रि उत्सव स्कूल के शैक्षिक वर्ष के साथ ही जून से शुरू होता है।

हमारा समाज व्रत और त्योहारों के बारे में अत्यन्त जागरूक है लेकिन विशेषत: महिला वर्ग राष्ट्रीय त्योहारों के बारे में बहुत उदासीन दिखाई देता है। हमारे यहाँ राष्ट्रीय सम्पदा और राष्ट्रीय त्योहारों के बारे में अनास्था दिखाई देती है। लेकिन एक परिवार मुझे मालूम है जो 26 जनवरी को सभी परिचित लोगों को अपने घर बुलाता है। संक्राति का ही महीना होने के कारण तिलगुड़ और एकाध पदार्थ बनाकर बाँटा जाता है। इसमें जाति, धर्म, सुहागन-विधवा, स्त्री-पुरुष इस प्रकार का भेद करने का सवाल ही नहीं उठता। यह छोटा-सा स्नेह-सम्मेलन ही होता है। राष्ट्रीय त्योहार मनाना, हल्दी-कुमकुम तथा सत्यनारायण के लिए विकल्प हो सकता है जिसमें इकठ्ठा होना सहज सम्भव है।

इन सारी बातों को लिखने-बोलने के अलावा आचरण में लाना बहुत मुश्किल है क्योंकि इस संघर्ष की शुरुआत खुद से हो जाती है। यह संघर्ष खुद के ही

संस्कारों के साथ होता है। आज की एकल परिवार पद्धति में भी इसके लिए उचित वातावरण का अभाव है। अध्ययनपूर्वक विचार करके उसे तर्क की कसौटी पर परखकर, उसे आचार में लाने की शक्ति का स्वयं में निर्माण करके परिवार तथा दोस्तों से उसे हासिल करना चाहिए। हमारे यहाँ लड़कियों के जीवन को आकार देते समय अप्रासंगिक पुण्य को छेद देनवाले व्रतकैवल्य तथा उसमें निहित भाव को नकारने की प्रवृत्ति सम्मिलित नहीं होती। कठिन होने के बावजूद बच्चों पर यह संस्कार देने से पहले खुद में यह बदलाव सप्रयास करना पड़ता है। यह बुद्धिसंगत एवं उचित नहीं लगता है इसलिए किसी के श्रद्धा-विचारों का, उसके साथ जुड़े कर्मकांडों का मजाक उड़ाना प्रयासपूर्वक टालना चाहिए। भावुकता से जुड़े श्रद्धा सहित धार्मिक विचार और उनका आचरण, निष्पक्ष आलोचना के सहारे प्रत्यक्ष कार्य को बढ़ावा देनेवाला विचार सिर्फ मानसिक परिवर्तन तथा मात्र बौद्धिक विचार नहीं होता, उसका सम्बन्ध संवेदनशील जीवन के कार्य-व्यापार से होता है, इसका ध्यान रखना पड़ता है। इसे खुद के घर से शुरू होनेवाले सुधार के पहले कदम के रूप में जानना-समझना जरूरी है।

हुंकार भरा इनकार

कुछ लोग मजाक उड़ाते हैं तो कुछ ताने भी मारते हैं :

"यह कैसा आपका आन्दोलन है? दो अक्षरों का, एक शब्द का, एक ही रट।"

- 'भूत?' नहीं।
- 'अभुआना?' (शरीर में देवी-देवता संचार होना) नहीं।
- 'चमत्कार?' नहीं।
- 'मंत्रशक्ति?' नहीं।
- 'फलज्योतिष?' नहीं।
- 'वशीकरण विद्या?' नहीं।
- 'जादू टोना?' नहीं।

"तो संक्षेप में क्या है?"

"हमने समझा कुछ भी नहीं है, अभी हमें आपकी जरूरत है।" ऐसी आलोचना करके खिल्ली उड़ाई जाती है।

इसी सिलसिले में लोग गुस्से के साथ पूछते हैं, "आप लोग अपने-आपको बहुत होशियार समझते हैं। आपको तो पूरी अकल है न?"

हमें यानी किसी अ, ब, क व्यक्ति से आशय नहीं बल्कि जिसके सहारे हमारा आन्दोलन खड़ा है उस विज्ञान को, वैज्ञानिक दृष्टिकोण को प्रश्न किया है।

ध्यातव्य है कि विज्ञान कभी दावा नहीं करता कि सब कुछ उसके बस में है। वास्तविक वैज्ञानिक दृष्टिकोण रखनेवाले यह दावा कभी नहीं कर सकते। विज्ञान करता क्या है? एक प्रकार से उचित तरीके से जाँच-पड़ताल करता है। प्रथम निरीक्षण : जैसे जेम्स वाट ने भाप के चलते चाय की केतली का ढक्कन ऊपर उठते हुए देखा था।

बाद में तर्क और अनुमान : जैसे आकाश में धुआँ दिखाई दिया तो तर्क से हम जान सकते हैं कि वहाँ आग जली होगी। उसे देखने लिए प्रत्यक्ष वहाँ जाने की आवश्यकता नहीं है। तीसरा चरण : प्रयोग का, और चौथा : उसकी सार्वत्रिक सत्यता का, होता है। स्पष्ट है कि पहला प्रयोग करने से पता चलता

है कि पानी 100 डिग्री सेल्सियस पर उबलता है और बार-बार के प्रयोग से अनुभव होता है कि दिल्ली, लंदन, मॉस्को आदि जगहों पर भी उसी प्रकार की प्रक्रिया होती है।

इन सभी चरणों से वास्तविकता का सिद्धान्त बनता है। वह तब तक बना रहता है जब तक नई जानकारी उसे झूठा साबित नहीं करती है। इसका मतलब यह होता है कि सर्वज्ञता का दावा विज्ञान भी कभी नहीं करता है। अधिकतर वह वर्तमान में निश्चित क्या है, यही बताता है। वह यथार्थ को महत्त्वपूर्ण मानता है। वह खुद की गलती से सीखकर बदलने की सम्भावना की परिकल्पना में विश्वास करता है। न्यूटन की सीमाओं को आइंस्टाइन ने खोजा था। इसी वजह से दोनों के अनुकरणकर्ताओं के बीच युद्ध नहीं होता और कोई आइंस्टाइन को चुनौती देता था तो उसका स्वागत ही किया जाता था।

"मुझे जाँच-पड़ताल नहीं करनी है। मेरा शब्द ही प्रमाण है, उस पर सन्देह नहीं होना चाहिए क्योंकि वह पाखंडीपन है। मैंने अन्तिम सत्य समझा है, मुझे अन्तिम ज्ञान प्राप्त हुआ है।" धर्म का दावा होता है, आप चुप बैठकर सिर्फ मम बोलकर उसका आचरण करें। धर्म न कभी नम्र था और न है। विज्ञान की विशेषता बिलकुल अलग होती है।

विज्ञान समझदारी से उसकी जाँच करता है।

जो समझ में नहीं आया उसकी यथार्थ के साथ खोज जारी रखता है। लेकिन जो जाँच-पड़ताल कर सिद्ध हआ है, उसी आधार पर निश्चित रूप से व्यवहार करता है।

पाप हो गया इसलिए बिहार में बड़ा भूचाल आ गया, ऐसा महात्मा गांधी जी ने भी क्यों न कहा हो, उसे नकारना ही पड़ता है और नकारा भी जाता है।

इन विचारों की मजबूत बुनियाद से किन बातों का पता चलता है?

'भूत?' वह गम्भीर मानसिक बीमारी या भ्रम है।

'शरीर में भगवान का संचार होना?' यह मानसिक असन्तुलन है।

'चमत्कार?' होता ही नहीं। वह होती है बदमाशी।

'मंत्रशक्ति?' अस्तित्व में ही नहीं है और किसी का दावा हो तो उस शक्ति से भोजन की थाली से सिर्फ पापड़ तोड़कर दिखानेवाले को मैं पाँच लाख बख्शीश की चुनौती देता हूँ।

'फलज्योतिष?' सिर्फ एक बहलानेवाली कला या मात्र गुमराह करना होता है।

'वशीकरण विद्या?' एक अलग सम्मोहित मनोदशा में किसी भी प्रकार के गूढ़ता से रहित उपक्रम है।

> 'जादू-टोना?' साफ झूठ। मूठ मारकर (टोना करके) कोई खून की उलटी करने के लिए बाध्य करता है तो इसके लिए अन्धविश्वास उन्मूलन आन्दोलन के सैकड़ों सदस्य तैयार हैं।

तो इन सबका मतलब क्या होता है?

मतलब एक ही :

> जो नहीं है, उसे हमारा आन्दोलन दृढ़तापूर्वक बताता है। इसके बारे में जाँच-पड़ताल करने के लिए निडरता के साथ खड़ा होता है। जो अनुचित है उसे नकारने की बात करता है।

हम तो 'ना' कहते ही हैं। लेकिन हमारा पक्का इनकार ही विज्ञान की समझदारी की हुंकार होती है।

धर्मविश्वास या अन्धविश्वास

सुबह से ही चिवरी के मेले का रंग कुछ अलग ही था। लोग पिछले कई दिनों से मेले की तैयारी के लिए अथक परिश्रम कर रहे थे। ऐसा लग रहा था कि इसे सफलता जरूर मिलेगी। हर साल मेले के दिन माता लक्ष्मी के सामनेवाले मैदान में धारदार छुरे चलते थे, सौ-डेढ़ सौ भैंसे, पाँच-सात हजार बकरे, दस हजार मुर्गे के खून-मांस का कीचड़ हो जाता था। इस साल इनमें से कुछ भी नहीं था। चढ़ावे के लिए पूरणपोली, चावल, गुड़, नारियल आदि की थालियाँ लेकर कतार बहुत ही धीमी गति से देवी के दर्शन के लिए जा रही थी। कार्यकर्ताओं द्वारा गाँव-देहातों में किया गया प्रचार, जनप्रतिनिधियों का सहयोग, मन्दिर के विश्वस्त व गाँव के पंचों की समझदारी तथा सरकार की ठोस भूमिका आदि सभी का मेल हुआ था।

वातावरण में बेचैनी तो थी ही। पशुबलि के अलावा बाकी सभी अन्धविश्वासों का जल्लोष भी था। देवी के सामनेवाले मैदान में अभुआए (शरीर में संचरित देवता) महिला और पुरुष समूहों में झूम रहे थे। आयु की सीमा भूलकर सोलह से लेकर साठ साल तक की महिलाएँ बेकाबू होकर बाल खुले छोड़कर शरीर तानकर नाच रही थीं। शरीर में देवता का संचार हुए युवक भी उसी भीड़ में आवाज चढ़ाकर छलाँगें लगा रहे थे। मुँह में सिंदूर पोतकर, हाथ में देवी का कोड़ा लिए हुए पोतराजों (माता लक्ष्मी के पुजारी) की टीम भी बेहोशी बढ़ाने के लिए हर सम्भव प्रयास कर रही थी। मन्नत पूरी करने के लिए धूल भरी बंजरभूमि से दंडवत लेते हुए कड़ी धूप में महिला और पुरुष जा रहे थे। मेले में आए लोग रास्ते के किनारे हटकर उन्हें रास्ता देते थे, साथ ही झुककर प्रणाम भी कर रहे थे। देवी के नाम से छोड़ने के लिए लाये गए भैंसों के गले में माला और रंगीन कपड़े पहनाकर शान से ले जा रहे थे। श्रद्धालु उन्हें भी हाथ लगाकर प्रणाम करके पुण्य हासिल कर रहे थे।

कुछ भी हो, मन्दिर के सामने होनेवाली बलि-प्रथा तो बन्द हो गई थी। इस बात पर कुछ लोग सन्तुष्ट थे। कुछ लोग बलि देने के लिए अपने साथ लाए प्राणी के साथ मेले से घर की ओर वापस जा रहे थे। इस दूर तक फैली बंजरभूमि में आँखों

में धूल झोंककर कहीं-न-कहीं बलि के लिए छुरे चलने का हमें अन्दाजा था ही। इसीलिए तो "ग्यानबा तुकाराम, बकरों का क्या काम?" इस प्रकार के नारे लगाता हुआ युवकों का समूह पूरे पठार पर घूम रहा था।

दोपहर एक बजे 'जय भवानी, जय शिवाजी' के नारे लगाते हुए करीब सौ लोग मन्दिर के सामने आ गए। उनके मुखिया ने हाथ में मुर्गा पकड़ लिया था। कानून के अनुसार पशुबलि पर पाबन्दी होने का बैनर पुलिस ने लगाया था। उन्होंने कानून को गलत ठहराते हुए बलि देने को अपने हक को निभाने की ठान ली। उसका पुलिस ने विरोध किया। तनाव बढ़ गया। शरीर में देवता का संचार होकर नाचनेवालों की संख्या बढ़ती गई। अचानक एक विलक्षण घटना घटित हो गई जिससे शरीर पर रोंगटे ही खड़े हो गए थे। बेभान होकर नाचनेवाले पोतराज ने बलि देने के लिए लाया हुआ मुर्गा अपनी ओर खींच लिया और उसकी गरदन को खीरे की तरह अपने दाँतों में दबोच लिया। उसने नाचते-नाचते वह गरदन चबाकर काट डाली। मुर्गे का सिर दूर फेंक दिया गया। खून निकल रही गरदन का हिस्सा वैसे ही मुँह में पकड़कर रखा। इस बहादुरी से हिन्दू धर्म की जीत का उत्सव मनाया जाने लगा। लोगों ने मुखिया और पोतराज को कन्धे पर लेकर जुलूस निकाला और पहने हुए कपड़ों पर खून से सने हाथों के निशान लगाए गए।

दूसरे दिन मेले का स्वरूप नाटक में परिवर्तित हो गया जिसमें भड़काऊ भाषण हुए। बलि देने की हिन्दू धर्म की गौरव प्रथा अगले साल से जोर-शोर से शुरू कर धर्म का सम्मान बढ़ाने की बात की गई। एक दिन पहले सत्याग्रह में शामिल लोगों की दूसरे दिन रात को योजनाबद्ध पिटाई की गई। वे जख्मी हो गए, उनकी हड्डियाँ टूट गईं और उनके वाहन जलाए गए।

स्वाभाविक ही है कि देव, धर्म, श्रद्धा और उसके पालन के बारे में लोग बहुत सचेत बन गए हैं। संवेदनशील बन गए हैं!

लेकिन असली धर्म क्या है? और झूठा धर्म कौन-सा?

उसमें रसीला अंश कौन-सा है? और नीरस छिलका कौन-सा है?

गर्व किस बात पर करना चाहिए? वृथा क्या, किसे नकारना चाहिए? धर्म की अच्छी बातों की हिमायत करते समय कुल मिलाकर उत्कट भूमिका हितकारी या अहितकारी है? वास्तव में इन सारे सवालों के बहुत अच्छे जवाब हमारे सन्तों एवं समाजसुधारकों ने दिए हैं। 'तीर्थी क्षेत्र पत्थर पानी, सच्चा ईश्वर है सज्जनी' (अर्थात तीर्थक्षेत्रों पर गए तो आपको भगवान नहीं मिलेगा। वहाँ तो पत्थर, पानी ही देखने मिलेगा। असली ईश्वर तो सज्जनों में है।) सन्त तुकाराम महाराज ने यह सोच-विचार कर ही कहा था। सभी धर्मों के सन्तों ने कर्मकांड, व्रत, मंत्र-तंत्र आदि से परे मानवता धर्म का नारा लगाया है।

लेकिन यह मात्र खोखला आदर्श हो गया। जहाँ धर्म सोच-विचार तथा विवेक

से दूर जाता है वहाँ क्या करें? इस प्रकार का स्पष्ट सवाल आज अन्धविश्वास उन्मूलन आन्दोलन के सामने उपस्थित है।

ग्रामदेवताओं के मेले ग्रामीण परिवेश में सांस्कृतिक तथा धार्मिक आयोजन माने जाते हैं। यह सामूहिक खुशी तथा श्रद्धा का समारोह ही होता है लेकिन इनमें से कई मेलों में जो घटनाएँ घटित होती हैं क्या इससे धर्म कल्पना की उन्नति होती है या अवनति? महाराष्ट्र की प्रबोधन परम्परा की गरदन गर्व से ऊपर उठती है या शर्म से झुकती है? और फिर भी लोग जिद से उसे ही धर्म समझकर गले लगाएँगे तो हमारा आन्दोलन कहाँ तक उपयोगी होगा? सुजान नागरिक, समाज तथा शासन को इसके बारे में कुछ ठोस निर्णय लेना चाहिए या नहीं?

मौजे न्हावी (तहसील : भोर, जिला : पुणे) में यमाई देवी का मेला लगता है। प्रमुख रूप से चर्मकार समाज के लोग इस मेले में सम्मिलित होते हैं। मोटरसाइकिल, जीप, प्रीमियर, मारुति आदि से लोग बड़े पैमाने पर मेले में शामिल होते है। ज्यादातर लोग नौकरपेशा, मुम्बई, पुणे, सातारा जिले में लोणंद, शिरवल में रहनेवाले सम्पन्न लोग ही होते हैं। ये सब डोईफोडे उपनाम के लोग होते हैं।

भांबुर्डे (तहसील : भोर) के गुरव जाति के रामचन्द्र आनन्द गुरव प्राथमिक शिक्षक वहाँ के धार्मिक कार्य के पुजारी हैं। उनके साथ हडपसर की एक कम्पनी में काम करनेवाले उनके भाई भी होते हैं।

धार्मिक विधि के लिए डोईफोडे मंडली पुराने दो और नए दो उस्तरे गुरव पुजारी को देती है। कई बार 'नई नौ दिन की, पुरानी सौ दिन की' की कहावत के अनुसार पुराना ही अच्छा है के हिसाब से उसका चयन किया जाता है। उस पुराने, काले, जंग लगे उस्तरे में भस्म, हल्दी, कुमकुम लगाया जाता है। इसके पश्चात गाँव के मान-सम्मान की बात तय होती है। उसी गाँव के व्यक्ति के सिर पर उस जंग लगे उस्तरे से काट (चीर) लगाकर खून निकालने की विधि शुरू हो जाती है। इसे सिर तोड़ना कहा जाता है। एक-एक उस्तरे से 50-60 लोगों के सिर पर काट लगाए जाते हैं। खून से सना वही उस्तरा वैसे ही बेहिचक बार-बार इस्तेमाल किया जाता है। सिर, माथे पर चीरने से बहनेवाले खून के साथ हर एक देवालय में पाँच फेरे लगाता है। कई लोगों के जख्म गहरे न होने से उसमें से खून बहना जल्दी बन्द हो जाता है तो कई लोगों के जख्म ज्यादा गहरे होने से खून चेहरे तथा सीने से होते हुए उनकी धोती पर गिरता है। उस्तरे से सिर काटे जानेवाले व्यक्ति के परिवार की औरत पंचारती की थाली लेकर घूमती है। (कितना बड़ा पराक्रम किया है! इसलिए आरती उतारनी है?) कभी-कभी खून देखकर उसका सिर चकराने लगता है। बहते हुए खून पर ही गुरव भस्म और हल्दी का मिश्रण लगाते हैं।

भोर तहसील के भोगवली स्थित प्राथमिक स्वास्थ्य केन्द्र के चिकित्सा अधिकारी एम.पी. शिवशरण अन्धविश्वास उन्मूलन कार्य के बारे में आस्था रखनेवालों में से

एक हैं। उन्होंने लोगों को समझाने का प्रयास किया। उन्होंने भस्म लगाकर उस्तरे के इस्तेमाल करने के खतरे भी बता दिए। एड्स के बारे में भी जानकारी दी। कुछ लोगों को यह बात ठीक लगी, तो कुछ लोगों ने विवाद खड़ा किया। विशेष बात तो यह कि एड्स अनुसन्धान की मुम्बई शाखा में काम करनेवाला एक पढ़ा-लिखा भक्त कीटाणु शोधन के विरोध में बोल रहा था। गुरव सर (गुरुजी) सुनने के मूड में ही नहीं थे। वे एक बात को बार-बार दोहरा रहे थे कि "आप यह सब डोईफोडे समाज को बता दो, मुझे नहीं।" डॉ. शिवशरण ने कहा, "आप इन लोगों के गुरु हैं। साथ ही पुणे जिला परिषद स्कूल में अध्यापक हैं। आपको इस बात को समझना चाहिए। आप जो कर रहे हैं उससे स्वास्थ्य का नुकसान ही होगा, इस बात का ध्यान रखना तो आपका कर्तव्य है या नहीं?" इस पर उनका जवाब इस प्रकार था, "साहब, आप यह कुछ मत बताइए। हमारे पुरखे पूरा गला काटकर भगवान के सामने रखते थे। बिना सिर के शरीर से अन्य लोगों के देवालय में पाँच फेरे लगाने के बाद हम वह सिर फिर उस शरीर पर चिपकाते थे। लेकिन अंग्रेजों की नजर लगने के कारण हमारे पुरखों की क्षमता कम हो गई।"

कई सालों से यह परम्परा जारी है। डोईफोडे समाज के समाज कल्याण अधिकारी, हाईस्कूल के अध्यापक, वर्ग एक के अधिकारी (सर्जन) आदि भक्तगण भक्ति-भाव से खुली (!) आँखों से यह सब देख रहे हैं।

सातारा, पुणे जिले के कई गाँवों के मेले में 'गराड़ी का चौखटा' की शोभायात्रा निकाली जाती है। क्या होता है यह गराड़ी का चौखटा? एक सीधे बड़े खम्बे की सबसे ऊपरी नोक पर छोटा-सा तिरछा बेंटा बँधा होता है। यह सब ढाँचा बैलगाड़ी पर पक्का किया जाता है। इस बैलगाड़ी को दौड़ के लिए तैयार की गई बैलों की जोड़ी जोतती है। मन्नत बोले हुए भाग्यशाली भक्त का नम्बर निकलता है, वह गराड़ी के चौखटे का सम्मान प्राप्त करता है। वह मेले के एक दिन पहले व्रत रखता है। मेले के दिन सूरज उगने से पहले वह नदी में स्नान करता है। बाद में उसे ऊँचे गराड़ी के चौखटे के तिरछे बेंट से बाँधा जाता है। 'जयजयकार' करते हुए वह बैलगाड़ी दौड़ाई जाती है। यह बैलगाड़ी खेतों से तथा पथरीले रास्ते से भी जाती है। गाँव के सम्मानित लोग बैलगाड़ी में सामने बैठे होते हैं। खम्भे की ऊपरी नोक पर बँधा हुआ व्यक्ति दिनभर इधर-उधर झोंके खाता रहता है। सूरज डूबने तक यह गराड़ी का चौखटा गंतव्य स्थान पर पहुँचता है। तब तक उस व्यक्ति की क्या हालत होती होगी? इन सभी बातों से भगवान की उपासना कैसे होती है? यह सवाल सिर्फ बहस के लिए भी उपस्थित किया जाए तो लोग गुस्से से लड़ने के लिए तैयार हो जाते हैं। पाठकों के पत्राचार में गराड़ी के चौखटे के खिलाफ किसी का खत भी मिला तो भी लोग क्रोधित होकर उस आदमी का घर खोजने के लिए निकलते हैं। दो साल पहले एक खेत के कीचड़ में गराड़ी के चौखटा फँसकर गिर गया। इसमें

एक आदमी की मौत हुई थी। फिर भी लोग कह रहे थे, "नियमों का पालन नहीं किया होगा, शराब, मांस खाया होगा। उसी की सजा मिल गई।" ब्रिटिश सरकार ने गराड़ी का चौखटा विरोधी कानून बनाया था। उसी की खोज में हम थे तो एक गाँव में हमें चेतावनी दी गई कि "ज्यादा होशियार मत बनो। पुलिस क्या करेगी, गोलियाँ चलाएगी? हमारे समाज के भी दस-पन्द्रह हजार लोग होते हैं। हम भी देखे लेंगे।"

अहमदनगर जिले की गोदावरी नदी के किनारे संवत्सर और कोकमठाण नामक गाँव हैं। वहाँ हर साल अक्षय तृतीया से आरम्भ होता पाँच दिन का गोफन ढेले का युद्ध आज भी खेला जाता है। इसके लिए कुछ पौराणिक कथाओं का आधार लिया जाता है। बैसाख शुद्ध अक्षय तृतीया के दिन सुबह से ही हजारों श्रद्धालु और योद्धा अपने-अपने देवताओं की पूजा कर तैयार हो जाते हैं। दोपहर से संवत्सर-कोकमठाण परिसर के योद्धा पारम्परिक हथियार लेकर हजारों की संख्या में दाखिल हो जाते हैं। सम्बन्धित गाँवों के सबसे बुजुर्ग व्यक्ति को सेनापति माना जाता है। उनके हाथ में झंडा दिया जाता है। हाथ में लाठी, कुल्हाड़ी, ढाल, गोफन-ढेलों के साथ पाँच-सात फीट लम्बाई की नुकीली छोटी लाठियाँ भी होती हैं जिससे मनुष्य को तत्काल घायल किया जा सके। गोदावरी के विस्तृत रूप से फैले बेसिन में दोनों पक्षों का युद्ध शुरू हो जाता है। बीच की पानी की धारा युद्धरेखा मानी जाती है। थोड़ी ही देर में डफली, ढोल, ताशा, पोपली, धोधाणी आदि रणवाद्य बजने शुरू हो जाते हैं। माता लक्ष्मी और म्हसोबा के जयघोष से वातावरण उत्साही हो जाता है। ढेलों से भरी गोफन से हमला-प्रतिहमला शुरू हो जाता है। 'मारो-पीटो' जैसी आवाजें कान पर पड़ना शुरू हो जाती हैं। 17 साल के लड़के से लेकर 80 साल के बुजुर्ग तक गाँव के सभी लोग इस पाँच दिन की लड़ाई में शामिल हो जाते हैं। हर एक व्यक्ति कम-से-कम पाँच पत्थर तो फेंकता ही है। घायल योद्धा को कन्धे पर उठाकर उनके ग्राम-देवता के सामने लाकर रखा जाता है। पाँच दिनों की इस लड़ाई में 8 से 10 हजार लोग शामिल होते हैं। कई योद्धाओं के हाथ, पैर तथा सिर में गम्भीर जख्म होते हैं, लेकिन युद्धकाल में डॉक्टरी इलाज वर्ज्य होता है। ग्रामदेवताओं को पुकारकर जख्म पर उदी, भस्म (भभूत) लगाकर मंत्र पाठ किया जाता है। अधिकतर हल्दी तथा नमक लगाकर भगवान की कृपा की याचना की जाती है। यहाँ के लोगों की धारणा है कि इस प्रकार के उपायों से घायल ठीक हो जाता है। युद्ध न खेलने पर गाँव पर संकट छा जाता है। इस युद्ध की पृष्ठभूमि एवं भावना है कि इसके खेले न जाने पर फसल, पानी नष्ट हो जाता है तथा बीमारी फैल जाती है। यह लड़ाई देखने के लिए महाराष्ट्र के विभिन्न भागों से बड़ी संख्या में लोग आते हैं।

बताया जाता है कि यह युद्ध रोकने के लिए बहुत बार प्रयास किये गए। अँग्रेज शासन काल में घुड़सवार पुलिस आदि ने भी इसे रोकने के लिए प्रयास किये, लेकिन सभी प्रयास असफल रहे।

महाराष्ट्र में जारी इस प्रकार की घटनाओं की सूची और भी लम्बी हो सकती है। यह सब देखकर मेरे सामने एक बहुत बड़ा सवाल खड़ा हो जाता है, यह धर्म-विश्वास कैसे हो सकते हैं? इन सभी व्यवहारों से क्या देवताओं की पूजा, धर्म की उपासना, परम्परा की पवित्रता का पालन होता है? इसमें 'गर्व से कहो' कहने लायक ऐसा क्या है?

- क्या धूल से सनकर जमीन पर दंडवत लेते जाना और ऐसे लोगों के पैर छूना यह धर्म है?
- बेकाबू और बेहोश होकर अपने कपड़ों का भी खयाल न रखते हुए घंटों नाचते रहना धर्म है?
- दाँत से मुर्गे की गरदन चबाने से उसे मोक्ष देना क्या यह पुरुषार्थ है?
- बलि प्रथा के निर्वाह के लिए कर्ज के बोझ तले दबनेवाले भक्तों का प्रबोधन करनेवालों की पिटाई होती है, क्या यह जाग्रत धर्माभिमान है?
- देवता को खुश करने के लिए गूँगे प्राणियों की समारोहपूर्वक की जानेवाली हत्या, क्या इसमें धर्म की हिफाजत है या उसके लिए त्याग है?
- देवता को मानने तथा धर्म के पालन की स्वतंत्रता संविधान ने सभी को दी है, लेकिन किसी जीव की बलि चढ़ाकर या नियमों में दखलअंदाजी करते हुए ज्यादती करने से देवता प्रसन्न होते हैं यह कल्पना आदिमानव के कल्पनाविश्व के साथ रिश्ता बताती है या आधुनिक मानव के साथ?
- पौराणिक काल में यज्ञ में प्राय: होनेवाली पशुबलि प्रथा बाद में बन्द हो गई। यज्ञ होते रहे, यह धर्म कल्पना की उन्नति है या अवनति?
- उस्तरे से माथे पर चीरना यह धर्माचरण है? गराड़ी के चौखटे पर खुद को लटकाने में मुक्ति मार्ग है? गोफन-ढेले का युद्ध धार्मिक संस्कृति है?

खुद को हिन्दुत्वादी मानेवाले व्यक्ति, संस्था, संगठन, आन्दोलन आदि को इन घटनाओं के बारे क्या लगता है? श्रद्धा-विश्वास की जाँच-पड़ताल ही नहीं की गई तो मनुष्य में परिवर्तन कैसे होगा? एक समय नरबलि पवित्र धार्मिक विधि ही थी न? मानव प्रगति का इतिहास ही असल में श्रद्धा की जाँच का इतिहास है। धर्म-श्रद्धा तो सभी श्रद्धाओं का मूल है। क्या उसे नहीं जाँचना चाहिए? क्या समयानुसार आचार-विचारों को बदलना नहीं चाहिए?

डॉ. बाबासाहेब आंबेडकर ने दिल्ली में 23 जून, 1956 के अपने भाषण में कहा था :

> धर्म की परीक्षा लेकर उसकी जाँच का तरीका सीखना चाहिए। हम बाजार में सुनार की दुकान में जेवर खरीदने के लिए जाते हैं, तब आप क्या करते हैं? आप देखते है कि यह सोना असली है या नकली? यह

जानने के लिए उस जेवर को कसौटी पर कसा जाता है। इसी प्रकार धर्म की कसौटी पर उसकी परख होनी चाहिए। धर्मतत्त्वों की छानबीन कर सिद्धान्त और व्यवहार की पड़ताल करके हम जान सकते हैं कि कौन-सा धर्म मनुष्य को सुख तथा सन्तुष्टि दे सकता है? सोना कसौटी पर जब तक खरा नहीं उतरता तब तक उसे खरीदा नहीं जाता। इसी प्रकार धर्म भी मानव के लिए उपयोगी है या नहीं इसे कसौटी पर परखकर देखना चाहिए। जब तक धर्म की इस प्रकार परीक्षा नहीं होती तब तक वह धर्म स्वीकार्य नहीं होगा; विपरीत इसके कि देश पागल कल्पनाओं का शिकार हो गया है।

वास्तव में कर्ज के शिकार बने और भिखारी बने हमारे देश में, समाज को वर्तमान में भी अपना उत्साह, श्रम, समय, पैसा किस बात के लिए उपयोग में लाना चाहिए, क्या इसका विचार तथा उसे आचरण में लाना सच्चा धर्माचरण नहीं है?

लेकिन इसके लिए ऊपर बताई अग्निपरीक्षा की तैयारी होनी चाहिए।

वह तैयारी तो दूर की बात है लेकिन सिर्फ जाँच-पड़ताल के लिए भी जो श्रद्धा-विश्वास इनकार करता है उसे अन्धविश्वास कहना चाहिए या धर्म-विश्वास?

'गर्व से कहो' कहनेवालों को इसका प्रत्यक्ष उत्तर देना ही चाहिए।

अन्धविश्वास की आपात स्थिति?

सबसे खतरनाक अन्धविश्वास कौन-सा है?

प्रेतबाधा हुई महिला का भूत निकालने के लिए उसके साथ की जानेवाली मारपीट? नियति की कल्पना से मनुष्य को जकड़ने वाला फलज्योतिष? घर-परिवार तथा पड़ोसियों को परेशान कर देनेवाला जादू-टोना? कुँवारियों को भोग की वस्तु माननेवाले ढोंगी?

अन्धविश्वास बुरा ही होता है। जादूटोना, भोंदूगिरी करना, ज्योतिष सब घातक ही है लेकिन इससे ज्यादा जहरीला अन्धविश्वास का रसायन कौन-सा हो सकता है?

वह रसायन है : धर्म-विश्वास को साफ अन्धविश्वास बना देना।

मनुष्य की सबसे बड़ी खासियत उसकी विवेक-बुद्धि है। मनुष्य अपने आसपास के माहौल में, मानव समेत अन्य प्राणियों के साथ, प्रकृति के साथ कौन-सा बरताव उचित, सही तथा उपयोगी है और कौन-सा अनिष्ट, गलत, अहितकारक है इसका ध्यान रखता है। वह उसी के अनुसार बरताव करने का प्रयास करता है। धर्मविश्वास के अन्धविश्वास बन जाने से वह लक्ष्य से हट जाता है। मानव मूल्य अर्थात विवेक खो जाता है, इसी का संक्रमण समाज में भी हो जाता है। समाज पागल की तरह अन्धेपन से बरताव करने लगता है। लेकिन ऐसे हालात में व्यक्ति या समाज के ऐसे बरताव के विरोध में बात करना तक उन्हें अच्छा नहीं लगता है, उसका विरोध करना तो दूर की बात है। धर्म-विश्वास का प्रभाव अत्यधिक होता है।

उदाहरण दाऊदी बोहरा तथा मुस्लिम पन्थ का ही लीजिए।

भारत में रहनेवाले दस लाख से अधिक बोहरा समाज के लोगों पर उनके सय्यदनाओं (सर्वोच्च धर्मगुरु) का एकाधिकार शाही चलता है।

औरंगाबाद की एक छात्रा अस्मा ताहेर बारहवीं की परीक्षा में राज्य में अव्वल आई थी। उसका रुझान मेडिकल शाखा की ओर था। लेकिन सय्यदना की अनुमति के बिना वह मेडिकल कॉलेज में प्रवेश नहीं ले सकी। जुलेखा की कहानी तो दिल को झकझोर देनेवाली है। जन्म से ही उसके हृदय में कुछ तो दोष था। लेकिन इस सन्दर्भ में ऑपरेशन कराना चाहिए या नहीं इस बारे में सय्यदना से अनुमति हासिल करने के लिए उसके माता-पिता ने करीब 35 साल प्रयास किये। आखिर

जुलेखा की मौत हो गई। लेकिन उनके धर्मगुरु से ऑपरेशन की अनुमति नहीं मिली। मुम्बई के शेरीफ फकरुद्दीन खोरकीवाला को शेरिफ पद स्वीकारते समय भी अनुमति लेनी पड़ी थी। मुम्बई के मर्कंटाइल बैंक में आबिदा तथा वखारीया ये दोनों बोहरा बहनें नौकरी करती थीं। मुस्लिम धर्म के अनुसार ब्याज लेना पाप होता है। इसलिए ऐसी 'पापी' जगह पर होनेवाली नौकरी छोड़ने के लिए उनके लिए फरमान निकाला गया। नौकरी छोड़ने पर रोजी-रोटी कैसे चलेगी? सय्यदना साहब ने इस पर एक उपाय ढूँढ़ निकाला। वह था, पाप विनाश के लिए धर्मगुरु को दान देने का। सम्बन्धित महिलाओं ने तत्काल उस राशि का भुगतान कर पापमुक्ति का लाइसेंस (अनुमति) हासिल किया। दोनों को भी फायदा हुआ। महिलाओं की बैंक की नौकरी भी बरकरार रही और पाप का भी डर नहीं रहा। धर्मगुरुओं को भी ऐश करने के लिए पैसों का जुगाड़ा हुआ। लेकिन इतने से ही सभी को सन्तुष्टि नहीं मिलती। भाईसरीया बैंक में नौकरी करते थे। लेकिन यह पापी धन्धा करनेवाले बाप की बेटियों का विवाह सय्यदना ने रोक लिया। इस बात के लिए सरीया को नौकरी छोड़नी पड़ी। लेकिन इतने पर भी सय्यदना साहब का समाधान नहीं हुआ। इतने साल तनख्वाह लेने के कारण सय्यदना ने दस हजार जुर्माना माँगा और उसका भुगतान करने के बाद ही अनुमति दी। धर्मगुरु बोहरा समाज पर शासक की तरह राज करता है। सय्यदना साहब सात प्रकार के टैक्स दाऊदी बोहरा समाज से वसूलते हैं। धर्म के नाम पर उनके खजाने में टैक्स वसूली से हर साल 20 करोड़ राशि जमा होती है। गरीबी रेखा से भी निचले स्तर का जीवन जीनेवाले बोहरा को भी वार्षिक 400 रुपए टैक्स धर्मगुरुओं को देना ही पड़ता है। अमीर बोहरा लोग तो लाखों रुपए दे देते हैं। हर एक बोहरा व्यक्ति को अपने आय का ढाई प्रतिशत हिस्सा टैक्स के नाम पर धर्मगुरु के खजाने में जमा करना ही पड़ता है। साथ ही ईद के अवसर पर मस्जिद की देखभाल के लिए 'साबील' भी देना पड़ता है। मृत्यु के बाद दफनभूमि में सात गुणा तीन फीट आकार की जगह के लिए धर्मगुरु जितनी राशि माँगते है उतनी देनी ही पड़ती है। बाद में सीधा जन्नत में स्थान मिलने के लिए 'हुकूमनाफ' के रूप में पैसे लिए जाते हैं वह तो अलग ही है। विवाह करने के लिए भी धर्मगुरु की अनुमति लेनी पड़ती है और धर्मगुरु के हाथ को प्यार से चूमने के भी पैसे देने पड़ते हैं। वास्तव में यह कर इस्लाम में नहीं बताए गए हैं। धर्मगुरुओं ने अपने शिष्यों का शोषण कर उन्हें कब्जे में रखने के लिए तैयार किये हैं। विशेष बात यह है कि धर्मगुरु द्वारा सुनाए फैसले के विरोध में बोहरा किसी भी न्यायालय में अपील नहीं कर सकता। समाज के लक्ष्मीपति व्यापारी धर्म के सामने गुलाम की तरह बरताव करते हैं। बोहरा समाज भारत में रहता अवश्य है लेकिन भारत में ही सय्यदना का अपना स्वतंत्र राष्ट्र ही है। वहाँ भारतीय कानून नहीं चलता। इन सभी के लिए अन्धविश्वास का ही

आधार होता है। ऐसे समय में धर्म अन्धविश्वास की हथकड़ी नहीं बना तो उसमें कौन-सा अचरज होगा।

हमारा भारतीय समाज हजारों पन्थ और जातियों में विभाजित हैं। हर पन्थ, अपनी जातियों की रूढ़ि-परम्पराओं की शृंखला में जकड़ा हुआ है। आदिवासी समाज और घुमन्तू जाति-जनजातियों में आज भी सामाजिक और धार्मिक रूढ़ियों एवं परम्पराओं का पर्याप्त प्रभाव दिखाई देता है। उसके सामने मजबूरन झुकना पड़ता है और उनके आदेशों के अनुसार बरताव करना पड़ता है। उनके विरोध में बोलना तो जरूरी होता है, लेकिन वह सम्भव नहीं होता क्योंकि अन्धविश्वास का खुला समर्थन करनेवाली यह रूढ़ि-परम्परा धर्म-विश्वास का हिस्सा बनती है; लोगों को पवित्र और सुरक्षा लगने लगती है।

यह तो तुलना में सामाजिक एवं सांस्कृतिक दृष्टि से पिछड़े हुए जनसमूह में दिखाई देता है; लेकिन सिख समाज तो हिम्मतबाज, उद्यमशील, पढ़ा-लिखा और दुनियाभर फैला हुआ है। उसकी क्या स्थिति है?

उनके सर्वोच्च पवित्र स्वर्णमन्दिर में बैठे सिख धर्मगुरु भी फरमान निकालते हैं।

(भूतपूर्व) मुख्यमंत्री बरनाला, (भूतपूर्व) केन्द्रीय गृहमंत्री बूटासिंह किसी-न-किसी कारणों से दोषी ही हैं। उन्हें धर्म से बहिष्कृत कर सजा दी जाती है। सजा कौन-सी?

- खुद के गले में फलक लटकाएँ कि मैं महापापी हूँ।
- लंगर के बर्तन माँजें।
- गुरुद्वारे का फर्श साफ करें।
- लोगों के जूते साफ करें।

पाँच गुरुद्वारों में पाँच सप्ताह ऐसा ही करें। इसके बाद धर्मपीठ के सामने उपस्थित रहें। फिर से धर्म प्रवेश का आवेदन करें। अन्त में उन्हें कहा जाता है, आवेदन पर विचार किया जाएगा।

यह सब किसलिए? धार्मिक प्रमाद के लिए नहीं तो इसलिए कि मुख्यमंत्री या केन्द्रीय गृहमंत्री के रूप में जो कुछ प्रशासकीय निर्णयों का अमल किया है वह धर्म के ठेकेदारों को गलत लगता है।

इस अनुशासन को चुपचाप स्वीकार क्यों किया जाता है?

कारण सिर्फ इतना ही कि धर्मगुरु के गलत आदेश का भी उल्लंघन करने की हिम्मत नहीं होती। उनका निर्णय सही ही लगता है, कभी विचारों के चलते तो कभी डर के चलते।

डर किस बात का?

वह इस बात का कि बहुसंख्य सिख भाइयों को धर्मगुरु के आदेश अनिवार्य

(वन्दनीय) होते हैं। अगर उनका उल्लंघन किया तो धर्म से बहिष्कृत होना पड़ेगा; और दूसरा विचार यह किया जाता है कि सर्वश्रेष्ठ धर्मगुरु गलत कैसे करेंगे? वास्तव में दिक्कत तो यही होती है।

- आदेश देनेवाले गलती करते ही हैं।
- उन आदेशों को चुप रहकर अर्थ प्राप्त करा देना बहुत बड़ी गलती होती है।

लेकिन सबसे भयानक बात यह है कि इनमें से किसी को भी इसका एहसास नहीं होता। कुछ साल पहले देश ने आपात स्थिति का अनुभव लिया है। उस समय कड़ी पाबन्दियाँ थीं। हाथों के होते हुए भी कलम नहीं उठ सकते थे। पैर होते हुए भी जुलूस नहीं निकाल सकते थे। कुछ कहने से पहले मुँह खोलने के लिए अनुमति लेनी पड़ती थी। साल-डेढ़ साल की इस आपात स्थिति का यहाँ की जनता ने ही परिवर्तन किया।

लेकिन अन्धविश्वास की आपातस्थिति बहुत कठिन है। हाथ-पैर में हथकड़ियाँ होने का खेद, गुस्सा होने पर कह सकते हैं, 'उठ पगले, तोड़ दो हथकड़ियाँ', लेकिन हथकड़ियों को ही फूलों की माला समझकर उसे पिरोने और मानवी गरिमा को पाँव तले दबोचनेवाले उपायों को मुक्ति का महाद्वार समझकर झूलने में ही महानता मानने लगे तो बेड़ियाँ तोड़ने की आशा ही खत्म हो जाती है। इसीलिए तो कई सदियाँ बीत जाने के बाद भी वे हथकड़ियाँ मजबूत और यथावत रह जाती हैं। धर्म-विश्वास का कठिन आवरण चढ़ाने के कारण सोने का मुलम्मा चढ़ाए जेवरातों की तरह उनकी चमक वैसी ही शानदार रहती है; वह अक्षय और अटूट रहती है। मानव का मानव के रूप में मूल्य को दफनाकर उसकी मजार पर सम्मान और पवित्रता की अकड़ के साथ घूमा जाता है।

व्यक्ति स्वतंत्रता के आत्मतत्त्व को ही गिरवी रखने के लिए मजबूर करनेवाले धर्मान्ध अन्धविश्वास से और खतरनाक क्या हो सकता है?

विवेक की आवाज

शायद ही कभी किसी-न-किसी समय होनेवाली सार्वजनिक धार्मिक महापूजा की पवित्रता तथा इष्टता जोकि कल्पना ही होती है, उसका विरोध करना मतलब स्वयं संकट मोल लेना है।

फिर भी सांगली के नेमिनाथ नगर में जैन समाज द्वारा हो रही कल्पद्रुमविधान पूजा के सामने मौन धारण करके भूख हड़ताल की। जैन भाई काफी उदास थे।

वास्तव में हम उनकी दृष्टि में महान कार्यकर्ता थे। हमारा संघर्ष संयुक्तिक सहयोग से मेलों में होनेवाली पशुबलि के खिलाफ जारी था। हम मेलों में श्रद्धालुओं का गुस्सा सहते हुए भी पशुबलि के खिलाफ उपदेश देते थे। सांगली जिले के मेलों में धार्मिक भावना से मनौती मनाने के लिए पशुबलि चढ़ानेवाले बहुसंख्य समाज में गड़रिये ही थे। उनके धार्मिक कृत्य के लिए हमारा विरोध उनकी समझ से परे था। लेकिन जैन बाँधवों की दृष्टि पूर्णतः पक्षधर थी। उसी जैन समाज को हमारे कल्पद्रुमविधान पूजा का विरोध करने पर यह उसे अनाकलनीय, अनुचित, अस्थिर लगता है; उत्तेजित करता है।

घटनाएँ अलग-अलग थीं। लेकिन भाव एक ही था, वह था 'धर्माचार पर प्रश्न उठाने का तुम्हें अधिकार नहीं है।'

किताबों के पन्नों में धर्म सदा उदात्त, मंगल एवं महनीय होता है।

कहा जाता है कि जैन धर्म की स्थापना प्राचीन समय में पहले धर्मप्रवर्तक ऋषभ ने की है। ऋग्वेद में उनका उल्लेख मिलता है। उन्होंने गृहस्थों के लिए अणुव्रत (महाव्रत का सीमित पालन) एवं साधुओं के लिए महाव्रत का उपदेश किया। इस धर्म में कुल चौबीस धर्मोपदेशक हुए। उन्हें तीर्थंकर कहा जाता है। उनमें इक्कीसवें श्री नेमिनाथ, तेईसवें श्री पार्श्वनाथ और चौबीसवें श्री वर्धमान तथा महावीर हुए थे। महावीर का जन्म ईसा पूर्व 599 में हुआ। उन्होंने युवावस्था में ही अत्यन्त कठोर तप एवं साधना की। उनके चिन्तन का विषय था कि विश्व के दुख को कैसे समाप्त किया जा सकता है? चौदह वर्षों के बाद उन्हें सिर्फ ज्ञान प्राप्त हुआ। तत्पश्चात उन्होंने लोगों का मार्गदर्शन करना शुरू किया। महावीर ने अध्यात्म, सामाजिक सुधार, भाषा आदि क्षेत्रों में महान कार्य किया। स्त्रियों को प्रतिष्ठा दिलाई। स्त्री संन्यासियों

के लिए स्वतंत्र संगठन स्थापित किया और धर्म के पाँच व्रत बताए : 1. सत्य, 2. अहिंसा, 3. ब्रह्मचर्य, 4. अस्तेय, 5. अपरिग्रह। इससे क्रमश: विश्वास, मित्रता, ओजस्विता, निष्कपटता एवं पुरुषार्थ का अनुभव किया जा सकता है। उनके जैन धर्मियों पर केन्द्रित लेखन से पहले उससे सम्बन्धित एक भी ग्रन्थ उपलब्ध नहीं था।

लौकिक दृष्टि से अन्य धर्मों की तुलना में जैन धर्म अधिक संगठित है। उसमें एक वर्ग धनिकों का है, जो व्यापार तथा उद्योगों पर अधिकार बनाए हुए है। उन्हें सामाजिक तथा राजकीय क्षेत्रों में अपने प्रभाव की उम्मीद तथा व्यवहार का उत्तम ज्ञान है।

फिर भी उन्हें कल्पद्रुमविधान पूजा उचित एवं सही लगती है।

हम भूख हड़ताल पर बैठकर लोगों को पत्रक बाँट रहे थे।

पूजाविधि के संयोजकों ने नेमिनाथनगर, सांगली में अत्यधिक खर्च करके सम्पन्न होनेवाली महापूजा का उद्देश्य बताया है : विश्वशान्ति, स्वशान्ति, धर्म भावना। आयोजक पूजा से विश्वशान्ति एवं स्वशान्ति कैसे प्राप्त होगी, विवेचन में असमर्थ रहे। धर्म भावना से क्या तात्पर्य है, इसका उत्तर लोगों को इकट्ठा करना और धर्म के बारे में बताना ही दिया। महावीर ने पूजाविधि, कर्मकांड, यज्ञ आदि का कड़ा विरोध किया था। उन्होंने नास्तिक जैन समाज बनाया था। क्या उन्हें ऐसी ही धर्मभावना अपेक्षित थी? आज परिस्थिति में पूर्णत: परिवर्तन आ गया है और लगता है कि क्या यही जैन समाज है? जिस महावीर ने कर्मकांडों का कड़ा विरोध किया उसी धर्म में कर्मकांड तथा पूजाविधि धड़ल्ले के साथ शुरू हुई। सांगली में 15 लाख रुपए खर्च करके सम्पन्न अखंड 11 दिन की 'कल्पद्रुमविधान' पूजा भी उनमें से ही एक है। ज्ञानमति अम्मा रचित और धर्मशास्त्र के आधार से विमुख इस पूजा से भगवान महावीर के विचारों का ध्वंस हुआ है। पंडित जवाहरलाल नेहरू ने अपने 'डिस्कवरी ऑफ इंडिया' ग्रन्थ में कहा है, "सामान्य धर्म कल्पना, लोक भ्रम से पोषित बुरी धार्मिक धारणाएँ, कर्मकांडों का आडम्बर, पुरोहिताई और इन सभी को बाँधे पैतृक हितसम्बन्धों का विरोध करने का साहस महावीर में था।" एक ओर अन्ध विचारों पर आयोजित पूजा तो दूसरी ओर सामाजिक बुनियादी समस्याओं को अलक्षित कर पूजाविधि जैसे अर्थशून्य कर्मकांडों पर बहुत अधिक खर्च होता है। दहेज, व्यसनाधीनता, बेरोजगारी, विधवा-परित्यक्ताओं की बढ़ती संख्या तथा निराश्रितों की लाचारी जैसी अनेक समस्याओं के होते हुए जैन समाज में पूजाविधि की धर्म भावना कैसी होगी इसका पता नहीं चलता। हमें एक पैसे की पूजा और समाज के लिए निन्यानबे पैसे की भूमिका उचित लगती है।

अभी-अभी गणेशोत्सव सम्पन्न हुआ था। इसलिए दूसरों की कमियों की ओर उँगली उठाकर दूर रहकर नित्य कौशल के उपयोग की आदत तो थी ही। "गणेशोत्सव में करोड़ों रुपए खर्च होते हैं। तब कहाँ होती है आपकी समझदारी? जो कुछ समझाना

है वह आपके समाज को! हम अपना देख लेंगे।" ऐसा कहा गया। बुनियादी बात को किनारे करते हुए तू-तू-मैं-मैं सुविधाजनक लगता है।

लेकिन प्रश्न सिर्फ हम ही नहीं करते थे। ज्येष्ठ बहन वासन्ती शहा भी तहेदिल से धार्मिक आचरण, साथ ही समाजाभिमुख होकर अकेले लड़ने का प्रयास करती थीं। उन्होंने कहा कि "केवली (तीर्थंकर) प्रणीत धर्म ही कल्पद्रुम है।" 'कल्पद्रुमविधान मात्र पैसे कमाने का व्यवसाय है' इस शीर्षक से लिखे लेख में उन्होंने साफ कहा और आस्था के साथ लिखा :

> आज के कठिन दौर में कल्पद्रुम के वास्तविक फल चखने का काम तो हमारे पुरोहित ही करते हैं। समाज से उन्हें कुछ भी लेना-देना नहीं है। वे समाज के पैसों से ही राजसी ठाठ का अनुभव ले रहे हैं। चाँदी के बड़े टोकरे में स्वयं के पैर धो रहे हैं। उन्होंने वैभव के प्रतीक के रूप में हाथी पाल रखे हैं। साथ ही मोटरगाड़ियाँ भी हैं। इस सारे ठाठ-बाट की हिफाजत के लिए वे निरर्थक पूजाविधान तथा मुट्ठीभर अमीरों को स्वर्गीय ऐशोआराम की गप्प-छप्प को आश्वस्त करने की खोज करते हैं। उन्हें किसी भी पुण्यकर्म के बजाय पुण्यफलों की आशा रहती है; और ऊपर से धार्मिकता की मुहर लगती है।
>
> 'कुल समाज़ की चतुर्विध दान तथा शील, संयम, श्रद्धा आदि को इन पुरोहित तथा पंडितों ने समाप्त किया है। समाज के उच्चशिक्षितों को भी लगता है कि एकाध मन्दिर बनवाकर तथा सौ धर्म इन्द्रपद की भारी मनौती मानने से स्वर्ग तथा मोक्ष निश्चित मिलेगा। ऐसी मिथ्या कल्पनाओं के सहारे हम किस मार्ग से पैसे कमाते हैं इसका बोध मनुष्य को नहीं रहता। इनसे शील तथा संयम का मूल्य नहीं होता। सामाजिक तथा धार्मिक विचारों के अनिष्ट मोड़ के कारण सहधर्मी भाईचारे में कमी आई है। अभी सांगली में कल्पद्रुमविधान हो रहा है। उसमें साढ़े चार सौ इन्द्रपद बेच दिए हैं। उसकी कीमत कई लाखों में होगी। इसके अलावा हाथी सवारी, घुड़सवारी एवं अन्य पूजाविधि का अलग चढ़ावा होगा। यह लाखों रुपया मठ, मन्दिरों का धन होगा। इतनी राशि से चार-दस समाजपयोगी संस्थाएँ सहज साकार होंगी। निचले स्तर के लोगों का विकास होगा। लेकिन समाजहित की दृष्टि न उन त्यागियों में है और न धनिकों में। अब निचले स्तर के समाज को ही सतर्क तथा संगठित होने की आवश्यकता है।'

अर्थात कहना न होगा कि यह अरण्यरोदन साबित होगा। वासन्ती शहा अपने *ज्ञान शलाका* मासिक में इस कटु सच को समाज मानस तथा उसके कानों तक

पहुँचाने का काम करती हैं। विवेक की आवाज को बुलन्द करने के लिए समय-समय पर किसी-न-किसी रूप में मोतीलाल छाजेड़, महावीर सांगलीकर, सुरेश भटवरा, स्वरूपचन्द राका तथा एड. रमेश बाफना आदि प्रयासरत हैं।

चार साल पहले कोल्हापुर जिले में बाहुबली मूर्ति के रौप्य महोत्सव की कल्पना उस क्षेत्र के संचालकों को सूझ गई थी। वास्तव में रौप्य महोत्सव किसी शिक्षा संस्था तथा सामाजिक कार्य करनेवाली संस्था का होता है। इसमें विगत पच्चीस सालों का लेखा-जोखा तथा भविष्य के काम की दिशा पर बहस होती है। बाहुबली की मूर्ति ने पच्चीस सालों में ऐसा कौन-सा कार्य किया कि उसका महोत्सव किया जाए?

महोत्सव पैसा कमाने का निमित्त मात्र होता है। (रजत) महोत्सव का मुख्य आकर्षण 1008 कलशों से अभिषेक करना था। बाहुबली के संचालकों ने कुछ महीने पहले कलश बेचकर अठारह लाख रुपए इकठ्ठा किये। यदि समाज के निचले तबके के लोगों को ऊपर उठाने के लिए योजना बनाकर पैसे इकट्ठा किये होते तो किसे पता कि लाख रुपए भी इकट्ठा होंगे या नहीं? समाज का भी दोष नहीं है। कई वर्षों से उन्हें त्यागी से ऐसी सीख मिली है कि मन्दिर, पूजापाठ आदि के लिए किया गया दान ही सच्चा दान है। इसी दान में ही धर्म, स्वर्ग तथा मोक्ष है। निम्नस्तरीय लोगों की उन्नति के लिए सहायता करने को मामूली पुण्य कहा जाता है। वासन्ती शहा ने माँग की थी :

> बाहुबली विश्वविद्यालय के अधीन कई गुरुकुल हैं। इन गुरुकुलों के प्रबन्धन में सुधार होना चाहिए। इकट्ठा किये लाखों रुपयों में से इसमें सुधार होना चाहिए। कम वेतन से असन्तुष्ट कर्मचारियों को महँगाई पर लक्ष्य केन्द्रित करते हुए उनका वेतन बढ़ाना चाहिए। उनकी सहायता के अभाव में उनका शोषण न हो। बच्चों के भोजन के स्तर में सुधार होना चाहिए। अच्छा भोजन मिलने पर उनका शरीर स्वस्थ रहेगा और उनकी बुद्धि का विकास होगा। दाल-सब्जी खाए बिना उनका पोषण कैसे होगा?
>
> गुरुकुल में घटिया भोजन की कल्पना का हमारे ही समाज के साप्ताहिक *प्रगति* एवं *जीन विजय* के बेडबाल गुरुकुल की चिकित्सा के जाँच प्रतिवेदन से पता चलता है। इस प्रतिवेदन के आधार पर सभी बच्चे कुपोषण के शिकार हुए हैं, एनीमिक है। कुछ बच्चों की दृष्टि धुँधली हुई है। कानों में दोष निर्माण हुए हैं तो कुछ अस्थमा के शिकार हुए हैं। किसी के पैरों में जख्म हुए हैं। किसी की त्वचा रूखी-सी हो गई है। कई बच्चों के टॉन्सिल बढ़ गए हैं। गुरुकुल के बच्चों की जाँच हुई। उस जाँच का प्रतिवेदन इससे अलग है। इन सभी गुरुकुलों में जैन समाज की भविष्यकालीन पीढ़ी बन रही है। इस प्राचीन धर्म की विरासत यही बच्चे

प्राप्त करेंगे। एक ओर लाखों रुपयों की जमा पूँजी सड़ रही है और दूसरी
ओर इस पीढ़ी का विकास थम गया है। इसमें कौन-सी धर्मभावना है?
अब समाज को चाहिए कि वे इन बच्चों के बारे में गम्भीरता से सोच लें।

अलबत्ता इस तरह विचार नहीं होता है। धर्म के उत्साह में विवेक का स्वर काफी दयनीय होता है। इस उत्सव में कोल्हापुर के बाहुबली पर सैकड़ों लीटर दूध, गन्ने का रस, आम का रस, चीनी तथा गुड़ का अभिषेक किया गया। मूर्ति के पैर बार-बार घी से धोए। श्रवणबेलगोल की गोमटेश्वर की आद्य मूर्ति पर दिसंबर, 1993 में बारह सालों के बाद होनेवाले महाभिषेक में तो टैंकर से दूध, रस, नारियल का पानी, चीनी, गुड़ और कई किलो केसर मिश्रित पानी डाल दिया गया था। मान्यता यह थी कि पानी के कलश की अपेक्षा दूध के कलश से नहलाना पुण्यकर्म होता है और इससे बढ़कर दूध की अपेक्षा घी अत्यधिक फलदायी होता है।

खाने की चीजों से अभिषेक करने से मूर्ति का भी काफी नुकसान होता है। गोमटेश्वर की मूर्ति एक हजार वर्ष पुरानी है। कालानुरूप मूर्ति में जगह-जगह पर दरारें पड़ी हैं। उन दरारों में इन खाद्य कणों के रह जाने से वे सड़ जाते हैं। महाभिषेक के बाद भी कई महीनों तक छोटे-मोटे अभिषेक होते रहते हैं। अन्यान्य स्थानों से सामूहिक रूप से यात्री आकर दूध आदि पदार्थों से अभिषेक करते हैं। वे पदार्थ भी दरारों में अटक जाते हैं। इन सभी का परिणाम : मूर्ति का पत्थर धीरे-धीरे कनकना होकर विघटित होता है। इसलिए उत्सव सम्पन्न होने के बाद पुरातत्व संरक्षण विभाग मूर्ति को स्वच्छ करता है। लेकिन मूलतः अभिषेक एवं खाद्य पदार्थों के नुकसान की जिद क्यों करनी है? अत्यधिक महँगाई के जमाने में खाद्य चीजों के अभिषेक की बुरी प्रथा क्यों न बन्द की जाए? क्या जीवनावश्यक चीजों का नुकसान सामाजिक गुनाह नहीं है? खाद्य चीजों का प्रचंड नुकसान मतलब जैन धार्मिक भाषा में अनर्थ दंड है। अनर्थ दंड से तात्पर्य बिना किसी प्रयोजन का पाप है। अब धर्म के ठेकेदार शास्त्री तथा पंडित दावा करते हैं कि यह तो धर्मकार्य है, इस क्रिया में कोई भी नुकसान होता है तो उसे अनर्थ दंड नहीं कहा जा सकता।

यह दलील तो वैदिकों की ही है। यज्ञ में तेल, घी, तिलहन तथा चावल अग्नि में डालते हैं। इसे भी वे धर्मकार्य ही मानते हैं। हम इन चीजों को जलाकर उनका नाश नहीं करते बल्कि वे चीजें अग्निमुख से देवताओं तक पहुँचती हैं। फिर वे प्रसन्न होकर हमें कई गुना अधिक अनाज देते हैं। लेकिन खाद्य पदार्थों का नुकसान करने से धर्म कार्य नहीं होता। तो फिर वह नुकसान चाहे यज्ञ के द्वारा हो या अभिषेक करने से हो। इसी तत्त्व के आधार पर महावीर ने यज्ञयाग का विरोध किया। अलावा इसके कि यज्ञ कराने से समृद्धि प्राप्त होने की कल्पना को अवैज्ञानिक ठहराया। स्वाभाविक रूप से महावीर का इसके लिए विरोध था। लेकिन उनके भक्त धीरे-धीरे अज्ञान एवं

स्वार्थ से जैनधर्म में अन्धविश्वास, अवैज्ञानिक अनर्थ तथा दंडात्मक कर्मकांडों को लाए हैं। फर्क इतना ही है कि हिन्दूधर्मीय खाद्य पदार्थों को यज्ञ कुंड में जलाकर नुकसान करते हैं और जैन धर्मीय वही नुकसान अभिषेक के बहाने करते हैं।

गुरुकुल के सैकड़ों छात्रों ने महीनों से घी नहीं देखा है। उनकी त्वचा रूखी-सी हुई है। हमें कहीं भी हजारों जैन परिवार ऐसे मिलेंगे जो आम का मौसम खत्म होने तक भी अपने बच्चों को चार आम खिला नहीं पाते हैं। ऐसे हालात में पुण्य की मिथ्या भावना सें कई लीटर आमरस नालों से बहता है और मूर्ति के पैरों पर सैकड़ों कलश उँडेलकर नुकसान किया जाता है, यह कहाँ तक उचित है?

जैन समाज में पूजा उत्सवों के ज्वार और वास्तविक धर्म भावना का क्या सम्बन्ध है? 'नाम के लिए धर्म प्रभावना और प्रत्यक्ष व्यवहार में धर्म के नाम पर रचा बाजार' में लिखते समय वासन्ती शहा ने जैन धर्म की कई धर्मक्रियाओं की बिक्री की जानकारी दी है :

> 'तीर्थंकरों के माता-पिता बनने का मान-सम्मान चाहिए?' 'पहनो चढ़ौवाँ! इन्द्र सौंधर्मेंद्र पद चाहिए?' इस तरह कई पदों की नीलामी होती है। जैसे इन्हें स्वर्ग की नियुक्तियों का अधिकार दिया गया है! हाँ, इन सम्मान एवं उत्सवों के ठेकेदार सभी दृष्टियों से सुरक्षित रहते हैं। उनसे जमा की राशि का हिसाब कोई नहीं पूछता है, दो-दो लाख के इन्द्रपदों का चढ़ावा लेनेवाले व्यवहार-चतुर, होशियार व्यापारी, उद्यमी भी नहीं पूछते हैं। अन्त में एक सौदा तो उनके नसीब में होता ही है। यहाँ किराए के हाथी पर बैठकर नकली इन्द्र के रूप में सैर करने पर भी स्वर्ग में असली इन्द्र सौंधर्मेंद्र के रूप में जन्म होगा और ऐरावत पर बैठकर घूमेगा। यहाँ से हजार गुना अत्यधिक सत्ता एवं वैभव का अनुभव करेंगे यह उनका (अन्ध) विश्वास तो फिर क्यों वे दी हुई राशि की पूछताछ करेंगे? (वास्तव में उन्हें इसकी पूछताछ करनी चाहिए कि इन्द्र देवों के राजा होने तथा देव होने के कारण अमर होते हुए और किसी इन्द्र को क्यों आने देंगे?)
>
> विधि पैसे कमाने का प्रभावी साधन बनी है। जहाँ प्रत्येक पूजाविधि बेची जाती है वहाँ धर्म कहाँ है? पुण्य प्राप्ति की मिथ्या धारणाएँ समाज मन में अत्यधिक गहराई में जड़ें बनाए हैं कि सुशिक्षित पीढ़ी भी इस विषय पर स्वतंत्र विचार करने के लिए तैयार नहीं है। ऐसे माहौल में धर्म के ठेकेदारों का निश्चिन्त न होना और पूजा उत्सवों में बहार न आना हो तो कौन-सा आश्चर्य!
>
> महाराष्ट्र तथा कर्नाटक के शहरों एवं गाँवों में जैन समाज व्याप्त है। उनमें से सत्तर प्रतिशत परिवार आज दयनीय दशा में जी रहे हैं। अज्ञान

में अटके हुए हैं। अनेक गुरुकुलों के बच्चे घटिया चावल एवं रसम नाम की पानी-जैसी सब्जी एल्युमीनियम की गन्दी थाली में खाते हैं। दानधर्म की धारा कहीं और बह रही है। धर्म के नाम पर जिन्होंने व्यापार किया वे मठाधीश, मन्दिरपति एवं लक्ष्मीपति बने हैं और सामान्य जनता उनके सँभाले हाथी के पैरों तले दबी हुई है। धर्मप्रभावकों का क्यों उस ओर ध्यान नहीं जाता?

मांगीतुंगी जैन धर्मियों का एक धर्मक्षेत्र है। दो करोड़ रुपए की लागत से एक भव्य मन्दिर और साथ में मानस्तम्भ का काम भी वहाँ शुरू है। वास्तव में वहाँ पहले से चार मन्दिर और भव्य संगमरमर का मानस्तम्भ है। फिर इस नवनिर्माण की क्या आवश्यकता है? लेकिन इसका कारण किसी मुनि के आग्रह हैं। मुनि स्वयं दस सालों से पर्चियाँ काटकर चन्दा इकट्ठा कर रहे हैं। लेकिन इन मुनियों को झुग्गियों में रहते अपने ही गरीब भक्त क्यों नहीं दिखाई देते?

उनके आवास हेतु वे क्यों नहीं पर्चियाँ काटते? आदेश क्यों नहीं देते? अपने गरीब भक्तों को घर दिलाने में समाज एवं संस्कृति का रक्षण या अनावश्यक मन्दिरों के निर्माण में? लेकिन समझता कौन है? महाभिषेक के बहाने चार-छः दिनों में लोगों की आँखों को तृप्त करने के लिए करोड़ों रुपए खर्च करना, इसमें धर्म भावना नहीं, धन की मस्ती है। लाखों भाइयों के दीन्न-हीन अवस्था में होते हुए अत्यधिक उत्साह के साथ घूमने-फिरने में कौन-सी धर्म भावना है?

यह धर्म भावना एक बार बाजार में बिक्री के लिए आने पर क्या होगा? उच्चतम कही जानेवाली धर्म भावना की भी विडम्बना होगी। वासन्ती शहा की इसके बारे में दी जानकारी किसी को भी अन्तर्मुख होकर सोचने के लिए बाध्य करती है। यहाँ अवसर मात्र संल्लेखना व्रत का ही है।

माताजी अजितमति ने बारामती में 7 जनवरी, 1991 से नियम संल्लेखना ली। उनकी उम्र 80 वर्ष की थी। शरीर का साथ नहीं मिल रहा था। उन्होंने तय किया कि अब इस मोह को छोड़ देना है। नियम संल्लेखना से तात्पर्य धान्य पदार्थों को त्यागकर सिर्फ पेय पदार्थ ही ग्रहण करने हैं। अन्न-पानी का आमरण त्याग करके धर्म-ध्यानपूर्वक देह त्यागना ही यम संल्लेखन की पूर्वतैयारी है। मनोविजय की साधना करनेवाला साधक, संल्लेखना व्रत कर उम्रभर की साधना का अतिउच्च शिखर पाता है। साधक के उम्रभर किये मनोनिग्रह की कसौटी का यह समय होता है। मृत्यु का निर्भयता के साथ सामना करने की वह कठिन साधना होती है। आम मनुष्य को डरावनी लगनेवाली मृत्यु, आज के भोगवादी जमाने में निरिच्छता एवं

पक्के धैर्य के साथ सामना करने की घटना को नजदीक से देखनेवालों को कई बार इसका नया आत्मप्रत्यय आता है। इसलिए इस साधना के पावित्र्य एवं गांभीर्य को बनाए रखने की जिम्मेदारी अन्य सभी की भी बनती है।

इस व्रत के बाजार की खबर 01-02-1991 के *धर्ममंगल* में प्रकाशित हुई। स्वयं को साधु-भक्त समझनेवालों को चाहिए कि वे साधकों की ओर से इसे पैसे इकट्ठा करने के साधन के रूप में देखें, घटिया दर्जे के पुण्य की खरीद करना, बेहिसाब पैसों के चढ़ावे प्राप्त कर हजारों की उपस्थिति में पुण्य व प्रतिष्ठा की एक साथ प्राप्ति की सुविधा धर्म के नाम पर धनिकों को उपलब्ध कराई गई। यह कितना भयावह है?

लेकिन यह नया नहीं है। 52 वें वर्ष में आचार्य श्री शान्तिसागर महाराज ने एवं उसके बाद श्री वृषभसागर महाराज ने कुंथलगिरी में संल्लेखना ली। दोनों संल्लेखनाएँ महीने से ज्यादा समय तक बनी रहीं। उस समय किन-किन बातों के चढ़ावे हुए, महाराज को पानी देने का चढ़ावा, आरती उतारने के लिए। फिर यह इसी बात पर रुक जाता तो ट्रस्टी एवं बनिये कैसे? मुनि के स्वर्गावसान के बाद पैसे हड़पने की वृत्ति काफी बढ़ गयी। अर्थी ढोनेवाले का चढ़ावा, शिंक को पकड़ने का चढ़ावा, अग्नि देने का चढ़ावा ऐसे कई चढ़ावे हुए। यह सब देखकर श्री समंतभद्र महाराज ने पहले ही लिख दिया कि उनकी मृत्यु के बाद किसी भी प्रकार के चढ़ावे नहीं किये जाएँगे। नारियल की गरी, घी आदि बहूमुल्य खाद्य पदार्थों का जलाने के लिए उपयोग न किया जाए। व्यक्ति के प्रति निहित आदर एवं भक्ति को प्रकट करने के लिए चिता पर बोरे-के-बोरे नारियल की गरी एवं घी के टीन के डिब्बे उँडेल देना तो अन्ध एवं मिथ्या भक्ति है।

भक्ति आडम्बर की चीज होने पर सम्पूर्ण विचार बन्द हो जाता है इसका जीता-जागता उदाहरण है 01 जून, 1991 में सम्पन्न अहमदाबाद के अतुलकुमार शहा का शाही समारोह। अहमदाबाद के करोड़पति तथा हीरे व्यापारी दलपतिसेठ शहा के चिरंजीव अतुलकुमार शहा इस दिन संन्यस्त हुए। त्यागी संन्यासियों में शामिल होने के लिए उन्होंने भोगी समारोह का एक अद्‌भुत मायाजाल खड़ा किया।

समारोह के लिए कैलेंडर के आकार की पाँच हजार पत्रिकाएँ छपवाईं जिसके लिए बीस हजार रुपए खर्च हुए। निमंत्रण-पत्र पर तीन सौ रुपए का चाँदी का सिक्का चमकता था। जो शोभायात्रा पहले दिन शुरू हुई, उस दिन अतुलकुमार शहा ने जरी की नक्काशीदार तथा सोने के वर्क से बनी लाल अचकन पहनी थी। गले में हीरों से जड़ित मालाएँ थीं। हाथ में सोने की बड़ी-बड़ी अँगूठियाँ थीं। उनके पहने जड़जवाहरों की कीमत साठ लाख से अधिक थी। ऐसे सजे-धजे अतुलकुमार चाँदी के मुलामे से मढ़े हुए रथ पर आरूढ़ हुए। रथ को सजे-धजे सात हाथी लगे हुए थे। रथ के पीछे 50 सुन्दर घोड़े, 40 ऊँटों की गाड़ियाँ और नाच-गाने के साथ

अनेक जत्थे सम्मिलित हुए थे। यह शोभायात्रा लगभग आठ किलोमीटर की दूरी तय करके पहुँची थी। शोभायात्रा के मार्ग में स्थान-स्थान पर चाँदी, सोना, हीरे तथा माणिक बिखेर दिए गए। धर्म भावना के कारण बिखेर दिए गए सोने, चाँदी के सिक्कों को प्राप्त करने तथा सुरक्षित रखने के लिए पुन: लोगों की भागदौड़ शुरू होती। दूसरे दिन सरदार पटेल स्टेडियम पर डेढ़ लाख लोगों की उपस्थिति में अतुलकुमार संन्यस्त हुए। उन्होंने मुनि हित्रुच्छजी विजयजी महाराज का नया नाम धारण किया। लेकिन इस नामकरण की भी नीलामी हुई। शुरुआत ढाई लाख से हुई। स्थानिक व्यापारियों में खिंचाव कर बेल्जियम के हीरे व्यापारी ने पन्द्रह लाख तक नीलामी पहुँचाई। अन्त में उन्होंने अपना हक अतुल के परिवार को सौंपने की तैयारी की। याचिका-सवाल तथा दान की राशि नब्बे लाख से अधिक हुई। तत्पश्चात डेढ़ लाख लोगों को भोजन दिया गया। यह सारा दृश्य देखनेवाले छोटे जैन व्यापारी ने कहा, "जायदाद का त्याग करते समय उसी जायदाद का इतना मिथ्या खुलेआम प्रदर्शन क्यों? जैन धर्म में बताए गए प्रामाणिक, सादा तथा गम्भीर मार्ग से क्या यह नहीं कर सकते? यदि अतुल को मोक्ष की प्यास थी तो वह उसे गरीबों की सेवा से बुझा सकता था। अपनी जायदाद किसी धर्मादाय विश्वस्त निधि को दान देकर उससे एकाध शिक्षा संस्थान तथा अस्पताल निर्माण किया जा सकता था।" लेकिन स्वयं हित्रुच्छजी (पहले अतुल कुमार शहा) को यह उचित नहीं लगा। उनका कहना था कि "मैं लोगों को सर्वसंग परित्याग का महत्त्व समझाना चाहता था। अन्य लखपतियों को प्रेरणा देनी थी।"

धर्म का आचरण करना, ईश्वर के निकट पहुँचने के लिए कोशिश करना, जीवन को अध्यात्म के पथ से मोक्ष के मार्ग पर प्रज्ज्वलित करने आदि का सर्वसंग परित्याग कर संन्यास लेने की प्रेरणा हो यही धार्मिक उन्नति का सफर है। वास्तव में यह पूर्णत: व्यक्तिगत मामला है। मार्ग अत्यधिक कसौटी वाला है। पैर उठाने से पहले ही सौ बार विचार करने की आवश्यकता है। लेकिन कई बार ऐसा नहीं होता। अत्यधिक दबाव के कारण कुछ प्रतिक्रिया देना भी मुश्किल बन जाता है। उदात्त धार्मिक आचरण के नाम पर बड़े-बड़े लोग इसके साक्षी बनते हैं। जैन समाज के प्रमुख आचार्य ने तीन लड़कियों को उदयपुर में स्थायी दीक्षा दी। उन्हें राष्ट्रपति ने निमंत्रित किया था। 11 सितंबर, 1993 के *ज्ञानशलाका* के अंक में मोतीलाल छाजेड़ ने इसके बारे में निष्ठापूर्वक लिखा था। उनका कहना था कि जैन समाज के बहुसंख्य लोग अपने परिवार का निर्वाह तथा संचालन भी मुश्किल से करते हैं। भारत की अन्य जातियों की तरह जैन समाज में भी लड़कियों को पराया धन एवं लड़के को कुलदीपक माना जाता है। बहुत कम लड़कियाँ हैं जो शिक्षा प्राप्त कर अपने पैरों पर खड़ी रहती हैं। बहुसंख्य लड़कियों के पास चूल्हे और बच्चे के अलावा विकल्प नहीं होता है।

नाजुक उम्र, अल्प शिक्षा, उसमें लड़कियों का भावनाप्रधान स्वभाव आदि का लाभ उठाकर जैन साधु धीरे-धीरे लड़कियों को दीक्षा के लिए प्रवृत्त करते हैं। समाज के धनिक बाद में खर्च करके दीक्षा विधि सम्पन्न कराते हैं। काफी जनसमुदाय इकट्ठा होता है। धार्मिक तथा भावनात्मक माहौल होता है। इस अवसर पर दीक्षार्थी लड़कियाँ उलझन की अवस्था में सही और गलत को भी नहीं समझ पातीं।

कुछ दिनों बाद दीक्षा देनेवाली साध्वी के साथ लड़की विहार करती है। जब लड़की तेज धूप में बिना चप्पल पहने भिक्षा माँगना प्रारम्भ करती है तब उसकी आँखों से आँसू बहते हैं और देखनेवालों की आँखों से भी आँसू बहने लगते हैं। धर्मबन्धन के कारण कश्मीर से लेकर कन्याकुमारी तक बनियों की दुनिया में पैदल धूप, हवा, बारिश से किसी भी प्रकार के संरक्षण के बिना यात्रा करनी पड़ती है। लड़कियाँ चाहे जितनी पढ़ाई करें तथा विश्वविद्यालय की उपाधियाँ प्राप्त करें, उन्हें पुरुष-प्रधान व्यवस्था के कारण प्रमुख आचार्यपद से उपेक्षित रहना पड़ता है। संन्यस्त मार्ग से दुबारा लौटना लगभग असम्भव होता है। लौटने के दरवाजे बन्द रहते हैं। जो भी परिस्थितियाँ हैं उनमें उम्र बितानी पड़ती है। जैन समाज के अत्यधिक अमीर, महर्षि कर्वे की विरासत को आगे ले जाने का दावा करनेवाले समाजसुधारक, जैन विद्वानों आदि को इन प्रथाओं की ओर देखने के लिए समय नहीं होता है। उन्हें इसमें कुछ भी अनुचित नहीं लगता। आचार्यों के खिलाफ आवाज उठाना तो दूर की बात है। धर्माचरण के नियम इतने कठोर है कि उनमें अत्यावश्यक तथा कालानुरूप परिवर्तन करने के बाद भी वे धर्मबाह्य व्यवहार माने जाते हैं; कठोर दंड किया जाता है।

अमेरिका के जैन बंधुओं के निमंत्रण पर जैन साध्वी मधुस्मिता एवं जयस्मिता ने जैन धर्म प्रसार के लिए अमेरिका की यात्रा की। आज की तारीख में अमेरिका में साठ हजार जैन हैं। उनके अमेरिका में जन्मे अपत्य युवावस्था की दहलीज पर हैं। समृद्धि के साथ आनेवाले शापों के अनुभव से उन्हें डर लगता है। यह जैन समाज अच्छे ढंग से संगठित है, इक्यावन केन्द्रों के माध्यम से आपस में अच्छे सम्बन्ध बनाए हुए है। मधुस्मिता तथा जयस्मिता छः महीने अमेरिका में रहीं। उन्होंने बीस केन्द्रों को भेंट दी; धार्मिक आचार-विचारों से सम्बन्धित मार्गदर्शन किया। वास्तव में उनके इस साहस एवं असीम प्रयास से प्राप्त सफलता का भारतीय जैन समाज से सम्मान होना चाहिए था। वह तो दूर की बात; इसके विपरीत, मातृभूमि में पहुँचने पर उन्हें अनुचित संघर्ष का सामना करना पड़ा।

भारत से अमेरिका पैदल पहुँचना ईश्वर के लिए भी सम्भव नहीं है। अमेरिका की परिस्थिति के कारण वहाँ कई स्थानों पर पैदल यात्रा करना असम्भव है। स्वाभाविक रूप से वहाँ हवाई जहाज तथा कार से यात्रा करनी पड़ी। साध्वियों के पैदल सफर न करने से धर्मादेश टूट गया इसलिए अधर्माचरण के दंड के

रूप में उनके खिलाफ धार्मिक आदेश दिया जाता है। उन्हें भारत के किसी भी स्थान में ठहरने की अनुमति न दी जाए; जैन बंधु उनके साथ किसी भी प्रकार का व्यवहार नहीं करेंगे; उन्हें साध्वी की हैसियत से बहिष्कृत किया जाए, इस प्रकार के एकांगी विचार अनेक शहरों के समाज सुधारकों(!) ने व्यक्त किये हैं। मुम्बई हवाई अड्डे पर पहुँचने पर इन साध्वियों ने पैदल यात्रा शुरू की, इस बात पर भी विचार नहीं किया गया।

विज्ञान की प्रगति का उपयोग न करना स्वयं की बुद्धि के साथ दुश्मनी स्थापित करनेवाला विचार है। जैन दर्शन में ऐसी भूमिका कहाँ है? इसके विपरीत, कालकालम् समायरे (उत्तराध्यायन सूत्र) का अर्थ है कालानुरूप आचरण करना। क्या यह जैन धर्म की सीख नहीं है?

जैन दर्शन के नाम पर पुरानी, जर्जर परम्पराओं का गुणगाण करनेवाले प्रकारों के खिलाफ नासिक के जैन समाज के सुधी व्यक्ति एड. सुरेश भटवरा, स्वरूपचन्द राका, एड. रमेश बाफना आदि ने आवाज उठाई। समाज के मानस की विवेक-बुद्धि का आह्वान किया।

इस आह्वान के न पहुँचने पर धार्मिक उत्सव इन धनिकों के वैभव की शोभायात्रा बनेंगे। बाहुबली के महाभिषेक के पहले हुए पंचकल्याणिक उत्सव में इन्द्र, अहमिंद्र हुए धनिक अपनी-अपनी ऐशोआराम वाली गाड़ियों में आते थे। लाखों धर्मबन्धुओं की नजरें उन पर टिकी हुई थीं। उनका रौब था कि जैसे स्वर्गलोक के इन्द्र धरती पर अवतीर्ण हुए हों। वे धार्मिक विधि सम्पन्न होने पर पल भर भी नहीं रुकते थे। अपनी वाहवाही करने के लिए अलग-अलग प्रान्तों से आए सामान्य जनसमुदाय में सम्मिलित होने का वे प्रयास नहीं करते। करोड़ों रुपयों के ये उत्सव सामाजिक एकता की दृष्टि से कहाँ तक सफल रहेंगे?

चाहे जितने उदात्त तत्त्व उनकी असफलता के कारणों में उद्घोषित किये जाएँ, व्यावहारिक धार्मिक नींव हितसम्बन्धों से बनती है। श्रवणबेलगोल जैसे सर्वोच्च धार्मिक स्थल के बारे में जो डर है उसे ए. ब्रह्मरामप्पा पाटील, पुणे ने *ज्ञानशलाका* के अंक में इस प्रकार प्रस्तुत किया है :

> कर्नाटक के श्रवणबेलगोल में बाहुबली की विश्वविख्यात मूर्ति है। सौभाग्य से आज तक यह क्षेत्र मूल निवासी जैनों के पास है लेकिन राजस्थान के दिगंबर जैन समाज ने भी इस क्षेत्र पर अपनी नजर रखी है। पैसों की शक्ति के सहारे वे इस क्षेत्र में सहज प्रवेश कर उस पर अधिकार जमा सकते हैं। यह क्षेत्र उनके कब्जे में जाने से मूल निवासी जैनों की अमूल्य विरासत तो नष्ट होगी ही लेकिन उनके जैनत्व में भी बाधा आ सकती है। ये पेशे से व्यापारी लोग मूल निवासी जैनों को बहिष्कृत करने में माहिर हैं।

मूल निवासी जैनों की एक विशेषता यह है कि वे व्यवसायी नहीं हैं। उनका पारम्परिक व्यवसाय मूलतः खेती है। भारत के सभी स्थानों पर ये लोग मिलते हैं। वे राजस्थान तथा गुजरात में स्थानान्तरित नहीं हुए हैं। लेकिन संख्या की दृष्टि से अल्प रहे एवं राजस्थान, गुजरात से आए इन व्यवसायी जैनों ने तीर्थक्षेत्रों पर कब्जा किया है। सम्पूर्ण भारत में 140 से अधिक स्थानों पर विवाद की स्थिति है। विगत 100 वर्षों से इन विवादों का समाधान नहीं हुआ है, और न ही होगा। क्योंकि विवाद को हल करने का एकमात्र मार्ग है यह क्षेत्र मूल निवासी जैन मालिकों को वापस लौटाना। वर्तमान मालिकों को यह उचित नहीं लगता। यही श्रवणबेलगोल में भी हो रहा है। अभी-अभी हुए महामस्तकाभिषेक के समय इस समाज के परमपूज्य नेता निर्मलकुमार ने पत्रक के जरिए कहा कि अभिषेक करने का अधिकार सिर्फ शुद्ध जैनों का है। उनकी दृष्टि से शुद्ध जैन से तात्पर्य वह जैन जाति जिसमें विधवा विवाह तथा अन्तर्जातीय विवाह नहीं होते हैं। इस समाज ने 1981 के महामस्तकाभिषेक में प्रधानमंत्री इन्दिरा गांधी को भी अभिषेक से मना किया था। कारण स्पष्ट ही है।

यदि श्रवणबेलगोल का स्वामित्व वणिक-वृत्ति की जातियों के कब्जे में जाता है तो दक्षिण की कोई भी जैन जाति अभिषेक नहीं कर पाएगी, चाहे पाटील भी क्यों न हो क्योंकि इन व्यापारियों की जैनत्व की परिभाषा में दक्षिण की कोई भी जाति समाहित नहीं हो पाती है।

दक्षिण के श्रावकों को समय पर सचेत होकर इन तराजू बहादुरों को समझना आवश्यक है।

क्या इन सभी घटनाओं का स्वरूप आपसी होड़ ही है? यदि वैसा है तो अन्य लोगों का उसे नजरअंदाज करना ही बेहतर है क्योंकि ऐसी खींचातानी वहीं होती है जहाँ स्वार्थान्ध वृत्ति होती है। ध्यातव्य बात यह है कि इन हितसम्बन्धों के लिए पवित्रता की कल्पनाएँ जान-बूझकर अमल में लाई जाती हैं। सरकार जाति-उपजातियों में विघटित हुए समाज को अन्तर्जातीय विवाह के लिए उचित एवं प्रासंगिक मानते हुए उनको पुरस्कृत करती है और यहाँ उसके किये जाने पर उसे धार्मिक कारण से अभिषेक विधि करने के अधिकार से बहिष्कृत रखने का दंड दिया जाता है। मानवतावाद का कहना है कि विधवा व्यक्ति के प्रति सहानुभूति हो। उसे संविधान पूर्ण नागरिक अधिकार देता है और उसका किसी भी प्रकार का दोष न होते हुए भी उसे वैधव्य के कारण अभिषेक का अधिकार नहीं दिया जाता।

धर्मभावना का नैतिक तेज धुँधला होने पर तथा मूल्यबोध तत्त्व समाप्त होने पर शुष्क कर्मकांडी व्यवहार शेष रहता है। वर्धमान महावीर का तत्त्वज्ञान मनुष्य को मानव समाज में कैसे बरताव करना चाहिए, इसके नियमों से अवगत कराता है, यह सीख महत्त्वपूर्ण है इसमें सन्देह नहीं। इस सीख का अमल न करनेवाले अपने

धर्मबन्धुओं के प्रति समाज की चिढ़ को भी उचित मानना चाहिए। लेकिन मूल तत्त्वों से ध्यान हट जाने पर और कर्मकांडों का आँखें मूँदकर आकलन शेष रहने पर अधर्माचरण करनेवाले धर्मबन्धुओं का तारतम्य भाव देखने लायक है।

हर्षद मेहता एवं दिलीप कोठारी दोनों जैन धर्म के अनुयायी हैं। इस देश की जनता के पैसों पर हजारों-करोड़ रुपयों के बैंक मामले में सबसे भ्रष्टाचारी व्यक्ति के रूप में हर्षद मेहता सबको मालूम हैं। दिलीप कोठारी कौन हैं? वे जैन समाज के बड़े उद्यमी हैं। वे चालीस हजार करोड़ रुपए की लागत से हैदराबाद के पास अलकवीर नाम का बड़ा कसाईखाना बना रहे हैं। इस अद्यतन कसाईखाने में हर साल चालीस लाख जानवरों को काटा जाएगा।

सम्पूर्ण जैन समाज में यही खलबली मच गई। क्या है यह घिनौनापन? कसाईखाना और वह भी एक जैनधर्मीय का? भारत से जैनधर्मियों की 350 से ज्यादा सामाजिक एवं धार्मिक पत्र-पत्रिकाएँ प्रकाशित होती है। कतिपय पत्रिकाओं ने कोठारी की परियोजना पर विचार किया। खुलेआम तीखा विरोध किया। जैन समाज के कतिपय नेताओं ने उन्हें दोष दिया। कोठारी के इस परियोजना से अलग होने के लिए उनसे मिन्नतें कीं और उन्हें सामाजिक रूप से निष्कासित करने का डर दिखाते हुए सब उपायों का उपयोग किया जा रहा था।

दिलीप कोठारी जैन होकर भी हिंसक धन्धा करेंगे? यह भयंकर महापाप है। लेकिन जैन धर्म में हिंसा एकमात्र महापाप नहीं है। असत्य, चोरी, झूठ-मूठ व्यवहार एवं ठगना और परिग्रह (जरूरत से ज्यादा कमाना) भी महापाप ही है।

हर्षद मेहता नामक दूसरे जैन गृहस्थ ने असत्य, चोरी और महान परिग्रह ये तीन महापाप किये हैं लेकिन आश्चर्य है कि दिलीप कोठारी का विरोध करनेवाले किसी भी व्यक्ति ने हर्षद मेहता का विरोध नहीं किया। ऐसा क्यों हुआ?

इसका सम्भावित कारण है कि दुर्भाग्य से आज का जैन धर्म मुठ्ठीभर व्यवसायियों के कब्जे में है। व्यवसायियों ने जैन समाज के बुद्धिजीवी एवं श्रमजीवी वर्ग का अस्तित्व ही मिटा दिया है। वणिक समाज अधिकांश अचल सम्पत्ति के दलालों का समाज बना हुआ है।

वणिक लोग श्रावकों के अनुपालन के पाँच अणुव्रतों में से सत्य, अचौर्य और अपरिग्रह इन तीन व्रतों का पालन नहीं कर सकते। वे सिर्फ प्राणियों से सम्बन्धित अहिंसा का पालन कर सकते हैं। (महात्मा गांधी की 'जायदाद ही हिंसा है', यह हिंसा की परिभाषा उन्हें उचित जान पड़नेवाली नहीं।) इसलिए उन्होंने विश्व में गलतफहमी पैदा कर दी कि जैन समाज अहिंसक एवं निरामिष भोजी है। सिर्फ बाह्यांग की एक कसौटी रह जाती है कि प्याज एवं लहसुन न खानेवाले निरामिष भोजी हर्षद मेहता के जैन धर्मविरोधी अधर्माचरण करने का सवाल ही नहीं उठता। इसलिए उनके विरोध से क्या मतलब है?

स्वयं जैन रहे चिंचवड के महावीर सांगलीकर ने ही यह सारी कैफियत प्रस्तुत की है। मुझे इस विवेचनोपरान्त आनेवाली सन्तप्त प्रतिक्रियाएँ मालूम हैं : सबका ऐसा आचरण कहाँ होता है? कतिपय उदाहरणों से धर्म को क्यों बदनाम करते हो? देखिए न, अपने पैरों तले क्या जल रहा है? ऐसे अनेक सवाल उठाए जा सकते हैं। यह प्रश्न सरल है। निश्चित ही यह आरोप-प्रतिआरोप का नहीं, धर्म की वकालत का नहीं; अन्तर्मुख होकर विचार करने का मसला है।

अन्धविश्वास उन्मूलन समिति ने कभी भी किसी धर्म एवं जाति के पक्ष या विरोध में काम नहीं किया है। सभी धर्मों के अनुचित व्यवहार पर तथा अन्धविश्वासों पर हम आघात करते हैं। नैतिक तथा धार्मिक आचरण का मन:पूर्वक आदर करते हैं। जैन धर्म के अनुयायी अधिक संगठित, बुद्धिमानी हैं इसलिए उन पर अधिक जिम्मेदारी है। यह मुद्दा मात्र है कि उनकी आलोचना भी सबसे पहले होगी। इससे महत्त्वपूर्ण बात यह है कि जैन धर्म के कुछ लोग आज उदात्त धार्मिक भावना से वास्तव में उन्नत नैतिक जैन धर्म के निर्माण के लिए नित प्रयासरत हैं। उन्हें कम मात्रा में समर्थन मिल रहा है। वास्तव में उनकी खिल्ली ही उड़ाई जाती है। ऐसे समय में अन्धविश्वास उन्मूलन आन्दोलन जैसी कठोर लेकिन विधायक धार्मिक आलोचना की आवश्यकता समझनेवालों को उनकी सहायता करनी चाहिए, इसे ही हम अपना कर्तव्य मानते हैं।

देवत्व की नीलामी, साध्वी की समाधि एवं मरण का चढ़ावा, प्रचंड मन्दिर, दूध-घी का अभिषेक आदि : महावीर के अपेक्षित धर्म का क्या यही रूप है? कहीं संन्यास का दबाव तो नहीं होता है? स्वेच्छा से संन्यास लेने पर तथा निश्चय न टिक पाने पर सम्मान के साथ गृहस्थाश्रम लौटना व्यवहारिक दृष्टि से असम्भव तो नहीं है? साध्वी की विदेश यात्रा के लिए की गई पाबन्दी से धर्म में समयानुरूप परिवर्तन के लिए इनकार तो नहीं किया जाता? धर्मों पर धनिकों का वर्चस्व, सनातनत्व की हिमायत, विधवा विवाह विरोध, हर्षद मेहता के बारे में चुप्पी और दिलीप कोठारी के खिलाफ विरोध इनमें से सच्चे जैनत्व के लिए क्या उपयोगी है? अत्यधिक धनसंचय के पीछे पड़े धनिकों के नियंत्रक अपरिग्रह-धारक मुनियों के होने के बजाय क्या गंगा उलटी तो नहीं बह रही है, ऐसी सम्भावना सामान्य भाविकों के मन में उठने से उसमें न धर्माचार्यों का हित है न धर्म का।

क्या ऐसा नहीं लगता कि अन्त में विवेक की आवाज चारों ओर बुलन्द करने में ही सभी का हित है?

समाजक्रान्ति के बढ़ते कदम

डॉ. शंकर देवकर सातारा जिले के उच्चकुलीन मराठा समाज के युवक हैं। इस समाज में आज भी विधवा विवाह के लिए तीखा विरोध होता है। वर पक्ष की बात तो अलग है, परन्तु वधू को, इतना ही क्यों, सम्बन्धित विधवा को भी ऐसा विचार अत्यन्त गलत, अपवित्र, अप्रतिष्ठित एवं कुल को कलंकित करनेवाला लगता है। विचार के लिए ही अत्यधिक विरोध होता है, व्यवहार तो कोसों दूर।

डॉ. शंकर देवकर अन्धविश्वास उन्मूलन समिति के सदस्य, प्रगतिशील विचारों के पक्षधर एवं उन्हें आचरण में उतारने के लिए कष्ट उठानेवालों में एक हैं। उन्होंने इस अनिष्ट रूढ़ि को बन्द करने की शुरुआत करने का निर्णय स्वयं से किया। उन्होंने काफी विरोध सहते हुए 1993 में मराठा समाज की सविता निंबालकर नामक सौतेली विधवा के साथ विवाह किया। उन्होंने समाजक्रान्ति के कदमों की शुरुआत अपने आचरण से की।

समय तेज गति से बढ़ रहा है। पुरानी समाज मान्यताओं के मूल्य एवं उनके आधार धर्मसंकेत कालबाह्य हुए लेकिन विश्व की तेज रफ्तार के साथ मानव मन में अपेक्षित परिवर्तन नहीं आया। मानव मन पारम्परिक रूढ़ियों से अलग नहीं हो सका। परिणाम यह हुआ कि आज की सामाजिक आवश्यकताएँ एवं पुरानी अर्थहीन एवं शोषणकारी प्रभावी रूढ़ियों में विसंवाद निर्मित हुआ। उनका साहस के साथ सामना करने के बावजूद मनुष्य अपनी सुविधा के अनुसार किनारे होने में श्रेष्ठता अनुभव कर रहा था।

स्त्री के किसी भी कारण से विधवा होने पर आज भी उसे मनहूस तथा कमनसीब कहकर लज्जित किया जाता है। उसे मांगलिक अवसर पर दूर रखा जाता है। उसके आने पर उसे अशुभ माना जाता है। विधवा तथा परित्यक्ता महिलाओं को पुनर्विवाह का अधिकार दिलाने के लिए महात्मा फुले ने काफी प्रयास किया है। राजर्षि शाहू महाराज ने 1917 में अपने राज्य में पुनर्विवाह कानून बनाया। स्वयं के बेटे की अचानक हुई मृत्यु के बाद उन्होंने अपनी बहू की इच्छा होने पर उसे पुनर्विवाह करने के लिए अनुमति देकर अपनी उदारता का परिचय दिया था। वर्तमान में कुछ जातियों मे विधवा-विवाह को स्वीकार किया जाता है। परन्तु

महात्मा फुले एवं शाहू महाराज की विरासत का ढिंढोरा पीटनेवाले मराठा समाज में इसकी क्या स्थिति है?

मराठा समाज में कभी-कभार युवती भी विधवा होती है। उसमें उस युवती का कुछ भी दोष नहीं होता है। कभी पति दुर्घटना का शिकार होता है, तो कभी सेना में लड़ाई के दौरान उसकी मृत्यु होती है। कभी वह व्यसनाधीनता का शिकार होकर मृत्यु को निमंत्रण देता है तो कभी बीमारी के कारण भी उसकी मृत्यु हो जाती है। बेटी की पूरी जिन्दगी में उथल-पुथल हो जाती है। परिवार को सँजोने के सुखद सपने चकनाचूर हो जाते हैं। उसके यौवन, सुखी जीवन के अधिकार एवं कल्पनाओं को दोयम मानकर, प्राकृतिक प्रेरणाओं को कुंठित कर अन्त तक संन्यस्त वृत्ति के साथ जीने की अनिवार्य शर्त रखी जाती है। वह जरूरत होने पर ही घर से बाहर निकल सकती है। उसके घर में हँसने तथा मजाक को भी अनुचित माना जाता है। किसी काम के बहाने पुरुषों के साथ बात करना भी बुरा माना जाता है। उसके स्वयं के बलबूते पर खड़े होने के लिए शिक्षा देने का विचार भी पाप माना जाता है। उसे अन्य परिवारों की नजरकैद में चारदीवारी में ही सीमित जिन्दगी जीनी पड़ती है। विधवा के परिवार के अन्य सदस्यों की मानसिक अवस्था भी सन्तुष्ट नहीं होती है। अल्पावधि में ही अपनी बेटी के संसार के उजड़ने से उसकी भविष्यकालीन चिन्ता से माता-पिता का मन भी बेचैन हो जाता है। बहू के कुछ गलत करने पर कुल की इज्जत खूँटी पर लटक जाएगी इस चिन्ता से तथा आजीवन मनहूस के रूप में बोझ सँभालने की जिम्मेदारी से ससुराल के लोग परेशान होते हैं। दोनों परिवार तनावपूर्ण परिवेश में जीते हैं। इसका मानसिक स्वास्थ्य के साथ भौतिक उन्नति पर भी प्रभाव पड़ता है।

ऐसी अन्यायी प्रथा कैसे बनी रही? स्त्री पर होनेवाले अन्याय का एक प्रमुख कारण उसका अज्ञानी होना भी है। जब तक वह शिक्षित एवं समझदार नहीं बनती है तब तक उसे स्वयं पर होते अन्याय का एहसास नहीं होगा। क्या हम लड़कियों की शिक्षा को अहमियत देते हैं? मराठा समाज को अन्तर्मुख होकर इस प्रश्न का उत्तर ढूँढ़ना चाहिए। लड़कों की तुलना में लड़की का विवाह कम उम्र में ही निपटा दिया जाता है। इस कारण से उसके लिए शिक्षा के द्वार अपने-आप बन्द हो जाते हैं। उसे आत्मिक विकास एवं आर्थिक दृष्टि से स्वतंत्र होने का अवसर कभी प्राप्त नहीं होता। वह स्वतंत्र निर्णय का विचार तक नहीं कर सकती। तो फिर उसमें इस चक्रव्यूह से बाहर आने के लिए आवश्यक धैर्य कहाँ से आएगा? (बेशक यह स्थिति अन्य समाज में भी है।) परन्तु मात्र शिक्षा से इस प्रश्न का समाधान नहीं होगा। आज भी पति ही परमेश्वर तथा पति ही स्त्री का सर्वस्व वाली मानसिकता का प्रभाव है। दूसरी ओर समाज की सुशिक्षित स्त्री एवं पुरुष भी विधवा विवाह को अपवित्र एवं अनैतिक मानते हैं। बचपन से ही घर-परिवार से इन संस्कारों की जड़ें जमती हैं। विधवा विवाह को कुलीन घर की अवनति माना जाता है और उसके बारे

में पढ़े-लिखे समाज की भी पुनर्विचार की मानसिकता नहीं होती है। स्त्री-मन भाग्य पर अत्यधिक भरोसा करता है। इसलिए वह अपने वैधव्य को पूर्वजन्म के पाप एवं नियति का परिणाम एवं भाग्य का फेरा समझती है। उसमें यह मानसिक लाचारी परम्परागत श्रेष्ठता-भाव के कारण बड़ी खुशी के साथ आ जाती है। इस कारण ऐसी विधवा युवतियों के सामने पुनर्विवाह का प्रस्ताव रखने पर उनसे तुरन्त 'थप्पड़ मार दूँगी' इस प्रकार की निर्णायक प्रतिक्रियाएँ सुनने में आ जाती हैं। आश्चर्य नहीं कि इन संस्कारों से रूढ़ि मजबूत नहीं होगी। इसके साथ ही मराठा समाज में विधवा अपने सर्वस्व का त्याग करके धर्मपरायणता की रक्षा करती है, सारी उम्र अकेली जिन्दगी काटकर भी अपने मृत पति के प्रति निष्ठा व्यक्त कर सम्मान के साथ उस दुख की लीपापोती करती है। खानदान की इज्जत एवं धर्मनाश आदि चीजों के प्रमाण भी निश्चित दिए जाते हैं। इन सबको सैकड़ों वर्ष बीतने के बावजूद आम मराठा आदमी इनके खिलाफ आवाज उठाने की प्रक्रिया में नहीं है। हमारे आन्दोलन के एक मराठा कुल के युवक के विधवा बहन के विवाह के लिए आपस में शुरू किये प्रयासों की खबर पाते ही उसे घर से निष्कासित कर दिया गया। दूसरी ओर मराठा समाज के कतिपय बड़े नेताओं ने माना कि इस रूढ़ि से लड़की का काफी बुरा हाल होगा, लेकिन क्या करेंगे? मेरे पास खेद व्यक्त करते हुए कहा कि समाज मानता ही नहीं है।

वास्तव में यह बात कहाँ तक उचित है कि खानदान की रक्षा सिर्फ महिलाओं के आत्मत्याग पर ही आधारित हो? यदि पुनर्विवाह को नकारना खानदान की कसौटी है तो पुरुषों के पुनर्विवाह पर प्रतिबन्ध क्यों नहीं है? क्या विधवा विवाह पर पाबन्दी पवित्रता का आग्रह है या पुरुष-प्रधान संस्कृति का स्वार्थान्ध दोगलापन है? वास्तव में जीवन स्वातंत्र्य पर प्रभावात्मक पाबन्दी से, पावित्र्य की हिफाजत से क्या सधेगा?

आधुनिक विज्ञान ने पहले ही धर्मनाश की बात को झूठा साबित किया है। प्राकृतिक मासिक धर्म में हर समय स्त्री के अंडकोष से नए स्त्रीबीज बाहर आते हैं। उसी अवधि में शुक्राणु का स्त्री की योनि में प्रवेश होने से मात्र एक ही शुक्राणु का एक ही स्त्री बीज के साथ फलन होकर उसका गर्भ में रूपान्तर होता है। शेष सभी शुक्राणु कुछ घंटों में नष्ट हो जाते हैं। विशिष्ट अवधि में फलन न होने पर गर्भधारण नहीं होता है। प्रत्येक मासिक धर्म में पिछले मासिक धर्म में तैयार हुए स्त्रीबीज एवं योनि में प्रवेशित शुक्राणु का अंश भी शेष नहीं रहता है। यह मामूली विश्वख्यात ज्ञान स्कूली बच्चों को भी दिया जाता है। फिर कई सालों बाद विधवा के दूसरे पति के साथ सम्बन्ध होने पर धर्मनाश कैसे हो सकता है?

विगत शती में इन बुरी रूढ़ियों ने ब्राह्मण समाज को भी प्रभावित किया था। आगरकर, महात्मा फुले, महर्षि कर्वे जैसे समाजसुधारकों से ब्राह्मण समाज ने अपनी गलतियों को सुधारा था। उन्होंने शिक्षा का आग्रह करते हुए रूढ़ियों से तलाक भी लिया था। ब्राह्मण समाज पर इसका उचित परिणाम हुआ। एक जमाने में जैन,

माली, गुरव तथा अन्य अनेक पिछड़ी जातियों में विधवा पुनर्विवाह नहीं होता था। परन्तु बदलते जमाने से सीखकर, उन्होंने उसके बारे में अपने आचार-विचारों में उचित परिवर्तन किया है। काल एवं परिस्थिति में परिवर्तन आने पर सामाजिक आवश्यकताओं एवं समस्याओं में भी परिवर्तन आ जाता है। जो बदलते समय के साथ चलते हैं वे आगे बढ़ जाते हैं, सफलता प्राप्त करते हैं। सन्तुष्टि इस बात की है कि आज भी मराठा युवा पीढ़ी इन मुद्दों के बारे में रूढ़िगत विचार नहीं रखती। लेकिन प्रत्यक्ष व्यवहार में किये जानेवाले प्रयासों के लिए समाज साथ नहीं देता।

मैंने कुछ साल पहले मराठा समाज की एक विधवा अध्यापिका का विवाह कराया था। इस कारण काफी निराशा एवं कड़वापन अनुभव करना पड़ा था। परन्तु उस समाज के प्रतिष्ठित लोगों के सहयोग से वह विरोध धीमा पड़ा। विगत चार सालों से डॉ. देवकर ऐसे विवाह के लिए अपने लोगों में मानसिकता परिवर्तन के लिए बहुत प्रयास कर रहे थे। फिर भी विरोध बना रहा। विवाह के चार दिन पहले, 'यह विवाह मत करो। तुम जैसा चाहो वैसा वर ढूँढ़कर विवाह करा देंगे,' इस प्रकार का आग्रह होता था। साथ ही इस प्रकार भी धमकाया जाता था कि 'गाँव में आने नहीं देंगे, मन्दिर में पैर नहीं रखने देंगे।' घर का कोई भी शादी में नहीं रहना था। अच्छा हुआ कि विरोध जल्दी धीमा हुआ। वास्तव में ऐसे विरोध के बजाय स्पष्ट रूप से सराहना की जानी चाहिए थी।

अन्धविश्वास उन्मूलन का काम है कि अन्ध रूढ़ि, कर्मकांड एवं परम्पराओं के खिलाफ आवाज उठाना जो जाति-धर्म के परे हैं। परन्तु सच्चाई यह है कि हमारा समाज विभिन्न जातियों से निर्मित हुआ है। प्रत्येक समाज की अपनी-अपनी रूढ़ियाँ, कर्मकांड, परम्परा एवं अन्धविश्वास हैं। उसके बारे में दूसरे समाज का कुछ कहना भी उस समाज को उचित नहीं लगता। महाराष्ट्र में मराठा समाज सबसे बड़ा बहुजन समाज है। ऐसे समय में उसकी बुरी प्रथाओं का अन्य समाज द्वारा अन्धानुकरण होने की सम्भावना रहती है। साथ ही मराठा समाज पर समाज सुधारकों की विरासत सँभालने की जिम्मेदारी अत्यधिक बढ़ जाती है। विधवा पुनर्विवाह के प्रयास में एक नया अनुभव मिला। स्वाभाविक रूप से बुजुर्ग परिवर्तन के खिलाफ होते हैं। लेकिन बुजुर्ग विधवाएँ अत्यन्त तिलमिलाहट के साथ इस प्रकार के विवाह को स्वीकार करती थीं। जिन्दगीभर अनुभव किये अनुभवों से यथार्थ उजागर होता था। अनेक स्थानों पर वैचारिक धरातल पर साथ जरूर मिलता था।

उपरोक्त विवेचन के पश्चात कहा जा सकता है कि ऐसे विवाह को समाज क्रान्ति के पहले बढ़ते कदम कहने में कोई आपत्ति नहीं है। लेकिन खेद है कि ये कदम सौ साल बाद की देरी से उठाए जा रहे हैं। अन्धविश्वास उन्मूलन समिति का प्रयास रहेगा कि यह रास्ता आगे चलकर सहज एवं सुकर होगा। इसके लिए आप सभी के हार्दिक सहयोग और सहभागिता की आवश्यकता है।

हिम्मत है तो...

फिलहाल पुणे के एक नामी स्कूल के हीरक महोत्सव का आयोजन था। इस अवसर पर उन्होंने 108 सत्यनारायणों की पूजा करने की घोषणा की। सत्यनारायण पूजा के लिए अभिभावकों द्वारा खुशी तथा अनिवार्यता से चन्दे की रसीदें काटी गईं।

हमने इसके खिलाफ विरोध दर्ज किया।

यह एक बात है कि उस स्कूल के संचालक, विद्यार्थी अपने-अपने घरों में खुशी से सत्यनारायण की पूजा करें। यह उनकी व्यक्तिगत धर्म स्वतंत्रता का हिस्सा है मगर उसका खुलेआम संगठित दिखावा स्कूल परिसर में किसलिए?

इसका दूसरा हिस्सा अधिक महत्वपूर्ण है। सत्यनारायणं-जैसी अजीब कहानियों से भरी कथा शिक्षा क्षेत्र में किसलिए? उसमें भी उस कथा में ब्राह्मण ब्रह्मा के मुख से, क्षत्रिय बाहु से, वैश्य स्कन्ध से और शूद्र पैर से निकलने का खुलेआम जिक्र है। वह कालससंगत है या विसंगत? गाडगे महाराज ने इस कथा की कड़ी आलोचना की है।

पूजा के सामने धरना दिया था। पंडाल में एक बन्द पेटी रखी थी। उस पर लिखा था : 'स्पीक आउट', 'बातूनी रहिए', 'भड़ास निकालिए'। पंडाल में उपस्थित सभी को कागज और कलम देकर उन्हें धरने के बारे में अपनी राय लिखकर बक्से में डालने के लिए कहा गया।

गालियों और छंदों से बक्सा भर दिया गया।

अचरज की बात यह कि ज्यादातर गालियों में एक ही गुस्सा किसी-न-किसी भाषा में प्रकट हुआ था :

सिर्फ हिन्दुओं के अन्धविश्वास पर क्यों बोलते हो? थोड़ा मियाँभाई के बारे में बोलिए ना! आपको मेले के बकरे दिखाई देते हैं, मगर कुरबानी प्रथा के बारे में आपकी चुप्पी क्यों? गाणगापुर के आभुआने के बारे में लिखा जाता है और नांद्रे की दरगाह पर लिखते समय क्या कलम टूट जाती है?

स्पष्ट है कि महाराष्ट्र भर में कई लोगों में कानाफूसी हो रही थी। वह यह कि क्या यह मंडली सिर्फ हिन्दू अन्धविश्वास उन्मूलनवादी है?

सच्चाई क्या है?

सच यह है कि यह एक गलतफहमी है। आन्दोलन की सफलता धूमिल (कमजोर) करने के लिए जान-बूझकर गलतफहमी फैला दी गई है।

वैज्ञानिक नहीं, लेकिन सीधी भाषा में कहना हो तो हमारी भूमिका बिलकुल स्पष्ट है। अन्धविश्वास को हम श्रद्धा के क्षेत्र की कालाबाजारी मानते हैं। हमारा विरोध कालाबाजारी से है, फिर वह हिन्दू हो या मुसलमान, ईसाई हो या बौद्ध!

और इसके उदाहरण भी तो कितने देंगे?

पुणे जिले के इन्दापुर स्थित मीरावली बाबा की दरगाह पर जन्नतबी दिलावर शेख आभुआती थी। भूतप्रेत झाड़ने के लिए इनसान को दिन-रात खम्भे से बाँधकर मारपीट की जाती थी; लेकिन आन्दोलन कर दिलावर शेख का लिखित माफीनामा लेकर वह सब कुछ बन्द करवा दिया गया।

सातारा जिले की खटाव तहसील के कटगुण गाँव में मोहर्रम के दिन जहरीले नागदंश पर मंत्र दिया जाता था। जहर उतारने के लिए वह निवारक दुआ देने का मामला भी अन्धविश्वास उन्मूलन समिति ने रोक दिया।

सांगली के पास नांदनी गाँव में आवारा श्वानदंश पर (जिसके कारण बीमारी हुई तो विश्व में उस बीमारी (रेबीज) पर दवा नहीं) रमजान गुंडू शेख नामक कोई दवा देता है और वह इनसान की मौत के लिए जिम्मेदार बन जाता है। उस पर समिति ने अदालत में मामला दर्ज किया। जुन्नर के तुर्रेवाला बाबा इनामदार ने अपील की कि गद्दी के सामने आइए, टोना करके खून की उलटी करवाता हूँ। मैं उनके सामने खड़ा हुआ। साथ में खुद पर टोना करवा लेनेवाले 25 कार्यकर्ता आए थे। हामी भरने पर भारी और नकारात्मक उत्तरों में फूलों की तरह हल्के लगनेवाले जैतुनबी मुल्ला के लंगर (शिला) के अजूबे बनावटीपन की पोल हमेशा के लिए खोल दी।

ब्लैक मैजिक के सहयोग से मकान भरने का पाँच हजार, मकान खाली करने का पाँच हजार, ऐसा धन्धा करनेवाले मुम्ब्रा के कादरी बाबा को गिरफ्तार करवाने के लिए मुम्बई में पहली बार 'मैजिक ड्रग एंड रेमेडीज' कानून का अमल करवाया।

करमअली दरवेश की पुकार करने पर हाथ की उँगली के केवल स्पर्श से बहुत बड़ा पत्थर ऊपर ले जाने के, दूरदर्शन द्वारा बोलबाला कर दिखाई गई, खेडशिवापुर के दरगाह के अजूबे की वास्तविकता प्रत्यक्ष वहाँ जाकर उजागर करवाई।

महात्मा फुले के घर के पास सभी असाध्य बीमारियों पर पवित्र तीर्थ देनेवाले मूसा बाबा शेख का बहुत तेजी में चल रहा धन्धा; वह तीर्थ यानी और कुछ नहीं पेशवे पार्क का व्याघ्र पेशाब ही है, यह सिद्ध करके उसका निपटारा किया।

प्रार्थना से गूँगे बोलने लगते हैं, विकलांग चलने लगते हैं, अन्धे को दृष्टि मिलती है, इस तरह का प्रचार कर खुलेआम प्रार्थना करनेवाले स्विट्जरलैंड से आए ईसाई धर्मोपदेशकों के विरोध में जुलूस निकाला। सातारा जिले के जावली और गुजवरे के सिर्फ नवबौद्धों के धर्मान्तरण के बाद गाँव के मेले में मनौती चढ़ाने के लिए दौड़ते

हुए आकर मन्दिर की दीवार पर सिर पटकने की परम्परा गत साल तक जारी थी। वह परम्परा लगातार प्रयास करके उत्तेजित भीड़ का जोखिम उठाकर रोक दी। और, बिना वजह लाखों रुपए खर्च करके 'कल्पद्रुमविधान' जैसी जैन समाज की पूजाविधि पर भी अनशन कर विरोध जताया। मगर वास्तव में हमारी भूमिका इतनी सीमित नहीं है। उसके अन्य महत्वपूर्ण पहलू भी हैं।

इस देश में औसतन 80 प्रतिशत लोग हिन्दू है। प्राकृतिक दृष्टि से समिति के समक्ष उपस्थित अन्धविश्वास के अनेक मामलों में से 80 प्रतिशत मामले हिन्दू के होंगे अर्थात अन्धविश्वास के विरोध में दस मामलों के खिलाफ संघर्ष किया तो उनमें से आठ हिन्दू समाज के होंगे और दूसरी तरफ कार्यकर्ता भी 80 फीसदी हिन्दू ही होंगे। अपने समाज की वास्तविकता क्या है? जाति-जाति की अस्मिता और अहं में जकड़ा हुआ हमारा समाज, एक जाति की अनिष्ट रूढ़ि-परम्परा के विरोध में दूसरी जाति का कोई व्यक्ति बोलता है तो भौंहें तन जाती हैं; मगर दूसरे धर्म के व्यक्ति के आपके धर्म की आलोचना करने की बात ही उचित नहीं है। इसी कारण वास्तव में आन्दोलन करना पड़ता है, उनमें स्वभाविकत: हिन्दू धर्म के अन्धविश्वास के विरोध में ज्यादा प्रहार होगा ही; मगर इससे भी एक और महत्वपूर्ण मसला है, इस्लाम तथा ईसाइयों का। वैसे भी ये तो हाल ही के धर्म हैं। ईसवी सन के बाद के होने के बावजूद उनका भगवान एक, पैगम्बर एक, धर्मग्रन्थ भी एक ही है। हिन्दू धर्म का अस्तित्व तो उनसे भी प्राचीन।

इसके अलावा कई धर्मग्रन्थ, अनगिनत अवतारी पुरुष और भगवान की तो गिनती भी नहीं की जा सकती। अन्धविश्वास की फसल वृद्धि के लिए यह सारी उर्वर भूमि ही है। लेकिन इसके साथ अन्धविश्वास तो है मगर उसके विरोध में तर्क के कड़ाई से खम्भे समान खड़ा रहने की परम्परा भी उतनी ही तेजस्वी है।

'मुझे निचली मंजिल के कमरे से भोजन अपने-आप ऊपर नहीं पहुँचता, फिर यज्ञ की आहुति अचानक स्वर्ग में कैसे पहुँच जाती है?' यह सवाल चार्वाक ने हजारों साल पहले उठाया था। 'जन्मान्ध लड़का ठोकर खाता है और चूल्हे में हाथ झुलसा लेता है। यह आपका परमदयालु ईश्वर कैसे देखता है? और यदि यह आपके बच्चे का पूर्व संचित है तो वह महाशक्तिशाली ईश्वर उसे क्यों बदल नहीं सकता?' ऐसा कड़ा सवाल गौतम बुद्ध ने ढाई हजार साल पहले उपस्थित किया था। महाराष्ट्र में तो लोकहितवादी, महात्मा ज्योतिबा फुले, आगरकर, राजर्षि शाहू महाराज, विठ्ठल रामजी शिंदे, सावरकर, डॉ. बाबासाहब आंबेडकर, गाडगे महाराज की सशक्त परम्परा ने अन्धविश्वास के विरोध में हिन्दू धर्म की कड़ी आलोचना की है। पेट में 33 करोड़ ईश्वर होनेवाली गौमाता भरी हुई फसल में मुँह मारती है। उस समय गोभक्त किसान उसकी पीठ पर लाठी से चार वार करता है अर्थात उसके पेट के 100-150 ईश्वर को दूर करता है यह सच है या झूठ? यह स्पष्ट सवाल

स्वातंत्र्यवीर सावरकर ने उठाया था। महाराष्ट्र अन्धविश्वास उन्मूलन समिति का उद्देश्य समाजसुधारकों की विरासत की रक्षा करना और उसे क्षमता के अनुसार बढ़ावा देना है। सच में तो अन्धविश्वास उन्मूलन कार्य पर उँगली उठानेवालों के मन में एक अलग ही मनमुटाव होता है। वह यह कि क्या आप सिर्फ हिन्दू धर्म के अन्धविश्वास दूर करेंगे? उनके (मुस्लिमों के) अन्धविश्वास वैसे ही रहने देंगे? अन्धविश्वास के कारण वे कट्टर एवं विद्रोही रहेंगे। अन्धविश्वास खत्म होने से हम कमजोर होंगे। हमारे कमजोर होने पर हम उनके साथ कैसे लड़ सकते हैं? अन्धविश्वास की हिफाजत करने से इनसान अधिक शक्तिशाली बन जाता है, यह समझना भ्रम है या गलतफहमी?

वास्तव में मौलिक सवाल पूछना चाहिए कि अन्धविश्वास उन्मूलन का कार्य मूलतः लाभ के लिए है या नुकसान हेतु है? यदि वह भलाई के लिए है तो वह हर किसी के लिए लाभदायी ही होगा। इसमें यदि किसी प्रकार की बुराई है तो यह किन्हीं दूसरों के लिए भी नहीं करना चाहिए। न हिन्दुओं और न मुस्लिमों के लिए। अन्धविश्वास का विरोध शोषण, अनिष्ट प्रथा, रूढ़ि, कालविसंगत कर्मकांडों से गुमराह होने तथा धोखाधड़ी का विरोध करना ही है। लोगों की श्रद्धा-विश्वास सात्विक भावना तथा डर का लाभ उठाकर भी चालाकी के साथ लूटमार की जाती है। उसमें न जाति, न पन्थ, न धर्म होता है। उसका विरोध करना ही फुले और आंबेडकर का सत्यशोधक कर्म है।

क्रोध से करुणा, उपहास से आत्मीयता

मुझे लोग अलग-अलग स्थानों पर विभिन्न भाषाओं में एक ही बात बार-बार सुनाते हैं : "दाभोलकर ठीक है, वर्तमान में बुद्धिवाद की गप्पें जोर-जोर से हाँकते हो। लेकिन एक दिन चोट खाने पर अपने-आप समझोगे!"

उनका कहना सही है। मैं अचानक गम्भीर आघात होने पर भी झुकूँगा नहीं, न टूट जाऊँगा, तब क्या कोई अन्धविश्वास का शिकार ही नहीं होगा? प्रसंग घटित होने पर ही उसका परिणाम मिलेगा, लेकिन तब तक तो ऐसे ही घटित होने को स्वीकार करना ही अत्यधिक वैज्ञानिक होगा।

एक बार गप्पें हाँकते समय विजय तेंदुलकर ने मुझसे कहा था, "नरेन्द्र आपका काम अच्छा ही है। लेकिन क्या आपको नहीं लगता कि लोग अपनी जरूरत के कारण अन्धविश्वासी बनते हैं?"

मैं आन्दोलन का एक सदस्य हूँ। मेरा इस बात पर विश्वास नहीं है कि विश्व की कोई भी घटना किसी ईश्वरीय शक्ति के प्रभाव एवं आशीर्वचन से घटित होती है। लोगों को चाहिए कि खुद के मन में उठे सभी प्रश्नों का विचार बुद्धि एवं विवेक से करें। मुझे लगता है वैसा ही आचरण कर उस प्रश्न का समाधान देना चाहिए।

लेकिन यह बिलकुल आसान नहीं है।

निश्चित ही मनुष्य केवल तर्क और विवेक के अनुसार बरताव करनेवाला जीव नहीं है। उसके व्यक्तित्व का निर्माण बुद्धि एवं भावना, विचार तथा कल्पना विलास आदि के समन्वय से होता है।

दूसरी ओर उसे कई बार परिस्थितियाँ अनिवार्यत: मजबूर बनाती हैं। इसी कारण वह अनेक समझ, भ्रान्त धारणाएँ तथा गलतफहमियाँ मन-ही-मन पालता है; वह स्वयं की सुरक्षा के लिए उनका ढाल की तरह उपयोग करता है।

मान लीजिए कि अमावस की रात का समय है। किसी को तत्काल सूचना देने के लिए जाना जरूरी है। दिक्कत यह है कि रास्ता श्मशान भूमि से होकर जाता है। श्मशान के पास डर के कारण घिग्घी बँधने से वहीं बेहोश होकर गिर जाना तथा डर के मारे सुबह तक सूचना देने के काम में टालमटोल करना दोनों ही सम्भव नहीं होता। बाद में व्यक्ति किसी-न-किसी प्रकार के बहाने की खोज करता है। रामनाम

कहते हुए श्मशान पार करता है। राम के नामस्मरण से भूत भाग जाता है। व्यक्ति इस विशुद्ध अन्धविश्वास का उपयोग क्यों करता है? अपना कार्य पूरा करने के लिए? स्वयं का सन्तुलन बनाए रखने के लिए? वाहन चाहे जितना मजबूत हो, सड़क बेकार होती है तो सड़कों के गड्ढों के कारण तथा विशेषत: वाहन में बैठे व्यक्ति को कम ठोकरें लगे इसलिए उस वाहन में शॉक एब्जॉर्बर बिठाए जाते हैं। ठोकरें तो लगती ही हैं लेकिन उनकी तीव्रता कम होती है। ज्यादातर व्यक्तियों द्वारा स्वयं के व्यक्तित्व की सुरक्षा के लिए स्वयं में शॉक एब्जॉर्बर बिठाना ही अन्धविश्वास है। जीवन के सफर में डर, निराशा, परेशानी, अपेक्षाभंग आदि ठोकरों से स्वयं की रक्षा के लिए यह उनका प्रयास होता है।

बेटे को अचानक कैंसर होता है।

व्यापार में घाटा आ जाता है।

सफलता का नजदीकी अवसर छूट गया है।

ऐसा होने पर मनुष्य की भावना सोचने के लिए प्रवृत्त होती है। इन घटनाओं के अदृश्य कारणों की खोज शुरू होती है और जतन से उपाय भी किये जाते हैं :

'विवाह के बाद गाँव के कुलदेवता का दर्शन न करने से कैंसर हुआ है।

वास्तुशान्ति न होने से व्यापार में घाटा हो गया।

सत्यनारायण की पूजा न करने से सफलता ने चकमा दे दिया।

स्वाभाविक रूप से :

कुलदेवता को चाँदी का देहरा चढ़ाया जाता है।

ठाठ-बाट के साथ वास्तुशान्ति सम्पन्न होती है।

महापूजा विधिवत सम्पन्न होती है।

वर्तमान जीवन में अनियंत्रित सामाजिक परिस्थिति के कारण कतिपय ठोकरें लगती हैं। नौकरी, साथी, घर, शिक्षा, अवसर, दवा-पानी आदि सभी के बारे में अधिकतर लोगों को किसी-न-किसी रूप में तीव्र निराशा ही होती है। इससे स्वयं को सँभालकर जीवन जीना भी मुश्किल हो जाता है। फिर प्रत्येक व्यक्ति अपनी-अपनी पसन्द के अनुसार सिद्धि विनायक, गुरुचरित्र पोथी, ज्योतिष, बाबा, गुरु, पुनर्जन्म ऐसी कई बातों का शॉक एब्जॉर्बर की तरह उपयोग करते हैं।

वास्तव में इस बात को समझना बहुत आसान होता है कि जो घटित हुआ है वह ईश्वर के शाप से नहीं हुआ है। वह क्यों हुआ, इसका कारण ढूँढ़ना आसान होता है। ऐसा न हो इसके लिए स्वयं की मानसिकता तथा समाज का यथार्थ बदलना कठिन होने पर भी यही इष्ट एवं आवश्यक होता है।

लेकिन व्यक्ति, परिवार तथा समाज के संस्कार ही ऐसे होते हैं कि आलोचना के बजाय वह टालमटोल की ओर आकर्षित होता है। कठिन परिश्रम एवं लम्बे मार्ग के बजाय अन्धविश्वास का शॉर्टकट नजदीक लगता है। दूर का सफर, सफलता दिलाने

के बजाय स्वयं के टूट जाने का डर व्यक्ति में रहता है इसलिए वह अन्धविश्वास के शॉक एब्जॉर्बर का सहारा लेता है।

अन्धविश्वासों के उत्पाती होने पर व्यक्ति के हित में बाधा आने पर उसकी भलाई के लिए सख्त प्रहार की आवश्यकता भी होती है।

भले ही वे अन्धविश्वास निरुपद्रवी भी क्यों न हों, उनमें व्यक्ति को बुद्धि के गिरवी रहने से बचाना पड़ता है : श्मशान में रामनाम लेनेवालों को हर समय रास्ता पार करते समय, बस में चढ़ते समय तथा साहब के केबिन में जाते वक्त रामनाम का जाप शुरू रखने से! इसका अर्थ यह है व्यक्ति राम-नाम के जाप से संकट से मुक्ति मिलने के भ्रम में अन्धविश्वास का शिकार होता है। बुद्धि तथा भावना से बने उसके व्यक्तित्व का सन्तुलन बिगड़ जाता है। इसके खिलाफ भी कहना पड़ता ही है।

परन्तु इसके अलावा एक बड़ा वर्ग है जो निरुपाय, निराश तथा मजबूरन जीवन में किसी-न-किसी अवसर पर अन्धविश्वास के शॉक एब्जॉर्बर का सहारा लेकर स्वयं की रक्षा करता है।

व्यक्ति घर-परिवार तथा आसपास के परिवेश से ही संस्कार ग्रहण करता है। जरूरी नहीं कि ये संस्कार बुद्धि के साथ तालमेल बनाए रखें। कई बार सुसंगत नहीं होते हैं। मनुष्य को हर पल सहारे की आवश्यकता होती है। सहारा ढूँढ़ते समय विचारों की तुलना में संस्कार प्रभावी होते हैं। वह अपने मुश्किल दौर में स्वयं के जीवन का आधार ही संस्कार तथा उससे जुड़े कर्मकांडों में ढूँढ़कर प्राप्त करता है। अपनी बुद्धि को उचित लगने पर वह इन सभी को त्यागना भी चाहता है लेकिन वास्तव में वैसा नहीं हो पाता।

इसी अवसर पर आन्दोलन की समझदारी एवं मनुष्यता का परिचय हो जाता है। व्यक्ति को आधार प्राप्ति की वास्तविकता और अभिभूत होने के डर में नित्य विवेक अपनाना चाहिए। मनुष्य सहारे के चक्कर में कब उसका आदी होता है और मानसिक लाचारी को स्वीकार करता है, इसका पता ही नहीं चलता। सही अर्थों में आन्दोलन का काम है कि समाज में सतर्कता लाना, गलत संस्कारों पर विचारों के प्रभाव से उनका विवेकशील आचारों में परिवर्तन हो, इसके लिए बाध्य करना। इसलिए लोगों पर क्रोध करने से बात नहीं बनेगी और 'कैसी मूर्खता है!' कहकर उनका मजाक भी उड़ाना नहीं चाहिए। उनके साथ निरन्तर एवं सहृदयता से संवाद स्थापित करते रहना है। राह काफी लम्बी है लेकिन वही उचित है। मनुष्य में बदलाव की यह अन्तिम लड़ाई है और उसके लिए क्रोध से ज्यादा करुणा एवं उपहास से ज्यादा आत्मीयता की जरूरत है।